憲法改正国民投票

福井康佐 著

晃洋書房

はしがき

本書は，2007年に出版した『国民投票制』（信山社）に続いて，私の国民投票の研究の一環として憲法改正国民投票の機能と問題点を分析するものである．執筆の目的は，国民投票で憲法改正案が成立するにせよ，否決されるにせよ，国民の多くが議論に参加し，投票結果に対して正統性を付与し，憲法改正国民投票を成功させるためには，どのような制度設計を行うべきか，という点を明らかにすることにある．

こうした目的から見ると，現在の日本の憲法改正国民投票を巡る議論には，二つの問題点を指摘することができる．

第一に，憲法改正の是非とその内容に対する議論が先行し，憲法改正国民投票に関連する手続的議論が不十分である，という点である．現行の国民投票法には，実質的に，投票二週間前からのTVCMの禁止以外は国民投票運動の規制が存在しない．憲法改正を推進する側（政府・自民党）にとっては，国会での発議が最大のハードルであって，その後は，潤沢な資金力と豊富な動員力（「金と人の力」）を発揮すれば，国民投票で過半数を獲得することは難しくないという，楽観的な姿勢があるのではないかと思われる．確かに，こうした姿勢は，政府・議会が提案する「上からの」国民投票においては国民投票運動の規制が少ない，という諸外国の傾向に沿っている．規制が少ない方が十分に政治資金を使うことができるので成立には有利だからである．しかし，本文で詳細に述べるように，上からの国民投票には，NOバイアスがかかり成立率は高くない，という運用実態から見ると，憲法改正案の成立は楽観できるものではない．金と人を使って力ずくで成立できるほど，国民投票で賛成多数を得るのは簡単なことではない．激しいネガティヴキャンペーン，明らかな虚偽情報の流布，争点からの議論の逸脱，政府批判としての反対票などに「打ち勝って」成立させるのは容易なことではない．このように，現行の国民投票法を見る限り，政府・自民党には，「国民を説得する」あるいは「国民的議論を喚起する」姿勢が欠けているように思われる．

一方，憲法改正に反対する側は，そもそも改正を議論するテーブルに着かないし，当然，手続を議論することも拒否する傾向にある．つまり，憲法改正の実体と手続についての議論に参加することは,「改正への一里塚になる」という姿勢をとっているように見える．憲法は一度改正すると,「後戻り」できないことが多い以上,「人権が制約され平和と民主主義が脅かされる」という,「逆コース型」の改正への警戒は，理解できないこともない．しかし，実際に発議され，憲法改正国民投票が実施された場合を考えると，国民投票運動の規制，特に，政治資金の規制と助成，虚偽情報等への対処などを十分に議論して，情報環境を整備する必要がある．仮に，憲法改正に反対する立場であっても，手続的議論は諸外国の運用に学んで，その長所と短所を洗い出して検討すべきではないか，と思われる．また，改正に反対する側は，９条の改正を想定して，改正に係る議論を拒否したり，最低投票率を提案したりして「抵抗」していると思われるが，逆コース型の憲法改正だけではなく，同性婚の承認・「下からの」国民投票（国民が法律の廃止または拒否を求める国民投票）の導入など，憲法の基本的な価値を保障し，民意反映の機会を増やすことを内容とする，いわば「憲法的価値を高める」憲法改正もありうる．憲法改正に反対する陣営は，このような「憲法的価値を高める」憲法改正にも反対し，これらの改正案に対しても情報環境を整備せず，最低投票率を課して成立を難しくするのであろうか．

いずれにせよ，国民が憲法問題を真剣に考えるべき憲法改正において，改正推進派と改正反対派の両者が手続的議論を無視または軽視している点は看過できない．さらには，改正推進派と改正反対派の姿勢には一つの共通点があることに気が付く．それは,「国民が熟議できない」という前提で議論している，と思われることである．金と人を使って押し切るという改正推進派と，国民は誘導的なCM・人気の高い政治家の発言などに騙される可能性が高いと警戒している改正反対派は，国民が熟議できない，と認識している点では同じである．両者の姿勢の根底には,「大衆はコントロールできる」または「大衆はコントロールされる」という前提がある．つまり，国民が熟議できないという共通の前提で，改正推進派は結果をコントロールすべく制度を設計し，改正反対派は憲法改正の実体と手続に係る議論を拒否する．ここが第二の問題点である．

最高法規としての憲法を改正する国民投票には，もちろん，熟議が必要である．国民が十分に議論して納得して投票したという事実が憲法改正に正統性を与える．しかし,2016年のイギリスとイタリアの国民投票の運用実態を見ると，本当に国民投票では熟議がなされるのか，という疑問も生じる．この規範論としての「熟議の必要性」と運用実態としての「熟議失敗の可能性」を踏まえた場合，国民を熟議に誘導し，熟議が失敗した場合は，憲法的価値が後退しないように備える，という視点で国民投票の全過程の制度設計を行うべきであろう．逆コース型の改正を警戒する姿勢も十分に理解できるが，憲法的価値を高める改正を，国民の多数が参加する「開かれた土俵」で行うことも，憲法を守ることにつながるのではないだろうか．本書は，このような「熟議に誘導し，かつ，熟議の失敗に備える」という立場で，憲法改正国民投票の発議から投票および投票後の段階の機能と問題点を検討して，熟議による憲法改正国民投票の可能性を探るものである．

前著と同じように，一人で比較制度研究を一冊の本にまとめるのは，かなり困難な作業であったが，幸いなことに，日本でもイギリス，フランス，イタリア，オーストラリアなど，各国の個別の国民投票に係る優れた研究がなされており，この10年間で海外の国民投票の研究も質・量ともに著しく進歩した．本書は，これらの研究に負うところが大きい．内外の研究者の方々に深く感謝を申し上げたい．また，国民投票運動の分野では，民放連をはじめとしてテレビ関係者の方々（特にCMの審査の担当者）から，幾度か貴重なお話を伺う機会を得た．これらの方々から，実務上の問題点等をご教示いただいたことに感謝する次第である．そして，かつて客員調査員を勤めたことがあるご縁で参議院の憲法審査会事務局の皆様には，原稿を精査していただき，事実関係及び法的な部分での貴重なご助言を賜ったことに感謝を申し上げたい．

本書の出版に際しては，晃洋書房編集部の山本博子さんにたいへんお世話になりました．2019年の政治学会でのポスター発表時にお声をかけてくださったことが，本書完成の最初のステップとなった．末筆ながら，心からの感謝を申し上げます．

2020年12月

福井康佐

目　　次

第Ⅱ部　憲法改正国民投票各論

第Ⅲ部　日本の憲法改正国民投票

序　論

第1節　本書の目的――成功した憲法改正国民投票のための制度設計――

本書の主要な目的は，諸外国の憲法改正国民投票の運用実態，中でも，政府または議会が発議する「上からの」憲法改正国民投票の運用実態を分析して，運用上の基本原則を確立し，それらの原則を日本の憲法改正国民投票の制度の設計と運用に反映させることにある．本書においては，理想的で「成功した憲法改正国民投票」を，**「投票する国民が，憲法改正案の内容を十分に理解して議論し，投票結果に正確に民意が反映され，その結果に対して国民から不満が出ないものであり，改正された内容が憲法の基本的価値を後退させないもの」**と定義づける．そして，それを達成するためには，どのように制度を設計すべきか，また，その失敗に対してどのように備えるべきか，という視点から，諸外国の運用実態の分析を行う．憲法論としては，憲法改正国民投票においては，国民の「国民投票権」が，通常の選挙権と並ぶ重要な権利（参政権）として保障されることから，それを正当に行使するための条件を探ることを目的とする．この主要な目的は，さらに5つの個別の目的に分けられる．

第一の目的は，憲法改正国民投票における熟議の可能性を明らかにすることである．憲法は，日常生活に大きな影響を与え最高法規として尊重される法であるから，その制定過程においては，国民の間で熟議がなされ，コンセンサスが形成されることが強く求められる．熟議論の立場から書かれた，イギリスの憲法学者ティアニーの著書『憲法レファレンダム（Constitutional Referendums）』は，適切な制度設計と法規制がなされれば，国民投票に伴う主要な問題点（エリートによるコントロール・熟議の不足・マイノリティーの権利侵害），特に熟議の不足が解消される，としている［Tierney 2012］．しかし，諸外国の国民投票の運用実態を見る限り，あらゆる国民投票において熟議がなされるわけではない．確かに，国民の多くが参加し，十分な議論の下で実施された国民投票もあるが，盛り上がらない国民投票，国民投票の争点についての理解が不十分な国民投票も少なからず存在する．このような「熟議の失敗」を見れば，制度設計と法規制で，熟議を経た国民投票が行われると考えるのは，楽観的に過ぎるように思われる．ティアニー自身も，2014年のスコットランド独立の国民投票に係る論考では，熟議による国民の参加は，① 争点に対する国民の関心の程度，② 国民の教育レベル，③ 市民社会の健全性，④ 民間メディアの健全性，⑤ 法的規制（法的な枠組み作り）によって決定される，としている［Tierney 2016a:72-73］．さらには，国民投票の運用自体は，政党，国民のこれまでの国民投票の経験，国内の分断の程度，裁判所の役割等の多数の要因によって決定される．以上より，本書では制度設計と法規制に加えて，国民投票の運用上の諸要因を分析することによって，憲法改正国民投票における熟議の可能性を考察することを目的とする．私見は，「憲法改正国民投票における熟議は常に行われるわけではなく，失敗する場合もあることから，熟議に誘導し，かつ，熟議の失敗に備える必要がある．」というものである．

目的の第二は，第一の目的を受けて，① 熟議に誘導し，かつ，② 熟議の失敗に備えるという視点から，憲法改正国民投票の各段階に付されるフィルター（民意を濾過する装置）［Eule 1990］を考察し，憲法改正国民投票の運用上の基本原則の設定を行うことである．運用上の基本原則の設定においては，国民投票に敗北した側もその結果に納得する条件の設定という視点が重要となる．具体的には，憲法改正の過程への平等な参加，十分な情報提供，公平性などを維持する必要性を述べる．

第三に，第一と第二の目的を受けて，日本国憲法96条が規定する憲法改正国民投票の構造を分析し，憲法改正国民投票の運用上の問題点を明らかにすることである．前著『国民投票制』において，諸外国の国民投票の制度と運用実態から，あるべき憲法改正国民投票の運用の指針を示したところ，同書を上梓した後（2007年）に国民投票法が制定され，かつ近時において，憲法改正を支持する政党の議席が両院の３分の２を超え，憲法改正の可能性が高まったこと（2020年12月現在，参議院の改憲勢力は３分の２を維持できていないが，潜在的な改憲賛成派議員がいること）から，改めて同法が規定する諸要素を分析する必要が生じた．改憲派と護憲派が鋭く対立する９条問題だけではなく，同性婚の容認及び国民投票制の導入など，護憲派も議論に参加しやすい憲法改正のテーマも存在する．また，将来，憲法改正国民投票の「凍結された状態」が解消され，憲法改正と憲法改正国民投票の運用を国民的に議論する必要が生じる可能性は否定できない.「この国のあり方」について憲法レベルのオープンな議論をする時期が来るかもしれない. このために, 諸外国の国民投票の運用の中から,「上からの」憲法改正国民投票の機能と問題点を中心に取り上げ, 国民投票法の規定を踏まえつつ, かつ, 前著の分析・提言において不十分であった点を中心に検討する.

具体的には, ① 憲法改正に係る争点形成・意見集約・憲法改正案の作成における手続上の問題, ② 憲法改正案の形式上の問題 (憲法改正案の明確性・抱き合わせ投票の禁止等), ③ 国民投票運動の問題 (TVCMの規制・虚偽情報の規制・インターネットの規制等), ④ 成立要件の問題 (特に最低投票率導入の問題), ⑤ アイルランド・オーストラリアの憲法会議等で見られるように, 一般国民を憲法改正過程にどのように参加させるか, という問題である. これらの諸問題を考察することによって, 選挙権と並ぶ国民の参政権である「国民投票権」が行使され, 成功した憲法改正国民投票が実現するための条件を提示する.

第四の目的は, 憲法改正国民投票の運用上のジレンマを分析することである. 憲法改正国民投票は, いくつかの理念及び運用上の基本原則の下で実施されているところ, それらが矛盾衝突することから, このような運用上のジレンマを分析し, その「落としどころ」を示す必要がある. 前著において, 国民投票一般におけるジレンマを示したが, 本書においては, 憲法改正国民投票を分析し, 改めて,「憲法改正国民投票に特有のジレンマ」が発生することを示したい. 国民投票運動における「情報の自由な流通」と「国民投票運動の平等性・公平性」との対立等, 多くの場面における理念の対立を示し, その対立を制度の中でどのように融和させるのかを考察する.

そして, 最後の目的は, 芦部信喜博士の指摘する, 憲法改正における「安定性と可変性」の２つの原理の間に均衡点を見出すことの意味を, 憲法改正国民投票という現象から具体的に明らかにすることである [芦部 1983:77]. これは, ① 熟議に誘導し, ② 熟議の失敗に備えるという, 本書の基本姿勢に関連する問題であると同時に, 憲法改正国民投票の制度設計の本質に関わる問題であることから, 本書全体を通じて考察する予定である.

第２節　本書の方法――規範的研究と実証的研究の統合――

本書は, 日本国憲法96条の構造とその運用のあり方を比較憲法論・比較制度論として論じる．その際，規範的な研究としては，ティアニー，チャンバース［Chambers 2001］，レヴィー［Levy 2013］らが展開する，憲法改正国民投票に係る熟議論を取り上げ，ユール［Eule 1990］，ハスクル［Haskel 2001］らの直接民主制に対する懐疑的な立場と対照させつつ，憲法改正における熟議の必要性と限界を論じる．一方，実証的研究としては，前著で取り上げた「下からの国民（住民）投票」の実施国であるアメリカとスイスの投票行動の研究に加えて，欧州を中心とした「上からの国民投票」の投票行動に係るル・デュック［LeDuc 2003］，ホボルト［Hobolt 2009］の研究，2016年のイタリアの憲法改正国民投票及びイギリスの「EU離脱」に係る国民投票等の投票行動を分析した研究，成立要件に係る研究等を参照して，制度が実際にどのように運用されているかを分析する．そして，規範的な議論と実証的な議論の統合を目指す．この点，本書は，ホボルトが指摘する「実証的研究を規範的研究に活用すべきである」という姿勢［Hobolt 2009:235］に共感し，それを具体化することを企図している．

そして，具体的な憲法改正国民投票の各段階の運用実態の分析においては，欧州評議会のヴェニス委員会（European Commission for Democracy throughout Law: Venice Commission）が作成した，二つのガイドラインとその改訂作業における議論を参考にする．ヴェニス委員会は，1990年代以降の欧州の新国家成立における国民投票等について，2001年に「国家レベルにおける憲法レファレンダムに係るガイドライン（The Guideline for Constitutional Referendums at National Level）（以下「2001年ガイドライン」という．），2007年には，「国民投票における適正実施基準（The Code of Good Practice on Referendums）」（以下「2007年コード」という．）を作成した．これらの二つのガイドラインは，憲法改正国民投票に係る主要な論点を網羅し，運用上の問題点を指摘するものであることから［Tierney 2012：172-173］，欧州の新興国の憲法改正国民投票と同様に，「国民投票の初心者である」日本の国民投票の運用にとっても，多くの示唆を与えてくれる．また，2007年コードに対しては，近時のSNSの発達による国民投票運動の質の変化等に対応するために，改訂作業が行われていることから，当該改訂作業における議論も参考にしたい．この改訂作業については，2019年1月に改訂作業草案（Draft Resolution, 以下「改訂草案」という．）が報告されている．さらに，民主主義・選挙支援国際研究所（International Institute for Democracy and Electoral Assistance）が2008年に発行した「直接民主制のハンドブック」（Direct Democracy: The International IDEA Handbook, 以下「IDEA」という．），イギリスの「国民投票に係る独立委員会（Independent Commission on Referendum）」が，2016年「EU離脱」の国民投票を含む近時のイギリスの国民投票の運用を分析したレポート（Report of the Independent Commission on Referendums, 以下「独立委員会レポート」という.）が，主要な論点に対する詳細な議論を提供していることから，適宜参照する予定である.

憲法改正国民投票の構造を分析し，運用上の基本原則を確立するにあたっては，国民の経験，政党の配置状況等，地理的要因その他の，国民投票の運用を支える諸要因を挙げ，その相互作用と全体に与える影響を考察する[1)]．スイスの直接民主制の研究者メックリも，国民投票を様々なプレイヤーによるゲームと位置付けている．このため，国民投票の活動主体の行動を分析して，各フィルターの役割を考察する必要がある［Moeckli 2012：66-80］.

そして，憲法改正国民投票の制度の具体的な考察にあたっては，憲法改正国民投票を，時系列に従って，発議（第一段階），国民投票運動（第二段階），投票と成立要件の充足（第三段階），投票後（第四段階）という４つの段階に分解し，それぞれの段階の問題点を考察する．その際に，一つの段階の規制が他の段階の規制に与える影響，及び各段階の相互作用についても考察する.

このようにして確立された憲法改正国民投票の運用上の基本原則及び具体的な制度の分析の結果を日本の国民投票法の解釈論及び立法論に当てはめる．さらには，制度論としての憲法改正国民投票の「改正論」にも踏み込んで議論をする予定である.

第３節　本書の考察の対象――憲法改正国民投票及び憲法問題国民投票――

本書は，憲法改正国民投票を主たる考察対象とする．憲法改正国民投票は，制定された憲法の枠内で，憲法改正を投票案件（以下，本書では国民投票の対象を意味する語として「投票案件」を用い，憲法改正を投票案件とするものを「憲法改正案」という.）とするものである．英語の憲法レファレンダム（constitutional referendum）は，憲法改正国民投票だけではなく，広く「憲法に関する問題」を投票案件と

1）国民投票に係る投票行動も，① 争点，② 争点に対する政党の態度，③ ルールと制度，④ 国民投票の争点以外の社会的な争点，⑤ メディアのフレーミング（争点の取り上げ方），⑥ 新旧の思想的対立，⑦ 政府の実績に対する評価の各要因が関連すると論じられている［Di Mauro and Memoli 2017：137］.

する国民投票も含む概念である．具体的には，① 憲法改正国民投票，② 新憲法の制定または国家体制の確立のための国民投票，③ 国家の一部の独立承認または権限移譲，④ EUなどの超国家機関に対する加盟または脱退の承認である［Tierney 2012：1］．

以上より，本書は，広く憲法に関する問題を投票案件とする国民投票を，憲法レファレンダムと定義して，これを最上位概念とし，その下に，①憲法改正国民投票と，憲法問題国民投票（上記②③④）を設定する．

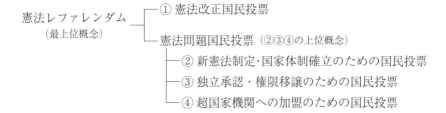

- 憲法レファレンダム（最上位概念）
  - ① 憲法改正国民投票
  - 憲法問題国民投票（②③④の上位概念）
    - ② 新憲法制定·国家体制確立のための国民投票
    - ③ 独立承認・権限移譲のための国民投票
    - ④ 超国家機関への加盟のための国民投票

②には，王制廃止・共和制への移行（イタリア1946年・ベルギー1950年），連邦政府の承認（オーストラリア[2]），新国家の承認（モンテネグロ2006年・南スーダン2011年）がある．これらは，憲法の枠の中で実施されるというよりも，憲法の枠の外で主権者の意思を確認するために実施される．③には，スコットランド独立のための国民投票（2014年），カタロニアの独立のための住民投票（2017年）がある．また，中央政府が地方政府に権限を移譲するために行う国民投票（イギリスのウェールズ，スコットランドへの権限移譲の国民投票など）を含めることもできる．④は欧州で数多く実施されている，EUへの加盟または脱退・欧州憲法の承認の国民投票であり，主権を制限または回復する内容が含まれる．

上記の②③④は，国内の主権を確立し，またはその範囲の限定を投票の対象とするものであり，①の憲法改正国民投票は，主権が確立され確定した憲法典の範囲内で実施される国民投票である．その意味で，前者は，憲法形成的国民投票（constitution framing referendum）であり，後者は，憲法の規定に従って憲法を改廃・制定する憲法変更的国民投票（constitution changing referendum），と分類されている［Tierney 2012：14］．

2）オーストラリアの連邦政府承認のための国民投票は，1898年から1900年にかけて二つの段階に分けて実施された［Qvortrup 2014：25-26］．

本書は，憲法レファレンダムを中心とし
日本を含む，①の憲法改正国民投票を中
法改正国民投票」という書名とした．

第4節　本書の構成――三部構成（総

本書は三部の構成をとる．第Ⅰ部を憲法
法改正国民投票の基本構造」では，憲法改
の主要実施国の運用実態，憲法改正国民投
票の機能，憲法改正国民投票の対象を取り
における主要問題」では，憲法改正国民投
るコントロール，熟議の不足，マイノリテ
第3章「憲法改正国民投票の運用と制度設
針を示し，運用上の基本原則と成功した憲
付すべきフィルターとハードル，運用を支
論の土台作りを行う．

第Ⅱ部では，憲法改正国民投票各論とし
民投票運動段階，第3章で第三段階の投票
問題を扱い，憲法改正国民投票の各段階の

第Ⅲ部では，第Ⅰ部と第Ⅱ部の議論を踏
民投票の基本構造」では，憲法レベルで日
の機能と問題点を指摘し，第2章の「日本
現行の国民投票法の規定に対する，解釈論

最後に，「むすび」として，憲法改正国民投
憲法改正国民投票における国民の熟議の可

第Ⅰ部

憲法改正国民投票総論

第１章　憲法改正国民投票の基本構造

第１節　憲法改正国民投票の分類と用語

国民投票の分類については，前著「国民投票制」を踏襲し，以下で本書の叙述に必要な範囲で，憲法改正国民投票に係る用語を提示した[1)].

１．１　任意的国民投票と義務的国民投票

国民投票は，発議によって実施される「任意的」国民投票と，一定の条件が発生した場合に義務的に投票される「義務的国民投票」に分類される．任意的国民投票は，１．２で説明するように，上からと下からに分類され，さらに発議機関によって分類される．義務的国民投票の典型例は，スイスの義務的レファレンダムである．議会がEUなどの超国家機関への加盟を議決した場合は，国民の承認を得るために国民投票を実施するというものである．デンマークは，投票年齢の変更を義務的国民投票の対象としている．

１．２　上からの国民投票と下からの国民投票

任意的国民投票は，国民を統治する側（政府・議会）が発議する，「上から」（from above）の国民投票と，統治される側の国民が発議する，「下から」（from below）の国民投票に大きく分けることができる［Altman 2011：12-13；IDEA：２］．国民投票は，上からと下からとでは，大きく運用が異なるので，この区別は重要である．下からの国民投票は，一定数の署名収集を発議要件とする．

１）国民投票一般の分類については，多くの文献があるが，最新のものとして，［Handbook R：ch.２］を参照されたい．

1．3　発議機関の所在による分類

（1）上からの国民投票

上からの憲法改正国民投票は，さらに，発議する機関によって，3つに分けられる．

- ・大統領主導型　大統領がフリーハンドで議会を関与させずに発議する．
- ・政府主導型　議院内閣制で首相が議会多数派の支持の下で発議する．
- ・議会主導型　議会の多数派または少数派が発議する．

議院内閣制の下では政府主導型国民投票と議会の多数派主導型国民投票は概念として重複するので，本書では同一のものとして扱う．

（2）下からの国民投票

下からの国民投票（国民主導型）は，その機能によって3つに分けられる．

- ・イニシアティヴ　国民が作成した法律案・憲法改正案（廃止案も含む）に投票する．
- ・拒否型国民投票　議会で可決された法律・憲法の承認または拒否を求めて投票する．
- ・廃止型国民投票　既存の法律・憲法の廃止を求めて投票する．

ただし，廃止型の国民投票は，イニシアティヴによる廃止立法と同じ制度である．

1．4　効力による分類

国民投票は，結果に拘束力のある，「拘束型」の国民投票と，拘束力のない「助言型（諮問型）」国民投票に分けられる．[2)]

1．5　プレビシット

プレビシットは多義的な概念であるが，議論の混乱を避けるために，本書では，「争点を媒介として人物に対する信任投票を恣意的に行う」という意味で用いる．フランスのド・ゴール大統領が実施した国民投票がその典型である．

2）改訂草案注釈3．4．1は，拘束型と助言型の中間にある二種の形態を説明する．

1．6　小　　括

実際の憲法改正国民投票は，「上から」の国民投票（大統領主導型または議会主導型）と，「下から」の国民投票（国民主導型），義務的国民投票（発議なし）の3種に大別される．

第2節　タイプ別の主要実施国の運用実態

第1節の分類に従い，タイプ別に本書で取り上げる憲法改正国民投票の主要実施国の制度と運用を概観する．

2．1　大統領主導型憲法改正国民投票

大統領主導型の憲法改正国民投票の典型例は，フランスの国民投票である［横尾 2009；横尾 2015；Hollander 2019：114-115］．現行の憲法は，88-5条1項・89条・11条1項・3項の四種類の国民投票の制度を規定する．その内，憲法改正国民投票として本来，予定されていたのは，89条の手続であった．89条は，改正案を① 政府提出の場合と② 議員提出の場合に分け，①の場合は，両院合同会議による5分の3の賛成による成立か，国民投票の実施による成立を大統領が選択できる．②は両院で同一の文言で可決されたあとに国民投票が実施される．しかし，89条の手続による国民投票はこれまで1回しか利用されず，実際は，大統領がほぼフリーハンドで実施可能な，11条の手続で憲法改正国民投票が実施された時期があった．

現行の11条1項は国民投票の対象を，①「公権力の組織に関する」②「国の経済社会政策及びそれに関わる公役務をめぐる諸改革に関する」③「憲法には反しないが諸制度の運営に影響を及ぼすであろう条約の批准を承認することを目的とする」政府提出法案としているが，この三項目（②は2008年追加）については拡大解釈されて，プレビシット的に運用されたものがある．例えば，1962年にド・ゴールが実施した「大統領の直接公選」を問う，国民投票は，憲法事項であることから89条の手続で実施されるべきであったが，11条で実施され，賛成多数で成立した．

88-5条1項は，EUの新規加盟国の承認を求める国民投票である．11条3項は，議員の1／5と有権者の1／10の署名で法律案の国民投票を発議できるとする．

2．2　政府主導型＝議会多数派主導型の憲法改正国民投票

このタイプの主要実施国は，アイルランド・オーストラリア・イギリスである．

アイルランドは，憲法改正国民投票の実施回数が多い国で，2020年までに38回実施されている．同国は二院制を採用するところ，上院の定員60名のうち，11名を首相が任命するので上院では確実に承認されることから，実質的には下院の多数の賛成で，憲法改正国民投票が発議される．成立要件は，有効投票の過半数である．国政上の主要な問題を，憲法改正国民投票という形で国民に問うという意味では，国民と議会との共同決定がなされているということができる．中絶，離婚，同性婚の承認という倫理問題から，EU加盟，選挙制度まで多様な問題が国民投票の対象となっている点に特徴がある．

オーストラリアは，① 二院制で両院の賛成が必要であることと，② 成立要件として，投票者の単純多数決に加えて，６つの州の過半数の賛成を求めるという「二重の承認」が存在することを特徴とする．アイルランドと同様に，多様な問題が憲法改正国民投票の対象となっているが，44回中８回と成立率が低い．この成立率の低さを克服するために，多様な憲法改正案作成方式が作られていること，後述するように，憲法改正回避現象が発生していること，国民投票による憲法改正に消極的になっていることを特徴として挙げることができる．オーストラリアは，2017年に助言型の国民投票（郵便による投票）で，同性婚の賛否を問い，賛成多数（61.6%）となった．

イギリスは，不文憲法の下で，政府主導型＝議会多数派主導で，「憲法問題国民投票」を実施する国であり，議会主権の原理から，国民投票は拘束力のない助言型である．全国レベルでは，「EC残留」（1975年）・「選択投票制」（2011年）・「EU離脱」（2016年）の争点で，３回実施されている．それ以外にも，政府が提案する住民投票は，地域レベルでは11回実施されている．

2．3　議会少数派主導型の憲法改正国民投票

イタリアでは，議会の多数派による憲法改正の議決に対して，議会の少数派が異議を申し立てて，憲法改正国民投票が発議される［岩波 2006：110-111］．

イタリアの憲法改正は，① 二院制の下で，各議院が少なくとも３か月の期間を置いて，連続した２回の議決をもって採択される．② 第２回の投票は，各議員の総議員の過半数の賛成が必要となる．③ この２回目の投票が，各議

院の3分の2以上の多数で成立した場合は，国民投票は実施されない．④それ以外の場合は，各院の5分の1の賛成で発議されることから，議会少数派が主導する憲法改正国民投票と位置付けることができる．なお，⑤イタリアの憲法改正国民投票では，5つの州議会の議決または50万人の国民の署名がある場合も発議することができるので，国民主導型の側面もある．憲法改正を企図する際に，野党の反対が十分に予想されることから，政府・与党から見ると，国民投票の実施が事実上義務付けられていることになるが，政府が憲法改正を企図し，必要的に国民投票を実施するという側面があることから，実質的には，政府主導型＝議会多数派主導型である．憲法改正国民投票は4回実施されて，2回成立している．

その他の議会少数派主導の国としては，スペインとスウェーデンがある．

スペインは，憲法167条の「技術的改正」では，両院で可決成立後，15日以内に，各院の10分の1の賛成で，憲法改正国民投票が発議される．168条の「本質的改正」では，①各院の2／3で可決，②総選挙，③新議会での可決，④国民投票という手続をとる［野口 2016：239-240］．スウェーデンは，議会の10分の1が憲法改正国民投票を提案（議案提出）し，3分の1が賛成することによって，国民投票が実施される［Hollander 2019：206］．

2．4　下からの憲法改正国民投票

スイスは，「半直接民主政」といわれるほど多様な国民投票を制度化する国である．憲法については，国民が憲法改正案を作成して議会に提案するイニシアティヴを制度化している［Linder 2010：ch 3；Moeckli 2012：43-46］．イニシアティヴは，①完成された草案と②一般的な発議という二つの形態があり，ともに国民の一定数の署名の収集を要件として，議会に提案される．提案されたイニシアティヴは，39か月以内に国民投票に付すことが義務付けられている．イニシアティヴに対する国民投票では，議会が対抗草案を提出し投票の対象とすることができる．

国家レベルではないが，アメリカの州，特に人口が1千万を超えるカリフォルニアなどの大きな州の住民投票の運用は，国民投票運動など，多くの点で参考になる．アメリカの州では，下からの住民投票として，イニシアティヴが最も多く用いられている．このイニシアティヴには，直接イニシアティヴと間接イニシアティヴの形がある．前者は，一定数の署名を収集することを要件とし

て，議会を通過せずに，憲法改正案・法律案が直接，住民投票に付される．後者は，議会に提案された後，否決または修正された場合に，投票に付される［Zimmerman 2014］．

第3節　憲法改正国民投票の四段階の過程

第1節で述べたように，憲法改正国民投票は，上から・下から・義務的と三種に大別されるところ，日本の憲法改正国民投票も含む，上からの国民投票の過程は，① 発議，② 国民投票運動，③ 投票と成立要件の充足，④ 投票後（投票の効力と紛争処理），という4つの段階から構成される[3)]．以下では，この4つの段階の構造と各段階に対する規制を説明する．

3．1　第一段階　発議

発議の過程は，① 争点の確定，② 条文の整備，③ 憲法改正案（改正原案）の決定，④ 議会審議と発議要件の充足，⑤ 投票日の決定，から成る．

憲法改正国民投票は①の争点の確定から始まる．国内に憲法問題に係る紛争が発生したり，制度疲労による政治改革が議論されたり，あるいは憲法典に人権を追加する必要が生じたりして，憲法の改正が議論される．この憲法改正に係る議論は，後述するように，議会内部・議会外の第三者機関・憲法制定会議・イニシアティヴによる国民の参加など様々な方法で行われ，憲法改正の争点が確定される[4)]．

争点確定作業が終了し，実際に，例えば4つの争点，争点A「二院制を一院制にする」，争点B「憲法裁判所を設置する」，争点C「新しい人権を追加する」，争点D「死文化した条文を削除する」が改正の対象となった場合，次の作業として，これに対応した② 条文の整備の作業に入る．新規の条文の作成，条文

3）アメリカの住民投票の研究者ガーバーは，イニシアティヴの過程を，起草（drafting），署名（発議）要件充足（qualifying），住民投票運動（campaign），選挙後（post-election）の4つの段階に分ける［Gerber 1999］．上からの憲法改正国民投票は，起草と発議要件の充足がともに国会で行われること，ガーバーの分類では，投票の意味とその効力を十分に分析できないことから，私見のような四段階とした．

4）憲法改正の方式と憲法改正の問題点についてはWidner and Contiades［2013：ch. 5］を参照されたい．

の削除，他の条文との調整が必要となる．

憲法改正国民投票を実施するためには，争点の確定とそれに続く条文の作成等だけでは十分ではない．一般に，国民投票では，争点が何らかの形で手を加えられて「投票案件」になる．憲法改正が対象となる場合は，③ 憲法改正案（改正原案）の決定となる．

③の憲法改正案（改正原案）の決定の後に，④ 議会審議と発議がなされる．議会の賛成多数（単純多数決）・特別多数などの発議要件を充足することによって，国民投票の実施が確定される．

発議の際には，投票日をいつにするか，という⑤ 投票日の設定と国民投票運動期間の設定が問題となる．

3．2　第二段階　国民投票運動

発議から投票までの期間が，国民投票運動（campaign）の期間である．この国民投票運動の間に，憲法改正国民投票の実施が周知徹底され，憲法改正案についての情報が十分に提供され，国民が投票案件を理解することが期待される．政府からは，国民投票の実施に係る広報活動と，賛否両論の要旨が記載された公報（パンフレット）等の発行がなされる．憲法改正に求められる熟議がなされるためには，国民投票運動が自由に展開されることが原則であるが，情報の量的な偏りや質の維持のための規制が行われることがある．

なお，日本の国民投票法は，国民投票運動を「憲法改正案の賛否に対する勧誘」という意味で用いている（100条の2）ことから，本書では，日本の国民投票法の定義を「狭義の国民投票運動」という．

3．3　第三段階　投票と成立要件の充足

第三段階は，国民投票運動の期間が終了した後に，実施する投票である．投票に対しては，最低投票率・単純多数決・特別多数決等の成立要件が付される．予備的国民投票，二回投票，投票の機能と問題点もここで議論される．

3．4　第四段階　投票後

第四段階は，国民投票実施後の段階である．ここでは，最初に，① 成立・不成立の結果がもたらす効力が問題となる．①の問題では，国民投票の結果の効力（助言と法的拘束力の違いの他，成立した条文はどのような意味を持つのか～例えば新

しい人権制定の意味，改正案の否決はどのような効力を有するのか），憲法改正回避現象の発生，同一問題の提起の制限，助言型国民投票の事実上の拘束力［Rommelfanger 1988］が問題となる．次に，② 投票結果に対する異議申し立てが問題となる．ここでは，手続的違法性，集計の誤りに対して国民投票の無効訴訟が提起される．

第４節　憲法改正国民投票の機能

以下では，憲法改正国民投票の機能を一般的な機能と３つの主要なタイプが有する個別の機能に分けて説明する．

４．１　一般的な憲法改正国民投票の機能

一般的な憲法改正国民投票の機能は，① 正統性付与，② 憲法改正に対する安全弁，③ 基本的価値の固定化，④ 教育・政治への参加促進，⑤ 紛争解決である．

憲法改正国民投票は，第一に，改正される規定を国法体系に編入し，主権者としての国民に最終決断を求めることによって，その結果に ① 正統性を付与する[5)]．日本のような，議会主導型の憲法改正国民投票の場合，通常の法律の制定に比較して，国民投票という過程を一つ加えることで，法律よりも高い効力を有すること（硬性化）に実質的な理由を与えることになる[6)]．

第二に，上からの国民投票も，下からの国民（住民）投票（スイス・カリフォルニア）のイニシアティブも，成立率は高くないこと［福井 2007：50, 84］，憲法改正国民投票に限定すると両方ともさらに低いことは，憲法改正を国民に提案して，当該改正について国民を説得することが容易ではないことを示している．このように憲法改正国民投票は，② 安易な憲法改正に対する安全弁として機能している．

第三に，国民投票による憲法改正の困難さは，平和主義･基本的人権の尊重･

5）改正された憲法は正統性を確保することによって，最高法規性を獲得する［Widner and Contiades 2013：57］．

6）ダイシーは，国民投票を硬性化の一つの方法と考えていた［Bogdanor 2009a：194-195］．ダイシーの国民投票に係る見解をまとめた文献として，Cosgrove［1980：105-110］がある．

国民主権といった，③ 基本原則・基本的価値を固定化する機能につながる．成熟した民主主義国家では，国民主権を国民投票によって自ら放棄するという事態は想定しがたい．

ただし，この ② 安全弁と ③ 固定化機能にも限界が存在する．フランスのような，大統領主導型で実質的に議会審議を経ない場合は，後述するように，熟議のためのフィルターが一枚少ないことから，国民主権の行使として，正統性は認められるとしても，慎重さを欠いた憲法改正になりかねない．ワイマール憲法下において，ヒトラーに全権を与えた事例もある［Kost and Solar 2018：284-288；飯島 2016］．これは例外的な事情によるものであると評価できるが，憲法改正国民投票のプレビシット的運用として，その可能性を常に警戒する必要がある．改訂草案は，国民投票はあくまでも，代議制民主主義の中で実施されるべきであり，議会等のチェック機関を迂回して，憲法改正を実施すべきではないと，勧告している．特に，大統領が議会を迂回する形で，憲法改正国民投票を実施することの危険性を指摘している［改訂草案：注釈3．2．1］．

第四として，国民投票・住民投票には，一般的に④ 教育・参加促進機能が認められる．国民生活に関連する重要な問題が投票案件になった場合，国民は当該問題について関心を持つようになり，政治過程に参加することが期待される．イギリス1975年「EC残留」の国民投票のように，自然発生的に，賛否両陣営に分かれて，市民運動グループによる建設的な議論が繰り広げられる事例は，教育機能と参加促進機能が作用したということができる．一方，重要ではあるが，日常生活に関連が薄い憲法改正案については，憲法改正国民投票が盛り上がらないこともあり，後述するように，政府が議論の土台作りを行い，この教育機能と参加促進機能が発揮されるような制度設計が求められる．これは政府による熟議誘導の局面である．

最後に，憲法改正国民投票によって，⑤ 紛争解決がなされることがある．アイルランドは2018年に，中絶に係る憲法の規定（中絶を例外的にしか認めない規定）を削除し，人口妊娠中絶を合法化する憲法改正案が，国民投票で66％という高い賛成率（投票率64.5％）で承認された．これは，長年の同国の論争に終止符を打つものであった．

4．2　憲法改正国民投票のタイプ別機能

4．2．1　上からの憲法改正国民投票の機能

上からの憲法改正国民投票は，エリート・政治階層が，国民をリードして憲法改正の必要性を国民に対して説得することにその本質がある．したがって，国民投票の成立には，① エリート・政治階層だけのコンセンサスだけではなく，② エリート・政治階層と国民との間のコンセンサス形成も必要となる．このため，「なぜ今，憲法改正が必要なのか」という点についての議論の喚起とコンセンサス形成機能が求められる．議論の喚起とコンセンサス形成が不十分な場合は，否決されることになるが，この場合は，上述の通り，安全弁が働いたことになる．また，選挙で与党を支持していても，政府与党の公約・マニフェストで示された個別の論点・政策については，国民が支持していないことを示すこと[7]から，国民に拒否権を与えたことになる．

4．2．2　下からの憲法改正国民投票の機能

下からの憲法改正国民投票は，逆に，エリート・政治階層が取り上げない争点・政策を国政に提示することを可能にする．スイスは，イニシアティヴによって陸軍の廃止が提案され，国民投票で否決されたが，陸軍の改革を促している［Linder 2010：108］．イタリアは，法律に対する廃止型の国民投票を用いて，90年代に第二共和制への変更を行っている．これは，実質的には，法律に対する下からの国民投票が，憲法問題国民投票として機能したと見ることができる［Koeppl 2007：117-118］．

このような，争点の提示機能は，二つの側面がある．一つは，選挙で反映されない「多数の民意」を提示するという点である．オストロゴルスキーパラドックスが示すように，政党に投票することは，政党のマニフェストに掲げられた全ての争点を支持することと同値ではない．与党の政治改革に対する不満が国民の間に存在することもある．その場合は，憲法レベルの改革案（任期制限・多選制限・政治資金規制）を，下からの国民投票（特にイニシアティヴと廃止型）でその民意が存在することを示すことができる．もう一つは，「少数者の民意の提示」

7）これを，オストロゴルスキーパラドックス（The Ostrogorski Paradox）という［Setaelae 2009：14-17］．通常の選挙では，公約に掲げられた「争点の束」としての政党に投票するために，争点に対する個別の民意が反映されない．これは，間接民主制の限界の一つである．

である．例えば，性的少数者（LGBT）の人権の保障は，選挙の争点となることは想定しにくい．性的少数者の人権保障のみを公約に掲げる政党を結成しても，国政に代表を送り込むことは困難である．しかしながら，署名のハードルが比較的低く設定されれば，イニシアティヴとして，性的少数者の人権保障を議会に提案することは可能であろう［IDEA：23-24］．

4．2．3　義務的憲法改正国民投票の機能

義務的憲法改正国民投票の対象を，「（EUなどの）超国家的機関への加盟」（スイス）や「地方議会の権限の拡大」あるいは「ある地域の分離独立」と規定した場合，それを国民が承認することによって，国家の主権の一部を委譲することになり，「明日から全く違う世界に入って行く」ことになる．義務的国民投票は，国民が納得しない場合に，国民が拒否権を行使することを保障する．政府は，この拒否権の行使を回避するために，加盟交渉や分離独立に係る交渉を慎重に行い，成立のために十分な情報を提供するようになる．

第5節　憲法改正国民投票の対象

5．1　制度改革

憲法改正国民投票の主たる争点としては，議会の改革，地方分権，中央集権，選挙制度改革などの憲法レベルの制度改革がある．以下，憲法改正国民投票（憲法問題国民投票も含む）の主要実施国の制度改革に触れたい．

イギリスでは，憲法改革の一つとして，選挙制度改革が長年議論されてきた．2011年に，現行の小選挙区制を選択投票制（Alternative Vote）に変更する国民投票が実施された[8]．保守党と連立する自由民主党との間で締結した政策協定に基づいて実施されたものであるが，争点が難解であったこと，自由民主党の党首が不人気であったことから，否決されている［Qvortrup 2013：128］．

アイルランドの注目すべき制度改革としては，1959年と1968年の選挙制度改革がある．これは，長期政権を維持するために，与党が自党に有利なように制

8）選択投票制は，選挙区制を小選挙区とし，投票者は各候補者に選好順位をつけて投票し，過半数の得票者が出るまで，① 第1位票の最下位候補を落選させる，② 最下位候補者に投じた第1位票を第2位票の候補者に移譲する，以下①②を繰り返すという方法で当選人を確定する方式である［木下 2013］．

度を変更する（比例代表制からイギリス型小選挙区制へ）ことを意図したものであった．これは二回とも否決されている（一回目は僅差で否決・二回目は大差で否決）．国民が求めていない選挙制度改革を断行したこと，野党の激しい反対キャンペーンを受けたことが，否決の原因である［Gallagher 1996：89-90］．

オーストラリアでは，選挙制度の改革，特に上下院の同日選挙は，3回も提案されて全て否決されている．1999年の共和制への移行を問う国民投票は，後述するように，民選議員を含む憲法制定会議を設置し，国民的議論の喚起を行ったが，否決されている［Williams and Hume 2010：102］．

イタリアは，憲法改正国民投票を用いて，大規模な政治改革を4度企図している．2016年に実施されたイタリアの憲法改正国民投票は上院と州の権限を減らすことを目的としている．これは，59.11％の反対多数で否決された．それ以外に，イタリアは，過去3回にわたって制度改革を目的として，国民投票を実施している．2001年（地方圏の権限拡大・地方分権の推進）は成立し，2006年（地方圏の権限拡大，上院の権限の縮小等）は，否決されている［伊藤 2016：312-315］．2020年9月には，上院議員を315から200に，下院議員を630から400へと大幅に削減する憲法改正案が，69.9％の賛成（投票率51.1％）で承認された．

5．2　特定の価値観の排除

憲法改正国民投票が，特定の価値観の排除を狙って実施されることがある．オーストラリアの1951年の国民投票は，「共産党を解散する権限を政府に与えるかどうか」を問うものであった．これは，戦後の共産主義陣営の台頭を受けて，「共産主義の脅威を排除する（反共）国家」対「（共産主義を排除しない）全体主義国家」という思想的対立の側面を有しており，激しい選挙戦が繰り広げられ，賛成票49.44％と3州の賛成（全体の6分の3）というように，僅差で否決された［Williams and Hume 2010：125-139］．

5．3　人権の追加

憲法改正国民投票によって，憲法典に人権が追加されることが想定される．しかしながら，人権は憲法典に追加されることによって，「新しく」形成されるわけではない．もし，憲法改正国民投票によって，憲法典に編入されるとすれば，すでに，判例や立法によってある程度，国民の間に浸透し，人権として認識されたものを確認するという意味がある．また，それは憲法典に編入することによって，それが侵害されないように，硬性化するという意味がある．

指導原理または総則的規定として憲法典に追加して，後の立法を促進する機能も想定される．行政国家現象の下では，官僚と政策実現・立法化について交渉する際に，その主張を裏付ける根拠となる可能性がある．例えば，憲法25条の2「国民は良好な環境のもとに生活する権利を有する.」という条文が追加された場合，当該条文を根拠とした立法の促進が期待される．ただし，このような指導原理・総則的規定は，憲法改正の後も，日本の「環境権」の主張に見るように，内容自体が未だに不明確であり，一定の機能が期待されるとしても，後述の通り，憲法改正案の明確性の原則に抵触する可能性が高い[9)]．

5．4　政策の実現

スイスのようにイニシアティヴのある国では，政策の実現を求める内容，あるいは法律レベルの内容が，憲法改正の対象となることがある．例えば，スイスのイニシアティヴの対象となった，週の労働時間の削減や労働者の経営参加権の保障などは，法律レベルの内容であると思われるが，憲法レベルと法律レベルの区別が明確ではないことから，国民投票による憲法改正の対象となる．また，これらの政策の実現を求める憲法改正国民投票は，法律レベルの人権の追加という側面もある．日本において，高等教育の無償化を，憲法改正の内容として提案することは，この政策の実現というカテゴリーに入ると思われる．

5．5　地位・権限の強化

憲法改正が，大統領・首相によって，自己の権限拡大のために実施されることがある．中でも民主主義のレベルが低い国家では，投票率・賛成率がともに100％に近い形で，体制の維持を目的とした国民投票が実施されることが少なくない．これは，憲法改正国民投票のプレビシット的運用である．アルトマンは，このような特徴をもった17のプレビシットを，直接民主制の悪夢（nightmare team of direct democracy）として取り上げている［Altman 2011：92］．

9）改訂草案は，憲法改正案の内，① 原則，② 一般的文言，については，投票者が十分な情報の下で投票できないことから回避すべきである，とする［改訂草案：注釈3．2．2］．

第２章　憲法改正国民投票における主要問題

憲法改正国民投票には，各段階の運用で意識すべき共通の問題点がある．以下では，ティアニーの指摘する，憲法改正国民投票における３つの主要問題を取り上げる．

第１節　主要問題１　エリートによるコントロール

国民投票に対する批判の第一に，エリートが国民投票の全過程をコントロールしているのではないか，という点が指摘される［Tierney 2012:23-27］．確かに，前出の直接民主制の悪夢と言われるコントロール性の強い国民投票は存在する．しかしながら，これらのプレビシット的国民投票であっても，成立しない例も存在する[1)]．スミスは，発議におけるコントロール性の高さ（controlled）と，エリートの期待通りの結果の発生（hegemonic）という二つの要素で，国民投票を分析し［Smith 1976］，controlled and pro-hegemonic（政府が国民投票の過程を支配し賛成の結果を得る）という結果になることは少ないとする．クバールトループは，1945年から1997年までに実施された128の国民投票のうち，15.6％だけが，controlled and pro-hegemonicであるとし，さらには，128件のうち103件は，controlledとは言えないとしている．それらは，憲法によって義務的に実施されたり，下からの国民投票（イニシアティヴ）により実施されたり，または，野党による提案によって実施されたものということになる．これは，国民投票は，controlled and pro-hegemonicが多い，という有名なレイプハルトの主張とは，正反対の結果となっている［Lijphart 1984：203；Qvortrup 2005：91-93］．

このように，国民投票は，必ずしもエリート・政治階層の思惑通りに実施されるものではないとしても，上からの国民投票の場合，政府が結果を誘導するインセンティヴは常に存在することから，後述する，憲法改正国民投票の各段

1）アルトマンは，プレビシットの３つの失敗例を挙げる［Altman 2011：97-108］．

階について，何らかの規制がなされる必要がある．第一段階の発議においては，争点・条文・憲法改正案をどのように確定するか，あるいは，国民投票実施の時期をどのようにするか，という点を，エリート・政治階層が自己に有利なように決定できる（国民投票のルール決定における裁量権の広さ）ことが問題となる．そして，第二段階の国民投票運動については，自己に有利な情報のみを提供する傾向にあることから，何らかの規制が必要になる．また，第三段階の成立要件については，単純多数決よりハードルの高い成立要件の設定を回避する傾向にある．第四段階の投票後の異議申し立てについても，「制度的に存在しない.」「対象を限定する.」という方向になる．日本においても，現行の国民投票法上，第四段階における異議申し立ての機会が限定されているのは，この傾向に沿っているということができる[2)]．クバールトループが，一般に，上からの国民投票には規制が少なく，下からの国民投票には規制が多いと指摘するのは，このようなエリート・政治階層の事情を物語っているものと思われる．ただし，英国は例外であるとする［Qvortrup 2005：162-163］.

第2節　主要問題2　熟議の不足

2．1　憲法改正国民投票における熟議の重要性

第二の問題点は，憲法改正国民投票における熟議の不足である［Tierney 2012: 28-38］．国民投票及び直接民主制一般に対する批判として，国民が十分に議論をしないままに投票してしまう，という点が指摘される［Haskel 2001:11］．実際，盛り上がりを欠く国民投票，十分な議論がなされない国民投票，内容ではなく感情や短期的な利害または政治家の個人的な人気を反映した国民投票など，国民の熟議を欠く国民投票も少なくない．この批判は，憲法改正国民投票の場合には深刻に受け止める必要がある．憲法改正国民投票の対象は，政治制度の改革，地方分権，人権といった日常生活に関わる重要な問題であることが多く，その対象に対して十分な議論がなされない場合は，エリートによるコントロールが成功したり，マイノリティーの権利侵害が生じたりするという，国民投票の他の問題点が表れることになる．また，十分な議論がなされずに国民投票で

2）ただし，本書は後述するように，第四段階での異議申し立てについては，消極的に評価し，例外的に存在すべきものとする．

成立した場合は，最高法規であるにもかかわらず，国民の多くが受け入れがたいと感じる改正になる可能性も生じる（正統性・安定性の欠如）．したがって，憲法改正国民投票においては，熟議，すなわち国民が十分な議論をすることが，他の国民投票・直接民主制の制度に比較して，特段に重要となってくる．

2．2　熟議の可能性＝投票者の能力に係る学説

このように，憲法改正国民投票においては，通常の国民投票よりも熟議が必要であるという点には異論がないと思われるが，「国民は憲法改正国民投票において熟議ができるのか」という点については意見が分かれる．この熟議の可能性の問題は，国民投票における投票者の能力の問題として，国民投票及び直接民主制の研究の主要な論点となっている．

熟議の可能性＝投票者の能力についての見解は大きく4つに分けられる．第一は，国民には熟議を行う能力があると認め，憲法改正国民投票は，熟議の絶好の機会であると考える立場［Ackerman 1998：54-55；Ackerman and Fishkin 2004；Galligan 2001；Levy 2013］である．本書では，これを「積極説」とする．第二は，国民投票・住民投票においては，国民は代議制民主主義における国会議員等に比べて，判断能力が劣ることから，熟議することはできないという立場［Eule 1990；Haskel 2001］であり，これを「消極説」とする．第三は，熟議の必要性を強調しつつ，国民投票において熟議が行われない場合がある，という事実を認めた上で，熟議が行われるように誘導すべきであると考える立場［Chambers 2001；Tierney 2012；Weiser 1993］である．これを「熟議誘導説」とする．第四の立場は，国民は争点に特別の関心がある場合だけしか国民投票に参加しないとする立場［Qvortrup 2005：29-31］である．国民は，日常生活に直結する重要な問題のみを選択して，国民投票に参加するという立場であり，ユールとハスクルのように国民の能力を消極的にとらえるのではなく，国民には国民投票に参加し投票する能力があるが，そこには一定の限界があると考える．これを「選択的参加説・能力限界説」とする．以下では，この4つの説の妥当性に留意して国民投票における熟議の可能性を論じる．

2．3　理想形としての対話的熟議

熟議の可能性を論じるにあたって，国民投票における熟議の理想的な形を示したい．そもそも熟議（deliberation）とは，時間をかけてじっくりと考察する

という意味であるところ，そこには二つのスタイルがある．一つは，自分一人で十分な情報の下によく考えるというスタイルである［Chambers 2001：232-233］．これは，偏見や習慣的思考とは異なるものであり，熟議の「単独思考型」である．もう一つは，複数の公的争点を多くの者と議論するという，熟議の「対話的思考型」がある．国民投票においては，対話的思考型の成立が求められ，これを「対話的熟議」として以下考察する．

2．3．1　対話的熟議の要素

憲法改正国民投票において対話的な熟議が成立したと評価されるためには，以下の4つの要素が必要になる［Baker 1991：783；Chambers 2001：233；Levy 2013：567-568］．

① 十分な情報の取得と理解　憲法改正案を理解する前提として，憲法についての基礎知識，憲法改正案の内容，反対意見，背景事情等の情報を取得し，十分に理解していること．

② 平等への配慮　他者と同じ立場で議論し，かつ，マイノリティーの権利侵害に配慮できること．

③ 意見交換　自分と異なる見解を有する他者と意見を交換し，それを理解できること．

④ 理性的な思考　賛否について感情論や偏見からではなく理性的な判断を下すこと．

これらの要素を満たすためには，制度の整備の側面と個人の能力の側面を検討する必要がある．制度の整備の側面について述べると，①については，情報の流通の自由が保障され，その結果として，情報が十分に提供される必要がある．これは，第Ⅱ部第1章第3節及び第2章第1節で詳述するように，情報環境の整備という視点で，憲法改正案の作成と国民投票運動の段階の制度設計において特に留意する必要がある．②の平等への配慮は，後述するように，平等な参加と少数意見の尊重という意味で重要な要素となる．③④は，意見交換し，自己の見解の妥当性を検証する制度（市民議会など）の整備を求める．また，個人の能力の側面としての①～④の要素は，個人差がある［Hobolt 2009］ことを認識しつつ，国民投票の各段階における教育的機能が発揮されれば，その資質は向上する可能性があることを指摘したい．

2．3．2　対話的熟議の機能（公開テスト・統合）

憲法改正国民投票における熟議としては，単独思考型ではなく，対話的熟議が重要な理由は，それによって二つの機能がもたらされることにある．

第一の機能は，公開テスト（publicity test）である．個人または集団の見解・選好をパブリックフォーラムで公開し，他者の見解に照らし合わせることで，直観的反応，偏見，確認できない仮定，さらには誤解や無知が認識され，理性的な結論が導かれることが期待される．また，ここでは，自己の一般化できない主張が放棄されることから,学習プロセスが生じる．憲法改正国民投票では，このような自己の選好を「ロンダリング」し，国民の自己の見解に対する説明責任（accountability）を確立するメカニズムが重要となる．

第二の機能は，統合（integration）である．議論することによって，相互に受け入れることができる原理と政策を共有し，自己の発言が評価され，尊重されたという認識を参加者に生じさせる．これは，対話的議論と敵対的な（adversarial）議論の違いである．

これらの機能は，上述の通りの教育的機能でもある．

2．3．3　対話的熟議が成立する条件

このような対話的熟議が発生するための条件は，二つある．一つは，「憲法改正の過程に平等な立場で参加すること」である．本章2．3．1の対話的熟議の要素では，②の平等への配慮と③意見交換に当たる．誰に対しても，自己の見解を発表し，意見を聴取される機会が与えられなければならない．仮にこれが理想的な姿であるとしても，制度構築にあたっては，この参加の平等性はできる限り保障される必要がある．具体的な制度として，後述するように，第一段階における憲法会議，第二段階における市民議会において，国民が対等の立場で参加し，その議論の過程と結論を国民一般に提供することが挙げられる．

対等な立場ではなく，特定の集団と個人の利益・特権が幅をきかせている空間（例えば国民投票運動において，資金に恵まれた一方の主張のみが流通している場合）では，互いの価値観や見解を比較検討し（公開テスト），その結果を相互に受け入れる（統合）という機能は生じないであろう．したがって，議論の平等な土俵（leveling field）を形作るためには，さらに，国民投票運動における実質的な平等の保障が必要であり，具体的には，国民投票に対する教育的キャンペーンを

実施し，国民投票の運動主体（賛否両論の中核団体）に対する財政的な援助，平等なメディアへのアクセス等が保障されなければならない．これは，後述する，公的助成におけるコアファンディングという方針につながる．これは，対話的熟議の要素①の十分な情報の取得と理解にもつながる．

憲法改正国民投票における平等の保障は，公開テストと統合だけではなく，参加の促進という側面もある．自分の声が反映される可能性は憲法改正への参加を促進すると同時に，この保障が不十分である場合，さらには，政治過程の不平等さに対する意識が強い場合は国民の参加を低下させる可能性がある．これが，後述するように，政府に対する不満，エリートへの批判としてNOバイアスの原因となるのである．**このように，熟議には平等な参加＝公平性が必要であり，それが保障されることによって，公開テストと統合という機能が発揮され，国民の参加が促進されるという指摘は極めて重要であり，国民投票の各段階の指導原理とすべきものである．改訂草案8．1も，国民投票の発議の前後（改正案作成時期と国民投票運動期間）に，市民を熟議の過程に参加させることは，政治的な意思決定過程への不信感とそこからの疎外感の解消につながる，としている．**

熟議が生じるための第二の条件は，「国民が理性的に議論できること」である．本章2．3．1の対話的熟議の要素では，④の理性的な思考を指す．第一の条件が制度構築のためのものであるとすれば，国民の理性は国民投票の主体である投票者に関わる条件である．もちろん理性的な議論の前提として，①の十分な情報提供がなされなければならない．個人は，「自己の効用と効率を最大化する」という意味での合理的な行動をとる場合がある一方，別の場面では，相互的かつ互恵的に行動し，他人の批判や示唆に耳を傾け，証拠に照らして判断するという理性的な行動をする場合もある．実際には，常にどちらか一方の行動様式を取るというよりも，国民は状況に応じて使い分けているというべきであろう．新古典派経済学が示すように，憲法で自由が保障されると，自己の利益を最大化するように行動することが当然のようにみなされるが，個人の合理的行動ばかりでは，逆に，自由が制約される場合が生じる．他者に対する一定の配慮（公共心）がなければ，組織や社会は機能しない［荒井 2000］．憲法的議論を行うときは，自分の意見だけでなく他人の意見もあること，自分の意見が他人に対して説明可能であること（説明責任）が必要となる．つまり，憲法改正国民投票においては，日常の政治に比べて，高度なレベルの対話的行動が求められる．権利や政治のルールを決定するためには，個人の利益の追求だけではなく，公共心及び相互性を各自が意識することが重要になる．

まとめとして，国民が憲法改正国民投票において熟議を行うためには，**①情報が十分に供給されること，②国民投票の各段階において，投票する国民が平等で公平に扱われること，③個人が理性的な議論を行うことができること，という条件が必要になる．**この条件は，特に，第Ⅱ部第2章の国民投票運動のあり方を検討する際に，再度考察する．

2．4　国民は熟議できるか？

しかしながら，憲法改正国民投票において，理論的な正当性はともかく，実際に熟議の条件が整い理想的な形で対話的な熟議が行われるかどうかは，一つの大きな問題である[3)]．そもそも憲法は，基本原則を示し法と手続を設定する．それによって，国民は紛争を解決し，相互に道徳的な縛りをかける[4)]ことから，通常の政策決定過程よりも，憲法改正過程においては，熟議は特段に重要となる．そして，多くの憲法は，我々人民は（We the people）という語を用いて，その正統性の基礎を「憲法が国民を代表する（speak for the people）」ことに置いている．すなわち，憲法制定には，できる限り多くの国民を参加させること（多様な民意の反映）が要請される．これは，憲法制定における，平等志向（平等の要請）である．

しかしながら，このような憲法制定における多様な民意の反映と平等の要請は，大きなジレンマを発生させる．現実に社会に存在する様々な国民の利益・関心・見解を，「我々人民」という名の下に，憲法制定に反映させることは，ポピュリズムにさらすことを意味する．誤った情報による民意反映，特殊な利益団体による破壊的な政治，妥協や交渉を拒否する分派的な集団による活動に憲法を人質として差し出すことになるからである［Chambers 2001］．ギリシアの2015年の国民投票に見るように，国民投票には，ポピュリズム的問題点が常につきまとう［Sygkelos 2015；Walter et al. 2018］．ましてや，新憲法制定・大幅

3）日本の憲法改正に関連して，発議要件及び成立要件に関連して，国会と国民のどちらが，熟議の主体として優れているかを問う論考として内野［2013］がある．

4）チャンバースは，set moral side constraint という語を用いている［Chambers 2001］．

な憲法改正を投票案件とする場合には，ポピュリズムの難点の緩和は非常に大きな課題となる．この問題は，規模のジレンマとして，後述する．

一方で，このポピュリズム批判とは逆に，アッカーマンが言うように，国民投票によって憲法改正を行うことは，強い正統性を付与することになり，最高法規である憲法にこそ，直接的な民意反映がなされるべきである，という主張も，理論的な説得力がある［Ackerman 1991：54-55］．しかしながら，こうした直接民主制に対する強い期待に対する反論として，直接民主制（特にイニシアティヴ）には，憲法の基本原則，マイノリティーの権利，基本的な政治制度を保護するフィルター（民意の濾過装置）が欠けているという主張もなされている［Eule 1990］．国民は，政治参加の意識が低く，憲法の基本原則の理解が不十分で，他者への共感といった，上述の熟議の条件を欠いていることから，国民投票による憲法改正は，非常に問題があるという指摘である．ワイザーは，アッカーマンが直接民主制の運用実態を直視していないと批判し，憲法問題を全国レベルで国民投票に付すためには，投票者の教育と参加の促進を図るべきであるとする．また，国民投票運動の改革も求める［Weiser 1993］．コロラド州の憲法改正に対する住民投票で，同性愛者に対する人権侵害が生じたように（Romer v. Evans, 517 U.S. 620（1996）），明らかに差別的な内容の投票案件が成立することもある[5]．

この憲法改正国民投票にはフィルターが不十分である，という指摘は重要である．第一に，一度成立した憲法の規定は，再度，国民投票で修正する必要があり，最高法規である以上，裁判所によって修正されることがない，という点に留意しなければならない．その意味で，フィルターが一枚欠けている．第二に，後述するように，国民投票には，その濫用を抑制するために，各段階に様々なフィルターを付すことが求められる．その中でも，国民が「最後のフィルター」として機能するかどうかが大きな問題である．憲法改正国民投票における「熟議への期待」と「熟議への不安」は，規範的研究と実証的な研究の側面から十分に議論する必要がある［Tierney 2012：38-39；Galligan 2001：14］．

本章2．5で説明するように，チャンバースは，憲法改正国民投票において熟議が行われない可能性を指摘しているが，その原因を，国民の能力不足では

5）ただし，この住民投票は，議会審議を経ないイニシァティヴである．その意味でも，フィルターとしての議会の重要性が理解できる．

なく，制度上の問題にあるとしている．国民の能力不足という指摘については，第一に国民投票の過程に参加することによって，学習し意見を形成するという，教育機能を無視していること，第二に憲法改正に係る議論をする能力が不足しているというのであれば，そもそも人民主権という根本が崩壊すること，第三に権利意識・権利に対する理解のレベルが，エリート層と一般国民の間で大きく異なるのであれば，制定･改正された憲法の下での人権保障が危うくなると，反論する［Chambers 2001：239］．

以上まとめると，憲法改正国民投票は，国民に憲法問題についての関心を持たせ刺激を与えることによって，熟議を促進する最良，最高の方法であるという，能力に対する楽観論（積極説）がある［Ackerman 1991；Ackerman and Fishkin 2004］．一方で，直接民主制・国民投票における国民の能力に対する懐疑的な立場（悲観論）がある［Eule 1990；Haskel 2001］．チャンバースは，国民投票の教育機能を強調することによって懐疑的な立場を否定するが，１回で完結する国民投票が憲法改正の方法としてベストであることには否定的である．ティアニーとワイザーは制度を構築することによって，熟議に誘導できるとする［Tierney 2012；Weiser 1993］．

2．5　熟議の制度的抑制要因

憲法改正国民投票における熟議の可能性を考察するに際しては，そもそも「多数決ルール」と「投票」という国民投票の主要な構成要素自体が熟議を妨げる，とするチャンバースの問題提起を検討する必要がある．

2．5．1　多数決ルールが熟議を妨げる．

チャンバースは，アイルランド1998年「ベルファスト条約」についての国民投票のように[6]，十分な熟議が行われた国民投票があることを認めつつも，仮に注意深く制度設計を行っても，つまり，フィルターを付与しても，国民投票で採用する多数決ルールが，公開テストと統合という熟議の機能を妨げる原因となるとする．「議論がどういう形で終了するか」について認識することは，参

6）ベルファスト条約は，北アイルランド巡る和平交渉の結果として，イギリスとアイルランドの間で締結されたものである．同条約承認の国民投票は，アイルランドでも同日に実施され，承認された．

加者の参加意識・態度に極めて大きな影響を与えるとし，熟議論の多くがこの点を見逃していると指摘する．この議論の終了について，陪審における決定ルールが陪審員の間の議論の質に影響を与えていることが参考になる．陪審において，全員一致ルールが実現不可能として放棄されると，① 多数派が少数派の意見を聞かなくなる，というリスクが発生する，② 多数派は少数派の意見を理解しようとしなくなる，③ 参加者全体が，解決策を求めて協調的な態度を取らなくなる，④ 少数派も聞く耳を持たない集団に対して説得しようとしなくなる．こうした傾向が国民投票にも表れ，少数派は説得しても説明を聞いてくれる可能性が低くなると，ネガティヴかつ攻撃的な戦術を採用するようになる．こうして，国民投票における多数決は，当事者が相互に説明責任を欠く原因となるので，その結果に対する正統性が失われることになる［Chambers 2001: 241-242］．

この問題は，憲法改正国民投票では深刻である．というのは，通常の政治の過程では多数派と少数派が入れ替わる可能性があるので対話的議論が行われるところ，憲法問題国民投票では，最終的で不可逆的な決定（後戻りできない決定）がなされると認識されることから，永久のマイノリティーの立場を形成するという印象を与える．これは，国家を勝ち組と負け組に分断すること（division between We the people who win versus We the people who lost）につながる．

国内における対話のない分断を回避するための方法は，憲法改正国民投票の各段階に熟議を促進し，感情論をクールダウンする手続を制度化することである．**国民投票の場合，成立要件に熟議の保障を求めることが多いが，賛成の割合の多さよりも，熟議が行われるか，という制度の構築に力点を置くべきである．**憲法改正過程における平等な参加とアクセス，議論の公開性が維持されて，十分な熟議がなされれば，多数派が少数派に対してより多くの説明責任を負うようになる．つまり，熟議が十分になされれば，多数派の意見は，少数派に配慮した，より一般的な利益に適うようになる．多数決の結果に正統性と安定性が与えられるのは，投票の前に熟議が存在するからである．国民投票が，ただ単純な票の集計であると国民が認識した場合は，自己の意見が反映されないという意識（疎外感）から，熟議が発生する可能性は低くなる．したがって，国民投票の過程に熟議のステージ・熟議を誘導するフィルターがあることを国民に認識させることは重要である[7]．**ここに，多数決と熟議のジレンマが発生する．多数支配型の決定は正統性を得るために，熟議を必要とするが，多数決は熟議**

に対するマイナスのインセンティヴを作り出す．多数決要素が強くなればなるほど，参加者は自分の声が届かない，と思うようになる［Chambers 2001：244-245］．

2．5．2　投票と後戻りできない決定（ロブスタートラップ）

チャンバースは，多数決という決定方式だけではなく，投票で議論を終了させることが熟議を妨げるとする．その例として，1992年のカナダ憲法改正国民投票を挙げる．この憲法改正過程においては，当初，一般市民250人から構成される5つの市民議会（conference）において，自由で活発な議論が行われていた．ここでの議論は，投票が予定されておらず，市民議会ごとに，カナダ社会に差し迫る憲法問題が取り上げられ，コンセンサスが形成されていた．そして，ここでの議論が1992年の国民投票の改正案の土台を形成している[8]．市民議会での議論の内容は，国民の支持も高かったのにもかかわらず，35日の国民投票運動期間の後に行われた国民投票では，否決されてしまう．国民投票運動が開始されると，賛否両陣営のリーダーは，ゼロサム型の主張を行い，妥協は敗北を意味することになり，熟議に必要な，オープンな議論と柔軟性が欠けていた．

憲法改正に係る市民議会における議論と，国民投票運動における議論の大きな違いは，最後に投票が控えているという点にある．市民議会は，委任もしがらみもなく，役割もあいまいであることがかえって活発な議論を喚起した．一方，国民投票運動の場合は，35日間という議論の締め切りがあり，投票の結果，敗者になってすべてを失うという恐怖が，妥協を認めない態度につながり，柔軟性を欠くことになる．チャンバースは，これを「ロブスタートラップ（lobstar trap)」と表現している．ロブスターを捕る罠のように，後ろの出口が閉まり，一度決定してしまえば，「後戻り」できなくなる[9]．ここでは，ケベックに独自の地位を与えてしまえば，後戻りできなくなるのである．こうした「不可逆的決定」は，賛否両論の関係者，一般国民の熟議を妨げ，身動きをできなくさせ

7）1995年のケベックの主権に係る住民投票では，20年以上にわたり，英語系住民とフランス語系住民の間の信頼が形成されていたが，国民投票では，少数派である英語系住民の「投票後」の不安に十分に応えるような熟議がなされなかったために，議論の焦点が，正当性の質（50％からどれくらい多いと正統性を獲得するか）にずれてしまった［Boyer 2017］．

8）包括的な憲法改正案の中に含まれる，論点の抽出が行われたと見ることができる．

9）後戻りできない決定の具体例については，福井［2007：227］で触れた．

る［Chambers 2001：245-247］.

憲法改正国民投票及び憲法問題国民投票は，選挙制度，独立・分離等の主権の移譲など，国政上の重要問題を対象とするものであるから，真剣に考えることが強く求められる．しかし，その争点・投票案件の多くは，不可逆的決定であり（あるいは再度の改正が難しいものであり），憲法改正を真剣に考えれば考えるほど，ゼロサムゲームになるというロジックが顔を出し，熟議が妨げられる．これが，「ゼロサムゲームと熟議のジレンマ」である．このように，投票と熟議は融和しないのではないか，という悲観的な主張もなされうる．憲法改正国民投票の争点が理解しにくく，かつ，一回の投票で議論が終了されるとすると，勝者になるためには，熟議よりも，戦略的で競争的かつ敵対的（adversarial）な議論が支配する傾向にある［Chambers 2001：248］.

２．５．３　憲法改正過程における国民投票の位置付け

チャンバースは，以上のような憲法改正国民投票の二つの大きな問題点を踏まえて，憲法改正国民投票の制度設計について，それに対応した二つの指針を示す［Chambers 2001：248-252］.

第一の指針は，多数決の難点の緩和・解消を図るために，「憲法改正過程に国民が参加することは重要であるが，その場合，多数決による決定を行わずに議論を行う手続を設定する必要がある.」というものである．再び陪審を例に取って説明すると，陪審は，評決重視型と証拠重視型があるところ，決定そのものよりも議論を重視する証拠重視型をモデルとした制度を，憲法改正手続の中に組み込むべきである．憲法問題は，民主主義の土台を形成し，紛争解決のためのルール作りに関わるものであること，すなわち，自分自身が従うべきルールを自分で決定するものである以上，国民自身が平等な立場で参加し，発言し，発言に耳を傾けてもらったという実感が重要である．それによってこそ，憲法の正統性と安定性が確保されるのである．こうした意味では，憲法改正には，投票の結果よりも，投票において国民がいかに熟議できたかどうか，という点が重要となる[10]．南アフリカの憲法制定では，国民の多くが憲法制定の議論に参

10）憲法改正案の作成を評決重視で行ったために，国民各層の代表者が十分な議論をしながら国民の望まない憲法改正案を作った例として，オーストラリアの1999年「共和制移行」の国民投票がある.

加したが，国民投票は実施していない．

具体的な制度設計としては，① 国民投票の実施を決定する前の段階（争点形成，憲法改正案作成）では，国民が自由な議論を行う場所（フォーラム・ワークショップ・タウンミーティング等）を設定すべきである．そして，② 国民投票運動においては，社会の様々な階層が自由に議論できるような場を設定し，資金援助を行う．このことは，国民投票運動の特徴である，二項対立型議論の解消にも役立つ．すなわち，投票案件に対する賛否に議論が集約されてしまい，その他の見解に係る議論が国民投票運動では消されてしまう，という難点の解消が期待される．③ 国民投票運動の一定期間，広告や世論調査に制限を加える（冷却期間の設定）[11]．

第二の指針は，決定の不可逆性を解消するために，「憲法改正において国民投票を実施するとしても，国民投票の結果を最終かつ確定的なものにしない方策を試行し発見すべきである．」というものである．具体的な方策として，次の提案を行う．① 投票案件を最終的な決定の対象とせず，何度も点検される草案（rolling draft）として扱う．これによって，一回きりの決定（once-and-for-all）ではなく，継続的な諮問過程として，憲法改正を議論することができる．これは，一度決定された投票案件は，国民投票運動等における議論の進行にもかかわらず，変更することができないという，「投票案件のパラドックス」に対応している[12]．さらに，「何度も点検される草案」は，エリートによる投票案件の押し付けという問題にも対応できる．② 民意が十分に反映されないことを回避するために，多数の論点を含む「包括的な」憲法改正案ではなく，個別の論点を投票案件にすべきであるとする．これによって，ログローリングを解消することが可能であり，また，一つの論点に対する熟議が保障されるとする．③ 将来の再考の余地を残すような国民投票にする．５年後に再度投票を行うことを約束して投票することによって，クールダウンを図ることもできるし，投票者もより柔軟に思考することができるであろう．この二回投票については，第Ⅱ部第３章１．６．４で取り上げる．

11）日本の２週間のTVCM制限は，これに近いと見ることができる．

12）投票案件のパラドックスは，議会による議決であれば，修正または中止，撤回は容易に対応できることから，国民投票・直接民主制の硬直性を表す．なお，この投票案件のパラドックスへの対応は，後述するレヴィーの統合レファレンダム（integrated referendum）が想定される［Levy 2013：572-574］．

2．6　選択的参加説・能力限界説（私見）

以上の議論を踏まえて，国民投票における能力についての私見を述べたい．

国民には熟議する力が備わっていて，憲法改正国民投票は熟議の絶好の機会であるという説（積極説）が，国民投票の教育機能を重視している点は評価することができるとしても，実際に熟議が成立しない国民投票が成熟した民主主義国家でも存在する以上，そのような楽観的な立場から，憲法改正国民投票の制度設計をすることは危険である．しかし，国民に熟議する力がないとして，悲観的な立場（消極説）で，国民による憲法改正の承認に反対する姿勢も採用することはできない．選挙で個別の争点についての民意反映が不十分（オストロゴルスキーパラドックス）であること[13]，議会は自分が不利になるような政治改革（議員定数削減など）ができないこと，という間接民主制の問題点は，憲法改正にも表れることから，憲法改正を全て議会に委ねるという主張に与することはできない．**ハスクル・ユールの直接民主制に対する消極的評価は，マイノリティーの権利侵害の可能性を見ると十分に理解できるが，間接民主制の硬直性を修正補強する側面と国民と議会との共同作業という側面を重視して国民投票による憲法改正を行う必要がある．**

第三の熟議誘導説は，国民に熟議する力があるという前提の下で，多数決で決定すること自体が，さらに多数決的決定に不向きな争点（後戻りできない決定）の存在が熟議を妨げることから，それを意識した制度形成を提案する．また，第一の説と同様に，熟議の不十分さは，国民投票の経験によって向上するというように，教育機能への期待もある［Tierney 2012：35-36；Weiser 1993：937-948］．国民投票における熟議の問題点を認識しつつ，制度によって熟議に誘導しようという，この説には説得力があり，憲法改正国民投票の制度設計には，自由な情報の流通と参加の平等を保障することによる「熟議への誘導」を意識する必要がある．

しかし，私見は，第四の説であるところの，選択的参加説・能力限界説を採用する［福井 1995：159］．国民投票・直接民主制は，その実施の頻度によって3つのグループに分けることができる．第一のグループであるところの，国民投票・住民投票の盛んな，スイス・カリフォルニア州[14]では，投票率も高くなく，

13）選挙で勝利した与党のマニフェストにある政策に，すべて国民が賛成しているわけではない以上，国民の多数が反対している政策が実施される可能性がある．

国民が全ての投票案件を十分に理解して国民投票に参加しているとは言えない状況にある．また，イタリア・デンマーク・アイルランド・ウルグアイ[15]・オーストラリアの第二のグループにおいても，重要な争点についての国民投票が盛り上がる場合もあるが，低投票率を示し国民が十分に関心を示さない場合もある．国民投票の頻度が比較的低い，残りの第三のグループでも，国民が十分に投票案件の内容を理解せず，主導する政治家に対する批判あるいは，個人の人気（リーダーシップ効果）から，投票することも少なくない．これらの運用状況を見る限り，国民には熟議する力が欠けているのではなく，熟議する力に限界がある，と見るべきである（能力限界説）．そのために，国民は自分の関心のある投票案件を選択し，積極的に情報を摂取し，国民投票に参加するのである（選択的参加 selective participation あるいは 選択的投票 selective voting［Qvortrup 2005：29］）．このように，**投票率は国民の投票案件に対する関心の関数である**［Qvortrup 2005：31］と仮定すると，低投票率の国民投票が存在する限り，国民は熟議ができるが，そこには限界があると見るべきであろう．

しかし，国民は，その熟議する力に限界がありながらも，合理的投票者として行動する側面を有している点に注意しなければならない［Bowler and Donovan 2000：ch. 2；Hobolt 2009：35-40；Qvortrup 2005：42-43］．投票案件を理解する時間がない場合，難解な争点が提示された場合は，支持する政党の見解・支持する政治家の見解を投票の手掛かり（voting cue）として採用することによって，時間を節約し理解を深めるのである．また，積極説と熟議誘導説が主張するように，国民投票には教育機能が存在し，安全保障や分離独立のような重要な問題に関心が高まることは，十分に期待できる．さらには，投票行動の研究においては，問題を十分に理解できない場合は，棄権するか反対票を投じる傾向があること（慎重な投票者）が指摘されている［Cronin 1989；Lowenstein 1982］．

国民には，こうした合理的な投票行動をとり，時によっては高い関心を示し，慎重な投票者となることを正しく評価すべきであるが，一時の感情によって，あるいは不十分な情報の下で，重大な決定をしたり，重大な決定についての関

14）バトラー・ラニーは，国民投票の実施の頻度等から，国民投票の実施国を頻度の高い国（スイス・カリフォルニア）とその他というように，2つに分類する［Butler and Ranney 1994］．しかし，現状では3つにグループ分けする方が適切だと思われる．

15）アルトマンは，ウルグアイが多様な直接民主制の制度を有し，安定した運用を行っていることを高く評価する［Altman 2011：ch. 7］．

心が高まらないままに投票することも直視しなければならない．すなわち，国民には熟議する能力があるが，そこには限界があるという視点に立って，**① 国民を熟議に誘導し，② 熟議が失敗した場合に備えて，憲法的価値の後退を抑制する，という二つの視点で，憲法改正国民投票の制度設計がなされなければならない．**イギリスの憲法学者ダイシーも，国民投票にチェック機能と教育機能があることを認めつつも，頻繁な国民投票は，投票率を下げ，それらの機能が働かなくなる点を指摘している［Dicey 1900：28；Qvortrup 2005：55］.

第3節　主要問題3　マイノリティーへの権利侵害

国民投票に対する主要な批判として，多数決で決定することから，国民投票によってマイノリティーの権利侵害が発生することが指摘される［Tierney 2012: 39-42］．国民投票が，国内の多数派の見解を単純に集積する制度であるとすると，時には少数派（マイノリティー）の不利益になるような投票結果になり，これが重大な人権侵害をもたらす可能性がある［Eule 1990］．このような多数派の専制は，憲法改正国民投票の場合に深刻な結果をもたらす．というのは，マイノリティーの不利益・権利侵害が固定され不可逆になり，最高法規になることにより，裁判所による救済が困難となるからである．

3．1　マイノリティーを分類する視点

国民投票・住民投票におけるマイノリティーは，いくつかの視点によって分類される．

第一は，「特定の争点」という視点から分類される少数派である．これは，「少数意見型マイノリティー」であり，民主主義社会においては常に発生し，最も範囲の広いマイノリティーである．第二は，国家の内部の「地域」という点で分類する少数派である．これを「地域型マイノリティー」とする．地域の分離独立･権限の移譲という争点では，このマイノリティーが問題となる．第三に，「集団の属性」によって分類されるマイノリティーが存在する．例えば，民族・宗教・言語・性的志向の違いなどで分類されるマイノリティーである．これを，「社会集団型マイノリティー」とする.[16]

3．2　マイノリティー保護の３つの視点

3．2．1　熟議のためのルールの設定と参加の保障
――少数意見型マイノリティーの扱い――

第一の少数意見型マイノリティーに対する扱いは，熟議論，さらには民主主義自体の最大の課題である．チャンバースによれば，多数意見が少数意見の立場に立って，自分の見解の受け入れ可能性を探ることこそが，熟議の本質である（公開テスト・統合機能）が，現実には，理性的な思考を十分にした上で見解を変更しない者もいれば，宗教的確信もしくは信念から意見を変更しない者もいる．離婚・中絶，死刑制度のような倫理的な問題は，熟議によって対立する意見を説得することは困難であることが予想される．

逆に，少数意見が，国民投票の結果，すなわち多数意見を受け入れることができるのはどのような場合であろうか．仮に49％が反対しても，51％の賛成を国民の意思とみなすのであれば，当該論点に係る少数意見が，それを受け入れるための条件を探る必要がある．バッジによれば，二つの可能性が示される．一つは，熟議と参加の機会が十分に与えられること，それを保障する国民投票の熟議ルールが事前に設定されることである．二つ目は，「今は少数派でも，主張が正しければ次回は自らが多数派になる可能性を保障するルール」を相互に尊重することである．そして，このような「勝者となる可能性ルール」の重要性を少数派が認識することが必要となる［Budge 1993：159-168］．

しかし，注意しなければならないのは，憲法改正国民投票の場合は，投票結果（マイノリティの不利益）が憲法の規定として硬性化してしまうという点である．したがって，国民投票の結果に対する受け入れ可能性の二つの条件（熟議ルールの設定と勝者となる可能性ルールの認識）は，他の国民投票・住民投票よりも重要な課題となる．さらに，結果の正統性獲得のためにも，２つのルールの受け入れは重要である．しかし，「不利益の硬性化」のために議論自体を拒否する可能性もある．

16）ルイスは，第三のマイノリティーは，政治的・経済的・社会的な意味で差別されることから，政治的マイノリティー（political minority）という語を当てて，住民投票における多数派の専制を考察する，主たる対象であるとしている［Lewis 2013：15］．

3．2．2　争点とマイノリティーの分布状態（クロスカット型とオーバーラップ型）

第三の社会集団型マイノリティーは，その分布の状態によって，クロスカット型（cross-cutting：争点に係るマイノリティーが地域や階層を横断して存在するタイプ）とオーバーラップ型（over-lapping：特定の地域とマイノリティーが重なって――オーバーラップして――存在するタイプ）に分けることができる［Qvortrup 2005：21］．クロスカット型は，多数派と少数派を分ける争点が社会の各層に分布している状態を指す．例えば，同性愛者は，人種・宗教・社会的階層（労働者・中産階級・上流階級の別）・地域に関係なく存在し，多くの階層に横断していることから，クロスカット型のマイノリティーである．クロスカット型を住民投票の実例で示すと，1920年のシュレースヴィヒ・ホルスタイン地域で行われた北部と南部の2回の住民投票（憲法問題の住民投票）は，北部ではデンマーク系が多数派，南部ではドイツ系が多数派という状況で，それぞれデンマーク残留とドイツ残留を決定した．この二つの地域は，民族的には均質（homogeneous）であり，国家の帰属という争点のみがクロスカット型として存在し，国籍に対する選好が住民投票の決め手となったと評価することができる．同住民投票によって，2回の戦争で争われたシュレースヴィヒ・ホルスタイン問題は一応解決した．このことは，争点がクロスカット型で分布している場合には，住民投票を実施することによってマイノリティーに重大な不利益を与えずに，問題を解決する可能性を示している．

しかし，争点がオーバーラップ型の場合は，ベルギー1950年と北アイルランド1973年の二つの憲法問題国民投票が示すように，国民投票が紛争解決ではなく，紛争の激化を招く可能性がある［Qvortrup 2005：22］．

ベルギー1950年の国民投票は，国王の復位が争点となった[17]．多数を占めるフラマン語系住民は，国王の復位を支持したが，少数派のワロン語系住民は，強く反対し，国民投票の結果が賛成多数となると，暴動を起こし内戦寸前となるほどの地域間対立が生じた［小島 2010：91；北村 2017：91］．これは，多数派と少数派（地域的マイノリティー）の分裂が，国王の復位に対する賛否とオーバーラップ（重層化）していたことに起因する．多数派フラマン語系住民は，経済的に豊かであり，カトリックに対する信仰が厚く，一方，少数派ワロン語系住民は，

17）ベルギー1950年の国民投票は，助言型であるが，国家体制確立のための国民投票，と見ることができる．

経済的には貧しく，信仰も厚くないとされる．

ただし，次の点にも留意する必要がある．争点に係るマイノリティーの分布がオーバーラップ型であっても，投票前にエリート層による合意が成立している場合は，国民投票によって問題が解決される可能性がある．1998年の北アイルランド及びアイルランドの国民投票がその一つの例である．なお，カナダ1992年の国民投票も，オーバーラップ型の分布に加えて，事前のエリートの合意という状況の下に行われたが，後述するように，ケベック地域に「特別の地位」を与えるものであったことから，ケベック問題の解決に資するものではなかった．

以上のように，宗教・言語・国籍を巡る国民投票・住民投票は，多数派と少数派との間の妥協が難しく，双方の感情を刺激することから，コンセンサス形成とマイノリティー保護を目的とするのであれば，必ずしも，当該目的達成に役立つものではなく，場合によっては避ける必要がある．後述するように，交渉の最終工程として，合意の確認のために，国民投票・住民投票を実施する方が望ましい場合がある．

3．2．3　マイノリティーの処遇（形式的平等か実質的平等か）

マイノリティーの権利侵害を論ずるに際しては，3．2．2のマイノリティーの分布状態に加えて，投票案件によって「マイノリティーがどのように処遇されるのか」という視点も重要となる．アイゼンバーグによれば，マイノリティーの権利を投票案件とする国民投票・住民投票には，①「他の国民・住民と同等の扱いをすることを目的とするもの」と，②「マイノリティーに特別の地位（distinct status）を与えるもの」の二種類があるとされる．①は，絶対的平等・形式的平等・機会の平等の理念に立脚して，これまで差別を受けていたマイノリティーに対して平等な権利保障をすることを目的とする．これを，「無差別型平等（undifferentiated equality）」という．②は，実質的平等の理念を基底として，マイノリティーの差別を解消するために，積極的な優遇措置をとることを目的とする．これを，「優遇型平等（differentiated equality）」という［Eisenberg 2001：150-152］．

①の無差別型平等でマイノリティーの権利が保障された例としては，オーストラリア1967年国民投票がある．これは，オーストラリア憲法51条の一部（法的保護の対象からアボリジニを除外する）と127条全文（連邦議会の選挙区割りの際に，

アボリジニの票を算入しない）を削除することによって，アボリジニ（オーストラリアの原住民）の権利保護を目的とするものであった［Williams and Hume 2010：140-141］．ただし，同国では，現在も原住民に対する差別が続いていることから，近時，新たな憲法改正によって差別の解消を求める動きがある．

次に，アイルランドの2015年国民投票では，同性間の結婚を合法化する規定が国民投票に付された．憲法改正案は，「41条に新しく第4項を追加する．4　結婚は，性の区別に関わりない，二者による法的な契約である．（Marriage may be contracted in accordance with law by two persons without distinction as to their sex）」．この国民投票は，世論も一貫して賛成が多く，60.5％の投票率で，62.07％の賛成を得て承認された．これは，ゲール党と労働党の連立政権が設置した憲法会議（Constitutional Convention）で，改正が提案され，中絶・離婚の問題のように，国論が揺れている争点を憲法改正で決着したものではなく，リベラルな政策を推進するという意図から憲法改正がなされたものである［Elkink et al. 2017］．

しかし，マイノリティーの平等な権利保障の否定を投票案件とする国民投票・住民投票が成立する場合もある．典型例は，1992年のコロラド州のイニシアティヴによる憲法改正規定（Amendment 2）に対する住民投票である．同規定は，差別禁止立法を性的志向まで拡大することを禁止した．このため，州は同性愛者に対する差別を禁止する法及び規則の制定が不可能になった．同規定は，連邦最高裁で違憲と判断された（Romer v. Evans, 517 U.S. 620（1996））．

また，2013年のクロアチアの憲法改正国民投票は，「結婚は，男女間で営まれるものである」という条項の追加についての賛否を問うものであり，当該条項は，結婚の定義を追加することによって同性婚を禁止する．この国民投票は，カトリック勢力によるイニシアティヴによる．37％と低い投票率であったが，66.28％の賛成で成立した．この国民投票では，宗教と反欧州という，投票の手掛かりが強く作用したと評価できる［Slootmaeckers and Sirkar 2018］．

一方，②の優遇型平等の例として，カナダ1992年の国民投票を挙げることができる．後述するように，シャーロットタウン協定の多様な論点の中に，（3）ケベック州を「独自の社会（distinct society）」とすること，（5）原住民の自治政府の設置等を認めることが含まれている［LeDuc 2003：53-54］．これは，ケベック州と原住民に「特別な地位」を与えるものである．当初，国民の多くが，シャーロットタウン協定に同意していたにもかかわらず，個別の争点についての国民の理解が不十分であり，最終的には，各争点についての批判が強くて，否決されている．アメリカの住民投票の場合，マイノリティーへの積極的是正措置を禁止するイニシアティヴが成立する，という形で現れる［Lewis 2013：39-45］．

ギャンブルは，アメリカにおける，同性愛者・人種・民族・言語的マイノリティー・エイズ患者の処遇に係る住民投票74件を分析し，全体の78％がマイノリティーにとって不利益な結果となるという調査を示している［Gamble 1997：253］．この調査は，ドノバン・ボーラーの研究によって，「マイノリティーの権利侵害が発生するかどうかは，住民投票の規模という要素が大きい．」と批判されている．同研究によれば，投票が行われる自治体の規模が大きい場合は，マイノリティーの権利侵害が発生しにくい，という．しかし，この研究においても全体の22％は，マイノリティーに対する差別的取扱いが否決されている［Donovan and Bowler 1998a］．このように，マイノリティーの処遇に係る国民投票・住民投票は，マイノリティーの利益となる方向と不利益になる方向という二つに分かれており，それを統一的に説明することができるのであろうか．

国民投票・住民投票の運用は，様々な要因によって規定されることから，投票案件が示すマイノリティーの処遇のみが決め手となって，成立・否決が決定されるわけではない．しかし，この投票結果は，国民投票・住民投票における熟議の可能性と限界が示されていると見ることができる．

熟議の可能性として，アメリカのような多元的な社会においては，マイノリティーに対する尊重と寛容さが表れることを指摘できる．多元的な社会においては，全員が何らかの形でマイノリティーとなるのであり，仮に多数派の一員であったとしても，その形成された多数派による「専制」が可能であるほど永続的なものにはなり難い．そのため，特定の目的のための多数派連合に属していても，それが達成されると他の目的のために連合を組む必要があり，それは逆に，別の問題ではマイノリティーになる可能性を秘めていることから，マイノリティーを尊重し，寛容さを示すことにつながる．

このマイノリティーの権利侵害に対する敏感さ（minoritarian sensibility）が，マイノリティーを保護する方向に作用する場合がある．それは，自分がマイノリティーの立場であれば，当然に保障して欲しい権利（信教の自由，言語使用の自由，選挙権，差別を受けずに教育と雇用の機会が保障されること等）が住民投票の対象となる場合（無差別型平等）である．同性愛者・移民・エイズ患者に対する不信・嫌悪感があったとしても，この相互性（reciprocity　相手の立場に立って平等な権利を保障すること）が存在するとすれば，国民投票・住民投票は，単なる選好の集積ではなく，熟議の結果を示すものと評価することは可能である［Eisenberg 2001：152-154］．アメリカ型の多元的な社会ではなくても，上記のオーストラリア（原住民の差別解消）とアイルランド（同性婚の容認）では，熟議の結果として，相互性が表れたものであろう．

しかし，この相互性・マイノリティーに対する配慮が作用しない場合も存在する．それは，３．２．１で述べたように，熟議ルールの制定と勝者となる可能性ルールの認識が不十分であり，また，相互性に対する理解が普及していない場合である．そして，３．２．２で述べたように，争点の分布がオーバーラップ型である場合も，相互性が機能しないと思われる．さらに，アイゼンバーグは，優遇型平等にはそもそも構造的に相互性が機能しないと指摘する[18]．**相互性は，「明日は我が身」という感覚に依拠するものである以上，無差別型平等を一段超えて特別な地位を付与するものに対しては，相互性が作用しないという分析にも説得力がある．**

以上のように，国民投票・住民投票において，相互性が作用し，マイノリティーに対する権利保護が行われる場合もある．これは，国民の間にマイノリティーの権利保護の意識が高い場合（オーストラリアの原住民保護，アイルランドの同性婚），アメリカのような多元的な社会において熟議ルールに対する理解があり，相互性が機能する場合である．一方で，オーバーラップ型の分布を示すマイノリティー（アメリカの言語・民族・国籍）に対する差別立法（英語公用語化），宗教的な「投票の手掛かり」が強く作用する例（クロアチアの同性婚禁止）などでは，相互性はほとんど作用しないことがわかる．このことは，熟議のためのルール設定効果及び相互性の作用という国民投票・住民投票に期待される効用に限界があることを示している．また，マイノリティーの不利益となる憲法改正または法の制定の多くが，下からの国民投票・住民投票で発生していることに留意する必要がある．これは，議会がユールの指摘するように，マイノリティーの権利保護のためのフィルターとして機能していることを示唆するものである［Eule 1990；Haskel 2001：108-112］．

18）ただし，アイゼンバーグは，無差別型平等の投票案件には，相互性が作用するとしている［Eisenberg 2001：154-155］．

第3章　憲法改正国民投票の運用と制度設計の指針

第1節　制度設計の基本方針

憲法改正国民投票の制度設計にあたっては，①国民を「熟議に誘導する」ためのルール作りをすると同時に，②「熟議の失敗に備えて」，第Ⅰ部第2章で述べた主要問題を抑制するためのルール作りも必要となる．以下では，憲法改正国民投票の下で，熟議が行われる理想的な形の運用を示し，そこからの逸脱を回避するために，憲法改正国民投票の各段階に，フィルター（ハードル）を付す必要があることを論じる．そして，そのフィルター（ハードル）に作用する要因を示し，第Ⅱ部及び第Ⅲ部の，憲法改正国民投票の各段階における運用上の諸問題を論じるための，土台としたい．

第2節　憲法改正国民投票の運用上の基本原則と成功した憲法改正国民投票

2．1　熟議誘導のための4原則

ティアニーは，熟議による憲法改正国民投票を実現するために，①参加（participation），②公共的理性（public reasoning），③評価の同質性としての平等（equality as parity of esteem），④同意と集団的意思決定（consent and collective decision making），という4つの原則を挙げる［Tierney 2012：45］．この4原則は，第Ⅰ部第2章第2節における，熟議の不足において論じた，対話的熟議の要素・機能・条件をまとめた内容であり，熟議への誘導のためのルール設定において尊重すべきものである．

（1）参加

憲法改正において国民投票が行われることの意味は，「憲法は日常生活に重大な影響を与える法であるから，その影響を受ける本人は，直接にその決定に関与すべきである」という点にある．憲法改正の過程には，政治過程から排除されているマイノリティーと同様に，普段は政治に関与しない一般の国民もできる限り，参加する必要がある［Chambers 2001：249］．この，「できる限り多くの者を憲法改正の過程に参加させるという姿勢」，すなわち，憲法改正過程への包摂（inclusion）は，エリートのコントロールに対抗するための方策でもある［Tierney 2012：46］．

（2）公共的理性［Chambers 2001：249］

熟議論の中核は，この公共的理性にある．憲法改正国民投票においては，単なる個人の選好の集積ではなく，妥協または意見を変更する可能性を含みながら，意見交換をすることが重要となる[1]．その際，これまで論じたように，自己の利益の主張だけではなく相互性と公共の利益を意識した議論による，妥協とコンセンサス形成がなされることが期待される．チャンバースが述べるように，熟議論では，決定を投票の中核として考えるのではなく，議論を中核とすることが重要となる．

しかし，憲法改正国民投票においては，妥協やコンセンサス形成が行われない可能性もある．チャンバースが憂慮するように，国民投票では，勝者が総取りする（winners take all）のであれば，熟議のインセンティヴは生じないかもしれない．これに対する対抗策として，憲法改正国民投票を，多段階で長期にわたる過程ととらえ，各段階でフィルターを付し熟議に誘導することが求められる［Tierney 2012：51-52］．

（3）評価の同質性としての平等

熟議においては，国民を参加させ，公共の議論を盛り上げると同時に，マイノリティーの権利を尊重し，その議論の中にできる限り包摂する必要がある．マイノリティーの包摂とは，多様な人だけでなく，多様な見解を包摂し，さらに，共通の議論の土台ができてもなお存在する見解の多様性を認識することを意味する．このように，マイノリティーの意見を多数意見と同じように扱うこと（評価の同質性としての平等）は，憲法改正国民投票の場合は，特に重要な課題となる．このようなマイノリティーの保護・少数意見の包摂は，国民投票の各段階で実現する必要がある．さらに，重要な点は，国民投票の争点の形成にお

1）Tierney［2012：47］では，public reasoningの同義語として，publicity（公開性），responsiveness（反応性），accountability（説明責任），exchange of reason（理性の交換）等が挙げられている．ここでもGuttmann and Thompson［2004：ch. 2］のreciprocity（相互性）という語が注目される．

いても，マイノリティー保護の要請に配慮しなければならない，ということである［Tierney 2012：53］．

（4）同意と集団的意思決定

熟議がなされた後は，投票によって政治的決定がなされる必要がある．民主主義の究極の機能は，意思決定（decision making）であり，その際に同意（consent）を取り付けることにある［Tierney 2012：54］．そして，それによって投票結果に正統性が与えられる．チャンバースが指摘するように，国民投票において決定に力点を置くと，熟議を妨げる可能性がある．一方で，同意に力点を置くと，決定が妨げられる側面があることも否定できない［Chambers 2001：244］．この同意と決定のジレンマを意識して，制度設計を行う必要がある．

（5）小　　括

以上のように，憲法改正国民投票において熟議を行うための原理としてティアニーが提唱する4原則をまとめると，憲法改正は国民生活に重要な影響を与え，改正されると最高法規になり変更が困難であることから，できる限り多くの国民（特にマイノリティー）を憲法改正国民投票の過程に参加させ，その意見を多数意見と同等に扱う必要がある．これは，エリートのコントロールを防止することにつながる．次に，国民は参加するだけではなく憲法改正案を議論するに際して，相互性を有し公共の利益を意識することが求められ，これがマイノリティーに対する権利侵害の防止，ひいては憲法の基本的価値の維持につながる．この熟議は，憲法改正国民投票の各段階においてなされることが期待される．そして，投票は，国民の同意を得て，熟議の結果を示すものにする必要があることから，後述するように，熟議の結果に中立的な（賛否のどちらか一方に有利に作用しない）成立要件を設定することが求められる．

2．2　成功した国民投票と運用上の基本原則

以上のように，憲法改正国民投票においては，熟議が成立し，期待される機能（① 正統性付与，② 憲法改正に対する安全弁，③ 基本的価値の固定化，④ 教育・政治への参加促進，⑤ 紛争解決）が発揮されることが求められる．ここで，憲法改正国民投票における熟議とは，憲法改正案に含まれる争点（複数の場合もある）を理解することである．熟議を経た投票とは，争点を理解して投票すること，すなわち争点投票（issue voting）を指す［Hobolt 2009：140；吉武 2007b：14］．

そこで，本書では，「成功した憲法改正国民投票」を，「**投票する国民が，憲**

法改正案の内容を十分に理解して議論し，投票結果に正確に民意が反映され，その結果に対して国民から不満が出ないものであり，改正された内容が憲法の基本的価値を後退させないもの」と定義する．このように，Ⅰ「憲法改正案に対する熟議の成立」Ⅱ「争点に対する正確な民意反映」Ⅲ「正統性の確保」Ⅳ「憲法の基本的価値の保障」を，憲法改正国民投票が成功するための4つの構成要素とする．憲法改正国民投票の制度設計と運用にあたっては，第一に，熟議を経て争点について投票すること（争点投票）を実現すること，すなわち「熟議への誘導」を目標とする必要がある．そして，第二に，こうした熟議への誘導は失敗する可能性があり，それによってマイノリティーの権利侵害・憲法の基本的価値の後退という問題点が発生する可能性があることから，「熟議の失敗」に備える必要がある．

そして，憲法改正国民投票の実際の運用にあたっては，次の6つの基本原則を貫徹することを目標とする[2]．

① 憲法改正案を明確にして民意と関連させること（明確性・関連性の確保）
② 国民投票の過程における自由な情報の発信と流通の保障（情報発信・流通の自由）
③ 賛否の主張のバランスが取れて，かつ質の高い情報の流通の保障（情報の質的保障）
④ 国民投票運動に誰でも参加し情報を発信できるようにすること（平等な参加）
⑤ 国民投票の過程は公開され透明であること（公開性・透明性）
⑥ 国民投票の過程は賛否両陣営に対して中立であること（中立性・公平性）

これらの原則は，成功した憲法改正国民投票の構成要素の実現に関わる．①は，Ⅰ熟議の成立とⅡ民意の正確な反映の前提条件である．②③は，Ⅰ熟議の成立のための情報環境整備に関わる．①～⑥は，Ⅲ正統性確保のために必要な条件である[3]．そして，①～⑥の基本原則が貫徹されることによって，Ⅳの憲法の基本的価値の保障がなされるのである．

2）スクシは，国民投票の包括的な研究において，「適切に制度化され，運用された国民投票は，憲法及び政治システムの正統性を高め，民主的な統治に寄与する」と結論付けている［Suksi 1993：280］．

2．3　国民投票権の保障

この成功した憲法改正国民投票の実現は，国民の側から見ると，憲法改正に係る「国民投票権」が十分に保障されたことを意味する．本書では，民主主義国家における，選挙権と並ぶ重要な民意表明の権利（参政権）として，この憲法改正に係る国民投票権も，国民の憲法上の権利として捉え，その保障のための条件を考察していく．

ヴェニス委員会の2001年ガイドラインⅡ.B及び2007年コードⅠも，国民投票には，選挙における原則（普通選挙，平等選挙，自由選挙，直接選挙，秘密選挙）が適用されるとしている．改訂草案は，この原則を維持しつつ，近時の，インターネット・SNSの発達を考慮して，十分な説明を受けよく考えた上での選択（informed choice）のために情報の量的バランスと質の維持を勧告している［改訂草案：3．1］．

第3節　憲法改正国民投票の各段階に付すべきフィルターとハードル

諸外国の運用を見ると，現実には，成功した国民投票から逸脱した運用がなされることが少なくない以上，国民投票の主要問題に対応する方策を具体的に講じる必要がある．ここで注目されるのが，国民投票の各段階に，熟議を経ない，むき出しの「生の」民意を濾過する装置を設置するという考え方である．この民意の濾過装置を「フィルター」という．

フィルターという発想は，「アメリカの住民投票が，マイノリティーの権利侵害の手段として作用していることを憂慮し，その対策として，主として議会をフィルターとして活用すべきである」という主張［Eule 1990］に端を発する．このユールのフィルター論は，ハスクルと同様に［Haskel 2001：158-161］，マイノリティーの権利保護をはじめとして，国民・住民よりも議会の方が熟議を行う機関としては優れているという認識によるものである．ユールは，議会においては熟議がなされ，公開された討論が行われることから，議会を通過しないアメリカ型のイニシアティヴに比較すると，差別的な立法が発生しにくい，と

3）レヴィーは，熟議は正統性の付与にとって重要な前提であるが，熟議は成立または不成立という，二元的な尺度で判断すべきものではなく，程度の問題であることから，憲法改正案の正統性獲得の程度は，熟議の成立の程度に比例すると指摘する［Levy 2013：558-559］．

指摘する．委員会での趣旨説明，公聴会等の制度，及び記名での採決があからさまな差別的立法を抑制している，という指摘は説得力がある．

ユールは，下からの住民投票であるアメリカの住民投票を対象として議論しているのに対して，本書は上からの憲法改正国民投票を主たる考察の対象としていること，また，ユールの直接民主制批判は教育機能などのポジティブな部分を評価していないこと等，本書との立場の違いがあるとしても，このフィルターの設置は，憲法改正国民投票の制度設計と運用の分析に非常に重要な視点を提供することから，前著［福井：2007］と同様に本書でもこれを採用したい．

本書は，フィルターを，民意を濾過し，熟議を経ない意思決定を排除するための装置と位置付ける．**これは，本書の二つの基本姿勢である，「熟議の成立に誘導し，かつ熟議の失敗に備える」に直結する．民意の濾過は，熟議の失敗を排除するという意味であり，このような濾過装置によって，マイノリティーの権利侵害と憲法の基本的価値の後退を予防するという意味である．**そして，本書は，憲法改正国民投票の各段階にこのフィルターを付す必要があると，考える．具体的な内容については，各段階で説明する．

なお，フィルターは，成立を期する側にとっては，乗り越えなければならないハードルということもできる．すなわち，国民投票の全過程は，各段階に付されたハードルを乗り越えて成立することが求められる，「障害物競争」の様相を示すものである．そして，その障害物競争には，次に述べるようなプレーヤーと審判が存在する．

第4節　憲法改正国民投票の運用を支える要因

実際の憲法改正国民投票の運用は，熟議とコンセンサス形成という側面だけではなく，成立を巡る，激しい政治闘争という側面がある．すなわち，憲法改正を目指す政治勢力からすると，各段階のハードルを乗り越えて，国民投票の成立のための運動を提起する必要がある．一方，国民投票の不成立を目指す政治勢力は，各段階のハードルを活用して（フィルターを活用して熟議を経ない改正案を濾過して），「国民の望まない」憲法改正を抑制するという行動をとる．したがって，憲法改正国民投票の運用を分析する際には，このような，政治闘争・障害物競走という側面を直視する必要がある．そして，その闘争としての国民投票には多くの参加者がいることから，憲法改正国民投票の運用は，これらの闘争への参加者という要因から分析する必要がある[4]．そして，闘争という側面に加えて，憲法改正国民投票の運用は，マイノリティーの分類に見るように，その他の様々な要因の影響を受ける．以下では，憲法改正国民投票の運用を支える要因を，国家機関･非国家機関･その他，というように３種に分類して説明する．

4．1　国家機関

（1）政府（首相・大統領）

上からの憲法改正国民投票のうち，政府主導＝議会多数派主導型の憲法改正国民投票では，発議機関である政府が国民投票の実施，憲法改正案の内容及び決定方式をコントロールしている．また，国民投票の運用のルールを制定するのも政府である．その一方で，政府は，国民投票を盛り上げるために，熟議を行うための環境整備を行うことも求められる．そのためには，噛み合った議論を行うための土台を作り，改正の内容，賛否両論の分かりやすい説明をして，それらの情報を国民に提供しなければならない．このように，政府は，賛成陣営としての立場と，中立的に国民投票の情報環境を整備する立場としての行動が求められる．

（2）議会

議会主導型国民投票の場合は，国民投票における最大のフィルターとしての機能が期待される．政府＝議会多数派の提案する憲法改正の必要性，内容，他の法規との関連性等を十分に議論して，熟議を行う機関として，憲法改正国民投票に係る情報を発信し，不必要な憲法改正を抑制し，必要な憲法改正については，その改正の意義と効果を議論することが求められる．また，議院内閣制の下では，国民投票を実施するための手続法の制定によって，熟議への誘導とその失敗に備える制度を整備することが求められる．このように，憲法改正案の形式・実体の整備と，国民投票のルール設定の第一次的な責任を負うのが議会となる．その際には，多数派中心の運営ではなく，少数意見を尊重して（評価の同質性としての平等）熟議を行う必要がある．議会での熟議が不十分であることは，国民投票運動の展開と投票行動に大きな影響を与える．

4）メックリは，国民投票をスポーツの試合になぞらえて，国民投票に係る闘争の参加者を，国家機関・非国家機関・審判と分類する［Moeckli 2012：66-81］．そのうち，審判の役割は，裁判所と独立監視機関が担うとする．

また，憲法改正は議会単独ではできず，国民投票を実施するのであるから，憲法改正については，法律制定以上に民意を意識した審議をする必要がある（民意の反映と吸収）と同時に，マイノリティーの権利保護など，先進的な，国民をリードし，説得する姿勢も必要となる．また，憲法レベルの政治改革などを自ら実施し，政治不信を減らし自浄作用を発揮することが求められる．改訂草案も，国民投票における議会審議の重要性を指摘している［改訂草案：注釈３．２．３.］.

（３）裁判所

裁判所は，下からの国民投票では，投票案件（憲法改正案）の事前審査機関として機能する場合がある（イタリア・アメリカ・フランスなど）．また，投票後に，手続の瑕疵についての事後的な審査機関として機能することもある（アメリカ・フランスなど）．このような，監視機能・匡正的機能に加えて，国民投票を促進する機能を有する場合がある．例えば，アイルランドのように，最高裁判決が契機となって，国民投票が実施されることもある．判決批判または最高裁判所に対する批判が憲法改正の動きに発展する可能性がある．

他方，裁判所の事後的な審査機能が十分ではなく，匡正的機能が十分に作用しない場合もある．逆に，フランスのように，国民投票の結果を追認する作用を営んでいると評価できる場合もある．また，オーストラリアのように，憲法改正国民投票の成立が難しい場合，最高裁判決が，政府の「解釈改憲」を是認する方向に作用することもある［William and Hume 2010：15-23］．なお，憲法裁判所型の憲法保障を行うイタリアでは，基本原理に反する憲法改正案（憲法法律）が司法審査の対象であるという，見解が有力である［田近 2016：329-330］.

（４）独立監視機関

2007年コードⅡ．３．１及び改訂草案６．２は，公平な第三者機関による事前の審査と監視を提案している．裁判所の事後的な匡正作用には限界があることから，オンブズマン（ニュージーランド），選挙管理委員会等の第三者的な監視委員会が，憲法改正案の審査と勧告，情報の流通に係る勧告，ファクトチェックを行うことは，国民投票の公平さを保つために有効であると思われる．しかし，一方の陣営の主張を虚偽と否定することは困難な場合もあり，その判定は独立機関の公平性に対する批判を惹起する場合がある．

4．2　非国家機関

（5）国民

国民投票の運用においては，国民にどの程度の，国民投票の経験があるか，また，国民は国民投票をどのように評価しているか，という要因も考慮する必要がある．フランスのように，ナポレオンからド・ゴールに至るまでのプレビシット的運用の経験がありながらも，逆にその長い国民投票の歴史的経験が，冷静な判断力を支えている国もある［Hollander 2019：115-120］．また，アイルランドのように，国政上の重要な問題は，憲法問題として，議会と国民が共同決定するという慣習を確立している国もある［Gallagher 1996］．イタリアは，国民投票で政治改革を実施し，第二共和制を確立している一方，憲法改正国民投票は，4回中2回否決している［Fusaro 2011；伊藤 2016；田近 2016］．このような，国民投票に対する失敗と成功の経験は，国民の冷静な判断を可能にし，国民を「最後のフィルター」として機能させているということができる．

ドイツでは，住民投票は活発に行われていながらも，ヒトラー時代のプレビシット的運用に対する反省から，国民投票を制度化していない．オーストラリアでは，1999年共和制移行の国民投票が，「共和制移行」自体は国民多数の支持があったにもかかわらず，不成立であったことから，憲法改正国民投票では重要問題を決められない，という懸念が広がっている．このように，国民投票の失敗・機能不全は，国民の間に「重要問題を国民自身が決定する」という国民投票の本質に対する不信感を生み出すこともある．

しかし，スイス，アメリカ（州レベル），イタリアのように，国民投票・住民投票の頻度または一回の投票案件の数が多い国は，国民投票・住民投票に対する疲労（voter fatigue）が観察され，投票案件の多さに情報の獲得・理解が十分に対応できているとは言えない状態であるところ［Altman 2011：58；Magleby 1984：90-95］，一方では，国民・住民には，直接，国政に関与するという点に対する，強い期待感と信頼感があることに留意する必要がある．イギリスにおいても，国民投票の実施を支えているのは，1975年「EC残留」の国民投票が，熟議の末，「一応」当時の欧州統合問題を解決したという，意識があることは明らかである［Butler and Kitizinger 1996］．

以上のように，憲法改正国民投票の運用のあり方及び国民の熟議とコンセンサス形成の可能性を考えるにあたっては，国民投票の運用経験（成功と失敗）という要因を十分に考慮する必要がある．

（６）政党

上からの憲法改正国民投票の場合，政党の配置状況は，第一段階の憲法改正案作成と発議に大きな影響を与える．一院の過半数という要件の場合，与党の賛成だけで発議が可能であるが，両院の３分の２という要件では，多くの場合与党だけではなく，野党も取り込む必要があり，議会内での協調的議論が必要になる．また，通常，対立関係にある与野党が，憲法改正についてだけは合意に達する必要がある．そうすると，国政選挙と同時に実施することは回避されることが多くなる．また，３分の２の賛成を確保するために，改正案や投票案件の作成にログローリングがなされるようになる．

一方，イギリス1975年「EC残留」の国民投票のように，党内の対立を融和するために実施される国民投票も多い．この場合は，与党と野党の垣根を超えた議論がなされる可能性がある．また，連立を組む条件として国民投票の実施が提案されることがある．イギリス2011年「選択投票制」の国民投票がこれに該当する［Qvortrup 2013：114-115］．

ただし，一般に，野党は国民投票を政府・与党を攻撃する材料とすることが多い［Moeckli 2012：73］．その場合，国民投票が補欠選挙として機能し，投票案件の反対理由の中に，政府批判が含まれることになり，野党の姿勢が憲法改正に対する熟議とコンセンサス形成という目標を遠ざける契機となりかねない．

国民投票運動の段階では，情報獲得が不十分な投票者にとって，政党は投票の手掛かりとなることがある．ただし，有権者は，国民投票においては，支持する政党の見解と異なる投票行動をとることも多い．また，政党（特に反対陣営の政党）が，憲法改正案についての明確なフレーミングを行うことは，国民投票運動が盛り上がる要因の一つである．

（７）市民運動グループ

国民投票運動の主役の一つとして，市民運動グループには活発な議論の喚起が期待される．国民投票運動においては，イギリスのように運動の中核となる団体（中核団体）が自然発生的に形成され，その傘下の団体が，熟議とコンセンサス形成の中心的役割を担う場合がある．国民投票運動の規制においては，できる限り彼らの自由な活動を保障する必要がある．

（８）利益集団・圧力団体

他の国民投票に比較すると，憲法改正国民投票においては，圧力団体・利益集団が積極的に運動する理由はないようにも思われる．しかし，安全保障が争点の場合は，軍需産業の業界団体が，積極的に活動する可能性もある．また，キリスト教国では，教会が離婚・中絶・同性婚に係る問題について，投票案件形成から国民投票運動まで，強い影響を与える．これらの団体には，資金力のある団体（財界系）・動員力のある団体（労組系）・影響力のある団体（教会）がある．資金力のある団体が，投票結果を左右するほどの影響力を行使することは，「民意の歪曲」である，という評価もなされる［Ellis 2002：102-109］．

（9）個人（私人・公人）

憲法改正国民投票においては，個人が影響力を行使する可能性は二つある．一つは，投票案件に対して，賛成反対を表明することである．これは，有名人・社会的な地位の高い者・（引退した者を含む）政治家などが，投票案件に対する態度を表明することによって，影響力を行使する場面である．地方自治体のレベルの政治家であっても（例えば，知事など），人気が高い政治家が発言することの影響力は大きい．イギリス1975年「EC残留」の国民投票のように，賛成の陣営に，人気政治家がそろっていることが賛否の結果に影響を与える場合もある．政治家に限らず，テレビタレント等の発言も，十分に情報を取得できない国民にとっては，投票の手掛かりになる．もう一つの可能性として，アメリカの住民投票のように，資産家が私財を投入することによって，選挙結果に影響力を及ぼす場面もある［Ellis 2002：90-102］．

（10）エリート（政治階層）

上からの国民投票としての憲法改正国民投票では，エリート（政治階層）が国民一般に対して，憲法改正国民投票の必要性をいかに理解させるか，という点が成立のポイントとなる．エリートが，民意に対する配慮がなく，エリート間のボス交渉で憲法改正国民投票の実施と憲法改正案を決定することは，国民の反発を招く．国民投票が，政権に対する信任投票の機会として機能する場合と同様に，エリートに対する反発が噴き出る機会となることも少なくない[5]．

（11）メディア・インターネット

投票者が実際の投票に際して，最も影響を受けるのは印刷メディア・放送メディアの報道である．主要新聞が，賛成・反対のどちらの陣営の主張に与する

5）（9）にも関連するが，エリートであっても，国民の信頼を得ている者の発言が，国民投票の結果に影響を与えることがある．デンマークの2000年「通貨統合」の国民投票がその一例である．デンマークの経済審議会の「三賢人（three wise men）」のユーロ導入への消極的発言が否決に作用したとされる［LeDuc 2003：96］．

かは，投票結果を左右する要因となる．また，テレビ・ラジオにおいて，どのような報道がなされるのか，あるいは，ネガティヴキャンペーンがどの程度認められるのか，という点は，国民の情報の取得と憲法改正案に対する理解に影響を与える．通常の選挙も含め，現代の選挙戦はインターネットを中心に展開されるようになっている．インターネットの機能と問題点については，第Ⅱ部第2章7．2で詳述する．

4．3　その他の要因

(12) 国政選挙

国政選挙は，憲法改正がマニフェスト・公約で掲げられる場合は，憲法改正国民投票の最初の熟議の機会になる．また，国民投票の実施時期の決定に大きな影響を与える．国政選挙を，議員の任期という視点でとらえると，憲法改正の争点形成と改正案の作成に与える影響は大きい．大規模な改正であればあるほど，審議時間が必要となることから，イタリアに見るように，議員が超党派の委員会を形成して合意を図ろうとしても，短い選挙サイクルのために時間切れになることが少なくない［伊藤 2016：316］．

(13) 国家の均質性（国内の対立要因）

マイノリティーの項で説明したように，地域・民族・宗教・言語などの国内の対立要因がある場合は，熟議によって社会の中でコンセンサスを形成することが十分に行われない可能性がある．言語・文化・宗教等の異なる地域的マイノリティーが存在する場合，地域の主権問題は，権限移譲→自治権の保障（特別の地位の承認）→独立という方向で，主張されることが多い．憲法問題国民投票では，この3つのレベルを，誰がどのように承認するのか，という点が問われる．また，憲法改正国民投票を行う国家が，地域的に分断された社会なのか（ベルギー），あるいは，社会の中に様々階層を抱えた多元的な国家なのか，民族・宗教・言語などの点で均質な国家なのか，という要因はコンセンサス形成に大きな影響を与える．

(14) 国家の構成要素（地理的要因・人口・連邦制）

北欧の国民投票（例えばノルウェー）に見られるように，首都圏と周辺部で経済格差があることは，一つの大きな投票要因となり得る．また，人口の多さは，意見集約に影響を与える．億を超える国（アメリカなど）では，特定の争点についての民意が数千万の差で割れる可能性は，国レベルでの国民投票の実施の困難さの原因となる［Cronin 1989：183-184］．また，連邦制は，スイス・オーストラリアなど，成立要件の設定に影響を与える．

(15) 憲法改正以外の争点

憲法改正国民投票実施時に，憲法改正以外の重大な争点が発生している場合，その争点が投票行動に強い影響を与えることがある．イタリアの2016年の憲法改正国民投票は，後述するように（第Ⅱ部第2章1．5），2015年から始まった移民問題が頂点に達した時期であったことから，レンツィ政権の移民政策（移民に対して寛容であると評価されていた）が反対票の大きな要因となっていた．

なお，争点ではないが軍事的な緊張の高まりなどの直近の偶発的な事故が，安全保障問題の国民投票の結果に影響を与えることはありうる［上田 2014：33-34］．

第Ⅱ部

憲法改正国民投票各論

第1章　発議（第一段階）

第1節　憲法改正案の分類

1．1　争点と憲法改正案の区別

すでに述べたように，国民投票において争点（issue）と投票案件（questionまたはproposition）の区別は重要である．憲法改正国民投票の場合は，争点と憲法改正案は異なることを意識する必要がある．例えば，憲法改正の争点は，「自衛隊の明記」･「憲法裁判所の創設」･「裁判官の公選制」･「新しい人権の保障」などであり，これに対して，実際に投票所で投票する対象としては，①「憲法裁判所の設置と裁判官の公選制」の是非というように，複数の憲法改正の論点が組み合わされたり，②「平和を維持するために憲法9条を改正して，以下のように自衛権を明記することに，あなたは賛成しますか．」という説明文が付与されるなどによって，加工されたりするものが，憲法改正案になる．

1．2　憲法改正案の分類

1．2．1　争点の数による分類

憲法改正案を争点の数で分類することも重要である．憲法改正案には，① 単独の争点について賛否を問う憲法改正案，② 複数の争点を組み合わせた憲法改正案，③ 3つ以上の争点を含む包括的憲法改正案がある．①の単独の憲法改正案の例としては，9条の改正条文のみを問う場合がある．②の複数争点の憲法改正案としては，9条と憲法裁判所の設置を併せて一つの憲法改正案にする場合がある．③の包括的憲法改正案としては，9条･憲法裁判所の設置･89条の廃止・陪審制の導入をまとめて一つの憲法改正案にする場合がある．さらには，③を拡大したものとして，④ 全面改正 または ⑤ 新憲法制定がある．③の包括的憲法改正案には，憲法裁判所の設置に係る関連条文をまとめる場合のように，内容的には実質的に一つの争点である場合と，上記のように，複数

の争点を含む，憲法パッケージ（実例としてシャーロットタウン協定の承認を求める1992年のカナダの国民投票がある）の場合がある．

1．2．2　憲法改正案の形式による分類

また，憲法改正案の形式に着目すると，次のような分類が可能である．

（1）条文提示型

憲法改正案においては，憲法改正案の条文そのものが投票案件となる場合がある．憲法問題国民投票の場合は制度の是非がそのまま提示される．これを本書では「条文提示型」という．

条文提示型の例として，アイルランドの国民投票がある．2015年の同性婚の承認を求める国民投票の投票案件は，以下のように投票用紙に記載され，その条文の後に，賛成または反対の空欄に×をつける形である．

「あなたは以下の憲法改正案を承認しますか.」
第34憲法改正案（婚姻の平等）2015年

（2）説明文型

条文提示型の場合，憲法の性質上，抽象的で難解な憲法改正案が少なくない［改訂草案：注釈3．3．3］．そこで，難解な内容及び情報量の多い争点についての説明文を加えたり，多くの関連条文を含む場合は，改正する内容を要約して示したりすることが行われる．これを本書では「説明文型」という．

この例として，イギリス2011年「選択投票制（Alternative Vote）」の国民投票を挙げる．この投票案件（イギリスは助言型の憲法問題国民投票であることから，厳密には憲法改正案ではない.）は，次の通りである．

「現在，連合王国（UK）では，下院議員を選出するために多数票方式（the first past the post system）を採用しています.それに代えて,選択投票制(alternative vote system）を採用すべきだと思いますか.」

第2節　発議段階における熟議とフィルター

憲法改正案は，投票者が熟議を行うための前提条件として，民意が正確に反映されるものでなければならない．民意が正確に反映される改正案であるから

こそ，その結果が公正なものと認識され，正統性が与えられるのである［Tierney 2012：227］．民意が正確に反映される憲法改正案とは，政治過程において形成された争点または国民が投票したい争点について，賛成・反対を明確にしうる選択肢が与えられ，その集計結果に対して，一定の評価を与えることが可能になるものを指す．これを自由な国民投票運動という視点から見ると，憲法改正案に対する，「意見表明の自由」と「意見形成の自由」を保障するためには，内容を明確なものにする必要がある［改訂草案：注釈2］．

そして，熟議の前提としての投票案件の作成には，前述の通りの憲法改正国民投票における3つの問題点（エリートによるコントロール・熟議の不足・マイノリティに対する権利侵害）をいかにして抑制するか，という視点が重要である．これらの問題点を回避するためには，発議段階において，多くのフィルターを付加し，この段階における熟議を行うことを目標とする．これによって，憲法の基本的価値（基本的人権の保障・民主主義・平和主義）の後退を抑制する．

上からの憲法改正国民投票で，議会多数派主導型の場合，以下のフィルターを第一段階に付加することが望ましい．

①憲法改正を争点とした選挙における民意反映の機会の保障
②争点に対する国民の意見聴取と議論への参加
③法律・行政等の専門家による争点の精査と条文の作成，及び改正原案の作成
④改正原案に対する議論の公開と透明性の確保
⑤国民に対する改正原案の諮問
⑥第三者機関による改正原案の審査
⑦議会審議における賛否両論への配慮と十分な審議時間の確保
⑧発議要件の充足と改正案の確定

まず，憲法改正の最初のステップとしては，間接民主制の下では，憲法改正をマニフェスト・公約として，選挙を実施する必要がある．憲法改正を，議会と国民の共同決定と解すると，様々なレベルで憲法改正についての民意を反映させる必要があるところ，その第一のステップが，選挙による民意反映の機会の保障である（①）．これが不十分な場合は，国民から見ると「不意打ち」となり，このことがエリート・政治階層に対する不満となり，国民の反発要因となる可能性がある．続いて，憲法改正の必要性を認識した政府＝議会は，改正

案の成立可能性を確認する意味を含めて，改正の個別の争点について国民から意見聴取を行い，国民を憲法会議・市民議会等のフォーラムでの議論に参加させる（②）．あるいは，世論調査を実施する．ここでは，後述する（第Ⅱ部第３章１．６．４），意見調査型の国民投票という方法もありうる．

①②の手続の後に，改正原案の作成に入ると，下位法規との整合性や政策の実現可能性等を考慮して，条文を作成する必要がある（③）．この段階では，法曹・官僚等の専門家を参加させ，専門的かつ中立的な意見を反映させる必要がある［Widner and Contiades 2013:65］．続いて，作成した条文に対して，パブリックコメントを募り，公開された幅広い議論を行う．一定期間の議論の後に，修正・削除を行い，憲法改正原案を確定する（④⑤）．その際に，条文提示型及び説明文型の両方の場合であっても，第三者機関によって審査を受けることが望ましい（⑥）．というのは，後述するように，憲法改正案に明確性と関連性を欠く可能性があり，正確な民意反映がなされないこともありうる（⑥）．これらの修正と審査を経た憲法改正原案は，議会に提案される．その際には，賛否両論に配慮して，十分な時間をかけた審議が望ましい（⑦）．最終的に，発議要件を満たした場合には，発議され憲法改正案として確定する（⑧）．

第一段階における熟議を実現するために，これらのフィルターをすべて付加することは理想的な形態であり，実際に行われている憲法改正国民投票では，これらのフィルターのいくつかが欠けていることが少なくない．しかしながら，できる限り，理想的な運用に近づくような制度設計をすることが望ましいことから，以下，主要な論点（フィルターの付加の態様）について論じる．

第３節　憲法改正案の作成のためのルール

３．１　明確性・関連性・中立性

憲法改正国民投票において，熟議が成立して正確に民意反映がなされるためには，憲法改正案に，明確性・民意との関連性・中立性が必要となる.[1)]

憲法改正案の文言が不明確であれば，投票者は混乱し情報獲得が不十分にな

1）2007年コードは，投票案件の文言について，①明確で，②内容を誤解させない，③特定の選択肢を示唆しない，④投票後の状態を知らせる（予測可能性の確保），⑤賛成･反対･空欄（blank）に投票できるようする，という５つの原則を挙げる［2007年コード：Ⅰ．３．１．C］．

り，投票所に行かなくなったり（動員の不十分さ），否決票・棄権票が増えたりすることは，多くの直接民主制及び国民投票の研究が明らかにしている［Cronin 1989；Kriesie 2008；Magleby 1984；Bowler and Donovan 2000］．また，理解しにくい問題が提案されると，投票者に混乱が生じ，政治過程から排除されているという，疎外感が高まる．さらに，そもそも，投票したい選択肢がない，または争点がない，という関連性のなさが加わって，投票者の棄権・否決票の増加につながる可能性がある［Tierney 2012：231-232］．

また，投票すべき争点が十分に形成されていない（未成熟）のであれば，当然に議論が盛り上がらない．条文や憲法改正案が示す説明文が不明瞭であれば，結果に対する解釈が発生する．そして，その予測不可能性も，投票者の不安をあおることになる．憲法改正案の場合，争点または投票案件が示す内容の抽象性と難解さは避けられないので，明確性の要請に応えることには限界があるとしても，そこに一定の配慮がなければ，熟議をもたらすことは難しい．そして，統治機構に係る憲法改正案の内容が明確であるということは，成立後に権限を抑制することにつながる［Widner and Contiades 2013：60］．

関連性とは，憲法改正案が民意に関連しているか，という問題である．具体的には，憲法改正案が国民の選好を適切に示しているか，また，憲法改正案が投票者の関心が高い争点を含んでいるかという点が問われる．前者の問題は，争点に対する質問の方法が，適切であるかという問題である．後者の問題は，国民が争点として意識していないもの，重要性があるが関心が低いもの，純粋に技術的な問題であるので本質的に国民の関心の対象外であるものが含まれる．このような，関連性の不足も，明確性の欠如と同様の問題を発生させる．投票したくない憲法改正案が提示された場合は，議論が盛り上がらなくなる可能性が高い．

中立性は，憲法改正の文言や争点の組み合わせが，特定の投票結果（賛成が多い）に誘導しない，という原則である．これは，上からの国民投票のコントロール性に対するフィルターとなる．

そして，憲法改正案作成における，明確性・関連性・中立性は，国民投票の他の段階に影響を与える．まず，第二段階の熟議・議論の盛り上がり・コンセンサス形成のための重要な前提条件となる．第三段階では，明確性と関連性が欠如していると，投票率が低くなり，否決票が増えることになる．第四段階では，不明確または民意と対応していない憲法改正案が成立した場合，その正統性に影響を与え，投票後の紛争の原因となり，下位法規との整合性が問題となる．

このように，憲法改正案は，国民投票の運用を規定する「土台」であることから，この3つの要請には十分に配慮する必要がある．また，憲法改正国民投票の運用上の基本原則という視点からは，公平性・中立性＝「敗者が結果を受け入れることができるようにルール設定をする」ことの保障は，この憲法改正案の作成にも求められるので，正統性付与の前提としての憲法改正案作成に留意する必要がある［Tierney and Suteu 2013：7］.

3．2　明確性の構成要素

明確性（clarity）は，以下の5つの構成要素からなる．それらは，① 明瞭性（憲法改正案の読みやすさ），② 抱き合わせ投票の禁止（シングルサブジェクトルール），③ 結果の予測可能性，④ 成熟性（周知性），⑤ 複雑性の解消である［Tierney 2012: 227-228］．これらの構成要素は，それぞれ他の構成要素と関連し，一つの投票案件が複数の構成要素の点から，問題となることが多い．

3．2．1　明瞭性（intelligibility――憲法改正案の読みやすさ――）

明瞭性については，二つのレベルで問題となる．一つは，提案された法律案・憲法改正案の文言自体が読みやすいかどうか，という「条文の明瞭性」であり，もう一つは，内容自体が理解可能かどうか，という「内容の明瞭性」である．

条文の明瞭性については，憲法の抽象性・一般性から一定の限界がある．例えば，現行の9条1項の「国際紛争を解決する手段として」の戦争が，国際法上は，「侵略目的による戦争」を意味するということは，国民一般に周知させることは難しいであろう．

内容の明瞭性についても，イギリス2011年国民投票で問われた選挙制度など，本質的に難解な問題が存在することは否定できない．これは，明瞭性の構成要素⑤の複雑性の解消に関連する問題である．実例として，オーストラリア1988年「公正な選挙」の憲法改正国民投票を挙げる．

表題　「公正な選挙」

提案された法　「オースラリア全土において，公正で民主的な議会選挙を実施するために憲法を改正する．」

あなたは，この改正案に賛成しますか．

（原文：A Proposed Law: To alter the Constitution to provide for fair and democratic parliamentary elections throughout Australia.
Do you approve this proposed alteration?）

これは，連邦議会と州議会の選挙において，「一票の価値の平等（one-vote, one-value）」を保障すべきである，という憲法委員会の提案を，憲法改正案としたものである［Willams and Hume 2010：168-170］．民主的で公正な選挙という，憲法改正案の文言をみても，公正な選挙の意味が伝わらない可能性がある．このような不明瞭な投票案件は，ネガティヴキャンペーンの攻撃対象になる．抽象的な文言で，その意味が，配布されるパンフレットを読まない限り理解できないレベルである場合は，内容的には特に異論のないはずの憲法改正案であっても，不安をあおるネガティヴキャンペーンにさらされる．投票者は，オーストラリアに限らず，不安または疑わしさを感じるときは，否決票を入れる傾向にある［LeDuc 2002：71］．当該憲法改正案は，改正案の諮問を行った憲法委員会が与党労働党寄りであるとの批判と合わせて，当初，賛成多数の民意があったにも拘わらず，否決された［Willams and Hume 2010：167］．

それでは，なぜ二つのレベルの不明瞭性が発生するのであろうか．すなわち，条文や争点が難解であるのにそのまま憲法改正案としたり，難解さを回避するために付された説明文そのものが分かりにくくなったりするのであろうか．これは，憲法改正案を作成する権限のある機関，あるいは広い意味では，エリート（政治階層）が，憲法改正案をあいまいにすることで，賛成または反対に誘導する意図があるからである［Tierney 2012：226］．

不明瞭性が発生する理由は，発議の際の多数派工作にも関係がある．日本の憲法改正のように，両院の３分の２の賛成という厳格な要件の場合は，与党だけでは足りず，野党の一部の賛成者などを取り込む必要が出てくる．また，オーストラリアのように，両院の過半数の賛成が発議要件であっても，国民投票運動を有利に進めて，成立に持っていくためには，発議の段階で，できるだけ多くの政党及び社会階層の支持を取り付ける必要がある．そうすると，賛成する政党間で，憲法改正案について，大枠でコンセンサスが形成されていても（総論賛成であっても），細部で折り合わなかったりするという事態が発生する．こういう事態の時に，細部は，憲法改正が成功した後に法律レベル・政策レベルで折衝することを前提に，あえて，抽象的またはあいまいな文言の改正案を作成するのである．つまり，ログローリング（互恵投票）が，憲法改正レベルで発生するということである．例えば，9条2項の「前項の目的を達成するため」というような文言が，憲法改正案に含まれることが予想される．これは，後述する，第四段階の投票後に発生する問題に関係する．

3．2．2　抱き合わせ投票の禁止

（1）抱き合わせの二つの形態

憲法改正案の中には，本来は別々に国民に問うべき争点を，一つの改正案にしている場合がある．これは，国民投票権の保障＝正確な民意反映の保障という観点からは，回避されなければならない事態である．2001年ガイドラインⅡ.Cも2007年コードⅢ．2もともに，投票案件に対して，形式的統一性の原理及び内容的統一性の原理という二種の規制原理を規定する．

形式的統一性は，文言の規定の態様を四種に分類して，一つの投票案件の中に混合してはならないという原則であり，内容的統一性は，アメリカではシングルサブジェクトルール（単一主題の原則）という．

（2）形式的統一性

憲法改正案には，形式的な側面から見ると以下の態様がある．

第一は，明確に規定された憲法改正案であり，成立し公布されると直接効力を有する．

第二は，既存の条文の廃止である．アイルランドの中絶制限規定の廃止がその例である．

第三は，原則を問うものである．具体例としては，「あなたは憲法を改正して大統領制を導入することに賛成しますか．」である．

第四は，具体的な提案であるが個別の規定の形ではないものである．スイスの「一般的発議」のイニシアティヴもこれに該当する．具体例としては，「あなたは，議会の議席数を300から200に削減することに賛成しますか．」である．

第一は成立すると法的効力があるが，第三と第四は，成立して拘束力が発生するといっても具体的な内容を規定する法律の制定が必要となる．したがって，同じ憲法改正案の中に，第一と第三，第一と第四の二種がある場合は，成立後に混乱を生じることになるし，さらには，投票者にとっても，成立後にどのような法的効果を生み出すか（予測可能性）が不明であり，自己の意思による自由な投票という意味での国民投票権を侵害することにつながることから，このよ

うな形式的な統一性が重要な意味を持つ.

（3）内容的統一性＝シングルサブジェクトルール（single subject rule）

複数の争点を一つの投票案件にすること（争点の抱き合わせ投票）も, エリート・政治階層が, 賛成に誘導するために行う手段の一つである. これは,「上からの」国民投票だけではなく,「下からの」国民投票でも, 発生する現象である. このため, アメリカでは,「一つの投票案件に対しては一つの争点を提示する」というシングルサブジェクトルールが多くの州において明文化されている. また, スイスでも, 主題統一性の原則によって, 規制がなされている. アイルランドにも, 憲法改正案は一つの争点を含むという規定がある. 2001年ガイドライン及び2007年コードは, これを「内容的統一性の原理」としている.

投票案件に複数の争点が取り込まれる「抱き合わせ投票」は, 形式的不統一と同様に, 熟議と民意の正確な反映の保障という観点からは, できる限り回避されなければならないところ, さらに, 諸外国の運用から, 抱き合わせ投票を回避する理由を詳しく考察する必要がある［福井 2007：31-32］.

抱き合わせ投票禁止の第一の理由は, ログローリング（互恵投票）の回避である. 上述の通りの明瞭性を欠いた投票案件の場合と同様に, 上からの国民投票の場合は, 多数派工作のために, それぞれの主張を取り入れる形で, 争点Aと争点Bを一つの投票案件にすることが考えられる. 特に, 日本のように, 発議要件が両院の3分の2というような高いハードルが設定されている場合は, 護憲を標榜する政党の顔を立てるために, 関連するが厳密には異なる論点であるところの, ① 9条の改正・② 徴兵制の禁止（または良心的兵役拒否の保障）・③ 軍事裁判所の設置の禁止というように, 異なる論点を組み合わせる可能性がある.

このように, 多数派工作のために, 投票案件にあえて抽象的な文言を選択したり, 争点の抱き合わせをしたりすると, 投票者の情報獲得にマイナスの影響を与えかねない. 争点AとBのうち, 自分の関心のある争点の情報の取得に熱心であっても, 関心のない争点が成立した場合の影響・法的効果については十分に理解しないまま投票し, 投票後に不意打ちを受ける可能性がある. したがって, この「不意打ち防止」が第二の理由である［Ellis 2002：68-70］.

もちろん,「投票者の選好の正確な測定」という第三の理由もある. 争点Aはどうしても支持したいが, 争点Bには基本的に反対である場合, 争点Aに対する選好の強さから, 投票案件が支持される可能性がある. 逆に, 争点Bへの反対の強さが争点Aへの賛成を打ち消すこともある．これは，特定の争点に対する民意の強さ（intensity）を軽視した投票案件作成の例である．[2)]

第四に，プレビシット的運用（ないしは感情的投票）の回避が挙げられる．ド・ゴールは，在任中の4回の国民投票のうち3回にわたって，二つの争点を一つの投票案件にして，国民投票を実施した．つまり，大統領・首相は，個人的な人気を背景として，憲法改正を一気に実行し，かつ，自己の地位の正当化の手段として，国民投票を実施する傾向があり，抱き合わせ投票禁止の原則を掲げることによって，それを排除することが可能となる［Tierney 2012：232］．

そして，これまで述べた4つの理由は，憲法改正という文脈では，「憲法の急激な改正の防止」という第五の理由につながる．不十分な情報の下での投票，投票者の選好を正確に反映しない投票，あるいは，リーダーシップ効果を利用した憲法改正を予防することは，日本国憲法96条の硬性憲法（憲法の基本的価値を保障するために，安定性と可変性のバランスを取る）という趣旨に適うものである．

以上のように，抱き合わせ投票をできる限り回避する理由は明白であるが，憲法改正の場合，このルールを厳格に運用することには限界がある．特に全面改正の場合は，このルールは適用できない．さらに，イタリアのレンツィ首相が提案した憲法改革案のように，制度改革のために複数の章に関連する条文を改正する必要がある場合［Peterlini 2016］，つまり，「大幅な改正」の場合で，その章の間に関連性（内因性 intrinsic link）があるときは，これを一つの包括的な改正案とすることになる［2007年コード：Ⅲ．2］．

3．2．3　結果の予測可能性

投票結果を投票者が予測できない，という意味での明確性の欠如が問題となる．これは，争点の成熟性及び複雑性の解消とも関係する．後述するように，憲法改正国民投票は，憲法改正案・投票案件の示す未来の状態と否決した場合の未来の状態（reversion point，以下これを「反転ポイント」という．）とを比較して投票する行為であることから［Hobolt 2009］，結果の予測可能性は，投票者にとっては重要な情報である．提案された投票案件が成立するとどのような結果をも

2）国民投票における争点への民意の強さに言及するものとして，［Setälä 2009：17-18］がある．

たらすかが，具体的に示されないときは，当該政策は「実現不可能」であるという，ネガティヴキャンペーンにさらされることになり，不安をあおられ，否決に持ち込まれるリスクがある．また，投票後に，投票者の多数が希望していた内容と異なる政策が実施されれば，民意を無視した，あるいは，国民投票の名を借りて民意を利用した，との批判が下される．したがって，賛否両陣営，特に「国民投票の運用責任者」としての政府は，成立と否決のそれぞれの効果を示す義務があるということができる［Tierney and Suteu 2013：8］．

この予測不可能性は，外交・国際関係・通貨統合などの，問題が複雑で状況が目まぐるしく変化する場合，交渉相手がいる場合，そして交渉相手がいるために政府がどのように行動するかを，明確に示すことができない場合に発生する［Tierney 2012：236-237］．

この典型例は，1995年ケベックの住民投票でも生じている．

「あなたは，ケベックの将来についての法案及び1995年6月12日に調印された合意の範囲内で，新しい経済的，政治的パートナーシップのために，カナダに対して正式に提案がなされた後に，ケベックが主権国家となることに，同意しますか．」という投票案件に対しては，賛成陣営内部でも，住民の賛成が得られた後のシナリオについては，合意を得ることができていなかった．この予測可能性の低い投票案件に対しては，カナダのクレティエン首相（連邦の首相）は，むしろ，投票者には，「独立に賛成か否か」という投票案件を示すべきであるとして批判していた．そして，同首相は，独立を阻止するために，ケベックを独自の社会として憲法上認めること，及びケベックに影響するいかなる憲法改正もケベックの同意なしでは行わないことを宣言し，首相の個人的人気とあわせて，僅差の否決に持ち込んだ［松井 2012：17；Boyer 2017：ch.21］．

もう一つの予測不可能性は，問題が複雑であることに起因するものである．安全保障問題についての憲法改正案には予測不可能性が伴うことは明らかである．自民党の憲法改正案は，9条2項を改正して「前項の規定は，自衛権の発動を妨げるものではない」とする（自民党憲法改正推進本部HP https://constitution.jimin.jp/document/draft/　最終閲覧日2020年9月7日）．しかし，9条の改正によって自衛権を明記することが具体的に何をもたらすかを，国民に説明することは容易ではない．政府の情報提供も十分ではないことも予想されることから，不十分な情報で投票することになりかねない．

また，憲法改正の場合，抽象的な文言も，予測不可能性を倍加する可能性がある．前述の通り（3．2．1），国民投票後の交渉を見越して抽象的な文言にすることによって，投票者は，投票結果がもたらす未来の予測が困難になる．これは人権規定の追加，変更の場合にも当てはまる．法の下の平等を「法の前の平等」に変更したり，「公共の福祉」など人権の制約規定を各条文に追加したりしても，どのような効果があるのかは，投票者には十分に予測できない．

3．2．4　成熟性・周知性

エリート・政治階層の間でのみ知られている争点であったり，あるいは，国民一般には十分に知られていない争点は，国民投票の対象としては適切ではない場合がある．その理由は，国民が知らない・関心がない争点は，熟議の対象とはならず，情報獲得のレベルも，投票率も低くなる可能性があるからである．国民に休日に動員をかけて投票させるためには，その重要性と意義を認識させる必要がある．改訂草案4．3は，「最低投票率の導入をすべきではない」としているが，**一方で，「国民投票への参加のレベルが低い」というリスクを回避するためには，できる限り国民の関心の高いテーマを国民投票の対象とすべきである，としている．後述するように，熟議への誘導という点ではこの争点の成熟性・周知性は重要な問題である．**

また，改正の必要性が国民の間に十分に周知されていない争点を国民投票で問うことは，ド・ゴールの国民投票に見られるように，プレビシット的運用の一つの局面でもある．ポンピドー大統領が実施したフランス1972年の「EC拡大」の国民投票，ジスカールデスタン大統領が実施した1988年「ニューカレドニアの地位」についての国民投票もその典型例である．

3．2．5　複雑性の解消

争点が本質的に難しく，投票者の理解が困難であるという問題が存在する．例えば，当時の橋本市長が「大阪都」構想を住民投票にしたとき，その提案の趣旨を理解することは，投票者にとって難しかったと思われる．当然，予測可能性も不十分である．大阪府を都に変えることによって，どのようなメリットとデメリットがあるのかを住民に十分に示していたとは思われない．このため，都構想反対派が住民サービスの低下などの不安をあおるフレーミングを行ったことが，否決の要因となったという指摘がある［土倉 2015：36-38；南 2015：108-109］．これも，低い情報のレベルがNOバイアスの原因となり易い（第Ⅱ部第2

章1．3．2（8））ことの例である．そして，争点の複雑さと情報取得の困難さは，国民投票運動への参加・投票率・賛否の割合に大きな影響を与える．このように，熟議による国民投票を実現するためには，この複雑性という問題を無視することができない［Tierney 2012：238-241］．

包括的な論点が複雑性の原因となる例として，オランダ2005年「欧州憲法承認」の国民投票を挙げる．投票要件は，「あなたは，オランダが欧州憲法を制定する条約を承認することに賛成ですか，反対ですか．」であった．

上からの国民投票によく見られるように，この国民投票においても，投票案件に対しても多くの争点（統合への賛否・国内の雇用・政府への批判・アイデンティティなど）が読みこまれたが，否決票の理由の43％（複数解答）は，問題の複雑性と情報の不足を挙げている［Hobolt 2009：215］．一方，フランス2005年「欧州憲法批准」の国民投票は，複雑性を否決理由とする割合が19％と比較的少なく，反政府の理由が多かった［Bevern 2009］．

争点の多様性による複雑さは，憲法の包括的投票案件に見られるところである．カナダ1992年の国民投票は，シャーロットタウン協定の是非を問うもので，投票案件も，シンプルに「Do you agree that the Constitution of Canada should be renewed on the basis of the agreement reached on August 28,1992.」（「あなたは1992年8月の合意に基づいて憲法を改正することに同意しますか.）を問うものであった．しかし，この内容は，（1）元老院を各州からの平等な代表によって構成すること，（2）ケベック州に庶民院の25％の議席を保障すること，（3）ケベック州を「独自の社会（distinct society）」とすること，（4）地方分権を進めること，（5）原住民の自治政府の設置等を認めることを含む包括的なものであった［LeDuc 2002：53-54］．

結局，この国民投票は，当初，国民の多くがシャーロットタウン協定に同意していたにもかかわらず，個別の争点についての国民の理解が不十分であり，最終的には各争点についての批判が強くて否決された．これは，包括的な争点の内部での総合的衡量がなされたものと思われる．

このような複雑性は，熟議がなされる二つの段階，すなわち，投票案件作成の段階の工夫と，国民投票運動の段階における情報提供のあり方によって，ある程度は，緩和することが可能であるとしても，「本質的に難解な問題」が存在する．この本質的に難解な問題は，「国民投票に問うことが適切ではない問題」である可能性があるが，一方で，難解であることを理由に，重要問題を国民投票に問うことを回避することは，国民の政治に対する不信感，政治過程から排除されているという疎外感を醸成する可能性がある［Tierney 2012：241］．

3．3　民意との関連性

関連性とは，「憲法改正案の質問内容が民意に対応していること」を求める原理である．熟議を経た民意を憲法改正に反映させ，かつ，その決定に正統性を付与するためには，民意を測るべく正確な質問が求められるところ，正確な質問には，これまで議論してきた，明確性と同時に，**質問が「国民の言いたいことに対応しているか」という，質問と民意の関連性・質問の民意との対応度が問題となる**．つまり，憲法改正案における関連性の欠如とは，発議権者からの提案が国民が真に意思表示をしたいものに合致しないという問題である．

3．3．1　民意と質問内容の乖離

投票案件が，国民の関心が高い争点，あるいは，従来から国内で議論されていた争点を含むものであるとしても，本来，国民の多くが望んでいるものとは異なるものになる場合がある．顕著な例として，オーストラリアの1999年「共和制移行」の国民投票がある．国民の多くは，君主制を廃止して直接選挙による大統領制を希望していたのであるが，後述する憲法会議の諮問（「ミニマリストとしての大統領制」という結論）を受けて，ハワード首相が作成した投票案件の文言は，次の通りである．

表題　「共和制」

提案された法　「オーストラリア（the Commonwealth of Australia）を共和制にするために，女王と総督を，議会の構成員の３分の２の多数によって指名された大統領へと変更する憲法改正を行う．」

（原文：A proposed law: To alter the Constitution to establish the Commonwealth of Australia as a republic with the Queen and Governor-General being replaced by a President appointed by a two-thirds majority of the members of the Commonwealth Parliament.）

しかし，国民の多くは，大統領制には賛成していたとしても，それは，アメリカのように国民が直接選出するタイプのものであった［Willams and Hume

2010：181-184］．イギリスの2011年「選択投票制」に対する国民投票でも，国民の多くは，死票の多い現行小選挙区制度の改正を望んでいたのであるが，投票案件で示されたものが国民の期待と合致していなかったこと，政党間の交渉と妥協の産物であったことが，否決の原因になった可能性がある［Qvortrup 2013：114-115；Tierney 2016a：58］．

３．３．２　質問形式の不備

争点自体は，国民の関心が高く，投票の対象として相応しいものであっても，その質問形式が，投票者の「真の意図」を表明することができない場合が，質問形式の不備である．一例として，「選択肢の融合」がある．これは，ある争点に対する民意が３つ以上に割れているにもかかわらず，賛成と反対の二つの民意に収束する形で投票案件を形成する場合を指す．これは，争点に対する選択肢を恣意的に融合していると，評価することができる．スロベニアの1990年の国民投票は，「スロベニアは，独立した主権国家になるべきか」という投票案件であった．しかし，この投票案件は，① 分離独立，② 自治権拡大，③ 現状維持という国内の３つグループのうちの，①と②を融合したものとなっている［Tierney 2012:237］．2007年コード３．１．Cでは，投票案件は，賛成･反対･空欄に投票できるようにすべきであるとしていたが，改訂草案注釈３．３．２は，二択以上の選択肢の設定が望ましい場合があるとしている．

もちろん，この選択肢の融合と同様に，上述の通りの，抱き合わせ投票と包括的投票案件も，この質問形式の不備の問題が生じる．複数の争点の中に，好ましいものと好ましくないものが存在し，好ましい争点に対する民意の強さと，投票案件全体が成立した場合の利益とを比較衡量しなければならなくなる．

日本において，憲法９条の改正が問題となる場合，① パシフィズム（軍備の全面的放棄）の立場から９条を改正しない，② 現状維持で９条を改正しない（自衛権の範囲の軍備の肯定），③ ９条を改正して自衛権と自衛隊の保持の明記には賛成するが集団的自衛権の行使は否定，④ ９条を改正して集団的自衛権の行使及び海外派兵も可能にする，というように，多様な民意があるところ，憲法改正案を，９条２項の改正「前項の規定は自衛権の発動を妨げるものではない（自民党憲法改正案）」とした場合，当該憲法改正案の賛成意見は③と④を融合している．逆に，反対意見は，①と②を融合することになり，投票結果に対する評価，民意の読み取りを難しくする．

しかし，**選択肢を3つ以上にすると，意見聴取という点では優れているが，民意を集約して「決定」することが難しくなる．これは，「選択肢の数と意見集約のジレンマ」である．**

関連性に係る，より本質的な問題は，質問の仕方によって投票者の回答が異なるということである．これは，「熟議を経た民意を正確に測定する」という点で最も深刻な問題である．この問題は，説明文型の憲法改正国民投票及び，憲法問題国民投票に強く表れる．スペインの1986年国民投票のように，「NATO脱退に賛成するか」と問うか，「残留に賛成するか」と問うかによって，回答は異なるし，さらに，「政府が設定する条件の下で」と付加することによって，回答が異なってくる．ケベック及びスコットランド独立問題も「主権」「独立」「分離」という言葉の用い方と説明によって，投票者の回答も異なる［Tierney 2012：231］．イギリスの1975年国民投票は，「ECの残留」を問うものであるが，質問の仕方によって，EC問題に対する当時の民意は色々と変化した［Butler and Kitinzinger 1996：246-262］．これは，真の民意とは何か，という本質的な問題に関連する[3]．

以上の問題点は，特定方向に民意を誘導する作用もあることから，3．4の中立性にも関連する．

3．4　中　立　性

憲法改正国民投票において，「上から」の強いコントロール及びプレビシット的運用を抑制するためには，憲法改正案の中立性の維持という要請は重要である．文言や説明文が特定の結果に誘導するように設定されたり，ギリシアの2015年の国民投票のように，国民が十分に理解できない（逆に言うと，言いたいことを表明できない）投票案件を短い時間で判断させたりすることは，反EU，反ドイツという感情を利用することにつながり，結果誘導的な，まさしく，熟議の欠けた投票の原因となり得る［Sygkelos 2015］．また，抱き合わせ投票や複数の論点を含む包括的憲法改正案の作成も，特定の投票結果に誘導するために行われることが多い．このように，憲法改正案には，明確性と関連性に加えて，

3）賛否の二択方式よりも多肢選択方式の方が，民意を正確に反映できることから，市民の積極的な参加＝熟議への誘導という点で好ましいという見解もある．スコットランドの住民投票も，①独立，②独立反対（現状維持），③権限移譲の拡大という三択にすることで参加を拡大できる，ということになる［Tierney and Suteu 2013：7－8］．

結果に対する中立性も求められる［IDEA：54-55］.

3．5　憲法改正案の実体的限界――憲法の基本的価値の維持――

憲法改正案の作成において，最も警戒すべき点は憲法の基本的価値の後退である．国民投票によって，人権が削除されたり，合理的な理由のない人権の制約を助長したりするような規定が盛り込まれることは，抑制されなければならない．2007年コードⅢ．3は，投票案件は憲法等の上位の法規に反してはならないし，国際法及びヨーロッパ評議会における基本原則（民主主義・基本的人権の尊重・法の支配）に反してはならないとする．

新興国などの民主主義の基盤が脆弱な国家では，憲法改正国民投票のプレビシット的運用により，大統領への過度の権限集中，表現の自由等の人権侵害が発生する可能性があることから，2007年コードⅢ．1は，国民投票の運用における「法の支配」を強調している．この点は，日本の国民投票の運用においても十分な注意が必要である．改訂草案3．2．1は，行政部（大統領または首相）が議会が承認しない憲法改正案を国民投票に付すことには，憲法改正案に対する議論と審査を経ないというリスクがあることを強調する．これは，フィルターとしての議会の重要性を指摘するものである．

第4節　憲法改正案作成方式

4．1　憲法改正案作成方式

4．1．1　総論――オーストラリアの4つの方式――

本章第3節で取り上げた憲法改正案に係る問題点を解消または緩和するためには，争点を形成し憲法改正案を作成する方式（以下まとめて「憲法改正案作成方式」という．）を検討することが重要である．これらの方式によって，憲法改正手続の開始の周知，「たたき台」（憲法改正原案）の形成，憲法改正に係る熟議の最初の段階が開始される．この憲法改正案の作成は，首相・大統領・与党などのエリート・政治階層だけで行われることが多いが，国民を無視した憲法改正案の作成は，エリート・政治階層に対する強い反発を招き，否決票を導く可能性が高い（後述するNOバイアスが発生する）．

憲法改正案を作成し審議する方式は，大きく憲法改正原案（たたき台）の作成と議会審議という二つの段階に分けられるが，厳密にはこの二つが融合している場合もある．憲法改正原案の作成と審議を行う機関は，比較憲法的に分類すると，① 選挙で選出する憲法会議方式，② 任命による憲法会議方式，③ 議会が第三者機関（諮問機関）を設置して作成させる方式，④ 議会の合同委員会方式，⑤ イニシアティヴ方式，⑥ 市民議会方式，⑦ 首相・大統領が私的機関または個人に諮問する方式などがある．大統領主導型では，ド・ゴール，ピノチェットのように，⑧ 議論や審査を経ずに直接に国民投票に付する方式もある［Walker 2003：ch. 2］．その他としては，新憲法制定の場合は，政党や社会的なリーダーが参加する⑨ 円卓会議方式（roundtable）がある［Widner and Contiades 2013：62-63］．

本書は，上からの憲法改正国民投票，特に，議会多数派主導型の憲法改正国民投票の運用を分析することを目的としていることから，このタイプの憲法改正国民投票の豊富な経験を有する，オーストラリアの憲法改正案作成方式が，参考になる．これは，上記の比較憲法的分類に照らすと，①～④の方式に該当する．オーストラリアは，憲法改正国民投票の成立率が低く，それを克服するために，年代順に，議会内の委員会による方式（4．1．2），任命委員による憲法会議方式（4．1．3），第三者による憲法委員会方式（4．1．4），選挙で選出された議員を含む憲法会議方式（4．1．5），という4つの方式を実施している．発議段階における国民の参加と熟議という点から，これらの方式の運用を概観して，各方式の機能と問題点を論じ，その後に，改訂草案が推奨する市民議会方式（4．2）を検討する[4]．

4．1．2　議会内の委員会による方式

1956年から1959年にかけて議会に合同憲法委員会（The Joint Commission on Constitutional Review）が設置され，全ての主要政党から委員が任命された．同委員会は，憲法全般にわたって包括的な審議を行い，その最終報告書は各方面から好意的に評価されたが，その報告書の中で，「上院を下院の2分の1の規模にする」という案が 1967 年に国民投票に付されたものの，不成立（賛成率 40.25%）に終わった．

4）以下の記述は，［Williams and Hume 2010；Tierney 2012；浅川 2004；関根 1993；吉川 2005］を参照した．

発議権を有する議会内の審議であることから，比較的容易に，審議内容を憲法改正案作成と発議に結びつけることが可能であり，多くの憲法改正案が検討され，特定の問題に対して集中的な審議がなされることもあった．しかしながら，多くの場合，審議において党派性を脱することが難しく，選挙によって議員の構成も変わることから，短期的な関心に基づく近視眼的な改正案の審議になり易い．この方式は，現行の日本の憲法審査会に近い．

政党のラインで議決されることが多く，妥協によって成立することは少なかった．

4．1．3　任命委員による憲法会議方式

1973年から1985年までの長期にわたって，オーストラリア憲法会議（The Australia Constitutional Convention）が設置され，改正案が審議された．この憲法会議は，連邦議会議員16名，州議会議員72名，地方政府代表20名，首都特別地域議会議員２名，北部準州議会議員２名の合計112名から構成される．連邦議員は，与野党同数であり，州の議員も与野党のバランスに配慮されていた．

この憲法会議の目的は，憲法改正が必要な分野を明らかにし，憲法改正案に関して，各政党・政府間でコンセンサス形成を行うことであった．コンセンサス形成が主たる目的であったので，メンバーの構成に見られるように，重要意見が全て表明されることが重視され，憲法会議の決議・勧告は，連邦政府に対して助言的意味しか持たなかった．

憲法会議では，長期間の議論がなされ，130項目にわたる勧告がなされたにもかかわらず，結局，３つの憲法改正案が1977年の国民投票（全部で４件）に付されて終わった．この憲法改正案は，① 先住民に対して国民投票の権利を付与すること，② 連邦判事の退職年齢の設定，③ 上下院の同日選挙であり，①と② が成立した．

改正案の作成と国民投票の結果が期待はずれに終わった原因は，連邦政府が議論に積極的に参加しなかったこと，途中から会議の議論が政党色の強いものになっていったこと等を挙げることができる．勧告に強制力がない点の影響も大きい．しかしながら，① オーストラリアの全てのレベルの与野党の議員が公開の場で，長期にわたって憲法問題を議論したこと，② 多くの憲法改正の論点を明らかにしたこと，③ 憲法問題について議員を啓発したこと，④ 憲法改正には至らなかったが，会議の勧告に基づいて法律レベルの改正がなされ

たこと，⑤これまで漠然としていた憲法慣習を明確にしたこと，といった成果を上げたと評価することができる．

4．1．4　第三者による憲法委員会方式

その後，連邦政府は，憲法改正の必要性を認識しつつも，任命による憲法会議方式が十分な成果を上げることができなかったことに対する反省から，憲法委員会による勧告方式によって，憲法改正を行うことを目指した．1985年には，連邦の元首相のウィットラムを含む，6人の著名な法律家から構成される憲法委員会（Constitutional Commission）が設置された．この憲法委員会は，上述の憲法会議への批判に配慮して，「政治性の排除」「連邦的要素の排除（州の影響力の排除）」を標榜していた．同委員会は，これまでの憲法改正の議論を踏まえて，様々な角度から検討を行うとともに，一般市民や各種団体など多方面からの意見を募り，全国各地で数多くの公聴会を実施した．また，憲法を説明するテキスト，争点を説明する文書等も多数発行し，国民の啓蒙活動にも力を入れた．そして，1988年6月には，包括的で，現在においても十分な価値のある，最終報告書を提出した．しかしながら，中間報告書（1987年4月提出）に基づいて提案された，1988年9月の4つの国民投票は，国民全体の賛成も州の賛成も得られることがなく，否決された．この内の3つは過去最低の賛成率であった．

この1985年の憲法委員会の審議と国民投票の失敗は，どのような点に問題があったのであろうか．第一の問題は，委員の人選である．委員は，社会的な功績を積んだ者であったが，「労働党寄り」の人物であるという批判を招いた．第二は，国民が最終報告書を理解し，十分な議論を行う間もない内に，国民投票が実施されたことである．この憲法委員会方式は，任命制の長所と短所を浮き彫りにしたということもできる．任命制は，選挙方式に比較すると，低費用であり，任命者の意に沿った人材が効率的に行動する点を期待できるというメリットがある．しかし，一方で，選ばれた人材は社会的なエリートであり，かつ，その任命には党派性があることは否定できない．1985年に設立された憲法委員会は，この党派性に対する批判を払拭するために，公聴会を実施し，多くの団体からの意見聴取を積極的に行ったが，不十分であった．

4．1．5　選挙で選出された議員を含む憲法会議方式

オーストラリアの1999年「共和制移行」の国民投票では，選挙で選出された

議員を含む憲法会議方式（Constitutional Convention）が採用された．この憲法会議は，1998年に政府によって任命された委員（76名）と選挙で選出された委員（76名）の合計152名から構成され，首都キャンベラで10日間開催された．任命委員の半数は，人種・年齢層・地域など様々な階層から選出されるように配慮されている．また，男女は19名ずつ任命されている．残り半数は，議会代表委員であり，こちらは，連邦議会両院の政党の議席数に比例して選出されている．選挙区は，上院選挙と同じく州と準州を単位とし，連邦議会両院の議席数に比例して委員数が配分された．

この方式のメリットとしては，憲法会議の委員選出，同会議における審議，最終的な改正案の議決といったプロセスが，議論の熟成の度合いを高めた点を指摘できる．また，そのプロセスは国民の関心を高め，改正案に民意が反映されていることから，改正案に正統性を付与したということができる．

一方で，最終的に改正案とされた内容は，「連邦議会の3分の2の賛成で大統領を選出する」というもので，国民の多くが望んでいた「共和制の大統領を選挙で選出する」という形とは，大きく異なるものであった［Galligan 2001：120-122］．これは，議決方法に問題があったことから，関連性のない憲法改正案が作成されたと評価されている．その他のデメリットとしては，選挙によって選出された委員は，必ずしも，共和制移行という争点を熟知していた訳ではない，という点と，委員が党の選挙公約に拘束されることから，交渉能力を十分に発揮できない，という点を挙げることができる．政府任命委員は，その選出にあたって，国内の多様な階層の見解を反映するように配慮されていて，多数支配型の選挙による民意反映の限界を補うものであると，評価できる．しかしながら，政府任命委員の内の議会代表委員と選挙選出委員を併せると，全体の4分の3が，政党色を有する委員で構成されることは，議会の上に議会を重ねるという意味で，「屋上屋を重ねる」ことにならないか，という根本的な疑問が生じる．また，直近の国政選挙で示された民意との関係（同じレベルの民意が示された可能性），逆に，国政選挙から一定時間が経過してから選出された場合の民意との関係（民意とのズレが生じる）といった点を考慮すると，「なぜ，議会を二つ作る必要があるのか」という疑問が生じるであろう．ただし，実際の選挙では，政党ではなく，憲法改正を主張するいくつかのグループが前面に出ていたことから，政党色は，多少は後退していた．

しかしながら，共和制移行という，実質的に新憲法制定に近いレベルの改正内容を考慮すると，問題点を含みながらも，敢えて「憲法会議」という方式を採用することには十分な意義があったと評価することもできる．さらには，憲法問題は，議会選挙の争点となりにくい，という点を考慮すると，重要な憲法問題をこのような方式で審議することには，一定の意義があると思われる．なお，1999年国民投票の投票案件は，「共和制への移行」と「前文の改訂」で，ともに，賛成率 45.13%，39.34%（州の賛成は6州中0）と否決された．

4．1．6　オーストラリア方式の評価

オーストラリアは憲法改正国民投票の成立が困難であることから，様々な方式で意見集約・コンセンサス形成を行おうとしている．しかしながら，どのような方式をとっても「党派性」を排除することが難しく，逆に，国内の各層を憲法改正の議論に参加させることは，意見集約を難しくさせる，というジレンマを抱えることになる．しかし，1999年の任命＋選挙という憲法会議の構成は，「公平らしく」見えることから，憲法改正案作成段階における熟議の一つの方法として，日本の憲法改正手続においても参考になると思われる．なお，選挙で選出されるアメリカの州レベル憲法制定会議のように，選挙のみの代議員は，党派性が強くなることが予想されるから，オーストラリア方式のようなハイブリッド方式の運用は参考になると思われる[5)]．

4．2　市民議会

改訂草案3．2．3は，第一段階における国民の熟議の場として，一般市民が改正案の内容について議論する市民議会（Citizens Assembly）の活用を提案する．市民議会を国民投票の初期の段階で実施することは，証拠に基づく合理的な議論を導き，市民の議論を国民投票運動の中核に置くことによって社会の分極化を回避することができるとする[6)]．

市民議会の典型例として，アイルランドは，2012年に66名の一般市民と，政党から任命された33名の議員＋議長1名の100名からなる憲法会議（Constitutional Convention）を設置し，8項目にわたる国政の重要問題を9回に分けて議論した．

5）アメリカの州の憲法制定会議の概要については，Tarr and Williams［2006：197-199］を参照されたい．

6）過去の市民議会の事例を説明する文献としてRenwick and Hazell［2017：Table1.1］を参照されたい．

この結果は，同性婚の承認という形で勧告され，国民投票が実施され成立した（62.1％の賛成）．続いて，2015年には，アイルランド市民議会（Ireland Citizen's Assembly）が設置された．この市民議会は，国内各層の一般市民から構成され，2017年４月までに５回の会合を重ねて，中絶条項（中絶に厳格な制限を課す規定）の廃止を勧告した．同市民議会は，国民投票実施の１か月前にも開催され，最終的な情報提供にも役立っている．アイルランドでは，市民議会がこのような懸案を議論して情報を提供する場所として，大きな役割を演じている，と評価されている［Elkink et al. 2017：３－４；独立委員会レポート：Box７．２］．

また，カナダのブリティッシュコロンビア州とオンタリオ州では，2005年前後に，選挙改革についての市民議会（それぞれ140名と103名の一般市民＋議長から構成される）が開催された．12回にわたる会合は，① 学習段階，② 公聴会段階，③ 熟議段階というように３つの段階に分けられて，熟議に誘導するように設定されている．結局，ブリティッシュコロンビアはSTV（単記移譲式投票）を，オンタリオはMMP（選挙区比例代表連用制）を勧告して，それぞれ住民投票に付される．前者は，58％の賛成ながら60％という特別多数の成立要件のために否決される．後者は，37％の賛成で否決される．この二つの違いは，市民議会への信頼度，その構成と議論の内容に対する認知度，メディアの取り上げ方の差にあると指摘されている［LeDuc 2011］．また，市民議会の認知度が上がれば上がるほど，その勧告の信頼度が向上するという指摘もある［独立委員会レポート：Box７．２］．

このように，市民議会は，争点を政党や個人の社会的な属性から切り離して，深く考える機会を与える点は高く評価できる．ただし，オンタリオ州の例に見るように，市民議会の議論が，社会全体にコピーされるわけではない点に留意する必要がある．しかし，市民議会は，憲法改正案作成における有効なフィルターとして機能し，国民投票運動の展開に対して，積極的な作用を与えることに留意すべきであることから，国民投票の実施国の間でこの方式が今後発展する可能性がある［独立委員会レポート：７．19］．

ティアニーは，ミクロレベル（市民議会等）での熟議が，マクロレベル（国民投票運動での国民全体レベル）での熟議につながらない場合がある点を指摘する．学習・情報提供などの熟議の条件を整えると，少ない人数でしか熟議はできず，人数を多くすると熟議の条件が整わないとする（規模のジレンマ）．そして，一方で，市民議会のようなミクロレベルが国民投票運動での議論の拡散の役割を担うことを提案する［Tierney 2012：216-220］.

独立委員会レポートは，市民議会が有効に機能するための条件として，次のような構成原理を提案する［独立委員会レポート：Box 7．4］.

① 構成員を社会全体から無作為に選出すること.
② 全員が参加し議論が円滑に進行するように専門家でかつ有能な司会者が運営すること.
③ 他の構成員との議論と交流及び専門家の説明等から多様な専門知識を得ること.
④ 議論の進行，資料の提出，専門家の意見開陳等において公平性を保つこと.
⑤ 質の高い議論をするために一定の時間が必要であること.

これらの条件を満たす市民議会が，前述の通りの対話的熟議の要素（第Ⅰ部第2章2．3．1）を含み，熟議の制度的抑制要因であるところの，「多数決による決定の強制と反発」及び「ロブスタートラップの発生」を抑制することが期待される．**しかし，この条件が満たされるとしても，その熟議の結果が，社会全体に伝達され，マクロの熟議を促すかどうかは，明らかではない．上述の通りの規模のジレンマの解消は大きな問題となる**．なお，市民議会における熟議が，国民投票運動段階の情報流通の問題点の解決策になるか，という点については後述する（第Ⅱ部第2章6．2．4）.

4．3　憲法改正案の審査機関

憲法改正案が，明確性と関連性を欠いたり，あるいは憲法改正の限界を超えたりする場合に，それを是正する機関を設置することも一つのフィルターとして機能する．その方式は，① 議会が審査する方式，② 独立した第三者機関が審査する方式，③ 裁判所が審査する方式である.

①の議会が審査する方式は，スイス憲法が一つの典型である．連邦議会は，国民が提案したイニシアティヴを，形式的統一性，主題の統一性（内容的統一性），国際法の強行規定に反するとして，その全部または一部を無効とすることができる．また，不文のルールとして，執行可能性のない憲法改正案，民主主義及び法の支配といった，基本原理を侵害する憲法改正案は，連邦議会によって無効とされる．この審査は，「上＝政府・議会」と対立する「下＝国民」の提案するイニシアティヴに対して，「目に余る」レベルの原則違反をチェックする

というものである［Christmann 2012：88-93；Heussner and Jung 2011b：118；Kaufmann and Waters 2004：119］.

日本のような議会多数派主導型の憲法改正国民投票では，議会における憲法改正案の審議の際に，明確性と関連性，さらには憲法改正の限界について，議論されることが想定される．前述のように，改訂草案は，議会における審査の重要性を説いているところ，議会内の多数派が発議することから，これらが十分に議論され，必要に応じて憲法改正案が修正・撤回されるかどうかは，憲法または国民投票法において改正案作成のためのルールを明示すること，メディアが審議内容について監視し，必要な報道を行うことに左右される．

②の第三者が審査する方式は，①の議会審議の限界を補うものとして，公平で，議会から独立した第三者に憲法改正案の審議を委ねる．イギリスの選挙委員会（Electoral Commission）が，その典型である．実際，2011年スコットランド独立の国民投票では，投票案件の修正が勧告された［Tierney 2016a：63］．改訂草案は，近時のギリシアの国民投票に見るように，文言操作が行われる可能性が高いことから，独立公正な機関による厳格な審査を推奨している［改訂草案：4．6］.

③の裁判所が投票案件を審査する場合もある．アメリカの裁判所は，シングルサブジェクトルールに反するかどうかを審査する．イタリアの憲法裁判所は，国民投票（国の法律に対する廃止的国民投票）の請求の適法性を審査する権限を有し，投票案件の除外事項の該当性について広い裁量権を行使している［Cotta and Verzichelli 2007：250-252］．これらの国では，裁判所の審査の厳格さによって，発議の可能性が変化することから，裁判所の役割は大きい．

第5節　発 議 要 件

発議要件は，国民投票の開始を決定するという意味で，第一段階の最後のフィルターとなっている．ここでも，熟議を経た争点投票の実現＝成功した国民投票という視点で，その機能を考察する必要がある．上からの国民投票の二つの形態である，大統領主導型国民投票と議会多数派主導型国民投票では，フィルターとしての発議要件の作用が異なる．

フランス憲法11条の国民投票は，ド・ゴール時代には，ほぼフリーハンドで国民投票の実施が可能であり，議会審議というフィルターが機能していなかった［Walker 2003：19-43］．しかし，国民投票の否決はブーメランとして跳ね返ってくることから，フランスのような国民投票の経験豊富な国民に対しては，慎重に発議する必要がある．特に，政権末期や国政選挙が直近にない時期には，政府に対する不満が出ることから，このタイプの国民投票は，必ずしもフリーハンドで行使されるというわけではない．2005年のフランスの欧州憲法条約批准の国民投票は，シラク大統領の政権末期で，政権に対する不満が出て否決された例に該当する［Hobolt 2009：207-215］．

議会多数派主導型の国民投票においては，オーストラリア（両院の過半数）・アイルランド（実質下院の過半数）のように，政権与党は時宜に応じて，いつでも憲法改正国民投票を実施することができる．しかし，**発議の容易さと憲法改正案の成立は全く別のものであり，憲法改正案の内容に国民が納得するものでない限り，成立するものではない**．このために，上述の通りの憲法改正案の作成方式を模索することになるのである．

日本のように発議要件が厳格な場合は，発議自体が困難であり，発議は政党の配置状況に大きな影響を受ける．発議が可能な状況として，① 両院の３分の２を占める単独の巨大な与党の存在，② オーストリアのように，安定した二大政党による連立政権，③ 見解はやや異なるが協議が可能な政党による連立政権などが想定されるところ，日本の現状は③に近い．この場合は，仮に発議が可能であるとしても，発議のための妥協が行われ，明確性と関連性に欠ける憲法改正案が登場する可能性がある．また，発議要件の厳格さは，成立の困難さと同様に，憲法改正回避現象を発生させる可能性がある．

以上より，発議の容易さは不十分な議会審議（フィルターとしての議会の機能不全）を招く可能性があり，プレビシット的運用の危険性を指摘できる．しかし，フランス・オーストラリア・アイルランド・イタリアの運用を見る限り，国民投票の経験が豊富な国民に対しては，明確性と関連性を備えた憲法改正案の提案と，国民投票運動における説得が重要であり，審議不十分な憲法改正案と発議手続の違法性・不当性は，国民の反発を招くことから，提案する議会には慎重な発議の必要性が，ある程度認識されていると思われる．その意味では，仮に議会の単純多数決という発議要件を設置した場合は，第一段階と第二段階で，他に熟議の誘導のためのフィルターを付すという制度設計が重要となる．

第2章　国民投票運動（第二段階）

第1節　国民投票運動総論

1．1　国民投票運動の運用原則と実証的研究

国民投票総論で論じた，国民投票運動に関連する運用上の基本原則は，②国民投票の過程における自由な情報の発信と流通の保障（情報発信・流通の自由），③賛否の主張のバランスが取れて，かつ質の高い情報の流通の保障（情報の質的保障），④国民投票運動に誰でも参加し情報を発信できるようにすること（平等な参加），⑤国民投票の過程は公開され透明であること（公開性・透明性），⑥国民投票の過程は賛否両陣営に対して中立であること（中立性・公平性）である．

これらの基本原則が実際の国民投票の運用においてどのような意味を持つのか，特に，目標とする，熟議を経た民意の正確な反映＝争点投票は実際に行われるのか，行われない場合その原因は何であるのか，熟議を経た争点投票を実現するためにはどのような条件が必要であるのかという点は，実施国の運用実態及び国民投票における投票行動論等の実証的な研究を参照して，検討する必要がある[1)]．これらの投票者の能力の実証的な研究によって，情報の取得と理解の態様を知ることができる．

1．2　ザラー（Zaller）のRASモデル

熟議による憲法改正国民投票の実現のためには，国民投票運動において，個人がどのようにして争点についての情報を理解するのか，という点，すなわち，情報理解の態様が重要である．国民投票運動における情報の受容と理解につい

1）国民投票における投票行動の実証的な研究は，古典的アプローチ，新アプローチ，混合アプローチの3つに分類される［Sciarini 2018］．

ては，ザラー（Zaller）が示す４つの公理を前提とした研究が，有益な視点を提供する[2)]．ザラーは，意見形成の過程は，情報と先有傾向（predisposition：個人が投票前に有する傾向）との相互作用であるとする［Zaller 1992］．

Zallerの４つの公理

①受容（reception）　投票者が争点を認識するレベルが高ければ高いほど，投票者は争点に係る政治的メッセージに触れたり，または受け入れたりする可能性が高くなる．つまり，政治意識が高くなればなるほど，エリート・政治階層が提供するメッセージを受け取る傾向にある．

②抵抗（resistance）　投票者は自己の先有傾向と一致しない主張を受け入れない傾向にあるが，その程度は，当該主張が示すメッセージと先有傾向の関係を認識するのに必要な情報（context information）をどの程度理解しているかに依存する．

この受容公理と抵抗公理を合わせると，「政治に対する関心が高い人ほど，自分の先有傾向に一致しない説得に抵抗することになり，逆に，政治的関心が低い人ほど，説得の意味を知らずに，誤って受容することがよくある．」ことになる．

③アクセス可能性（accessibility）　ある見解を思い出したり，それについて考えたりした経験が，現在の思考と時間的に接近していればいるほど，それを思い出すのに費やす時間は少なくなる．つまり，聞いたばかり，考えたばかりだと，そのことをすぐに思い出す．このために直前の情報提供が重要になる．

④反応（response）　個人は，調査で求められる質問について，最初に頭に思い浮かんだ考慮要素で回答する．この考慮要素は，個人によって異なり，思想的な関心によるもの，直観によるもの，好き嫌いのレベルで回答するものなど多様である［Zaller 1992：49］．

ザラーは，この４つの公理から，意見形成モデル（Receive-Accept-Sample Model）を提示する．このRASモデルによれば，個人は様々な情報が流通する政治的な環境の下（投票者を説得し投票の手掛かりを与える場の中）で，情報を獲得して，その情報を回答に変換する．このような過程では，個人は新しい情報を

2）国民投票の投票行動の研究においては，本書で参照するBevern［2009］，Hobolt［2009］，LeDuc［2003］，Kriesi［2008］等の多くの文献がザラーの研究を基礎としている．

受け取り（receive），それを承認（accept）するかどうかを決定し，その後に，質問に対する回答例として利用する（sample）［Zaller 1992：51］．

1．3　争点投票の可能性──NOバイアスとその原因（LeDuc）──

1．3．1　先有傾向と国民投票運動の関係

ル・デュック（LeDuc）は，ザラーの意見形成モデルを採用して，国民投票における意見形成は，先有傾向と情報の相関関係にあり，国民投票運動は，国民に強い先有傾向がある場合（本書では，以下「タイプA」という．）と先有傾向がない場合（以下「タイプB」という．）に分けることができる，とする．ここで，国民投票における先有傾向とは，①社会の亀裂（ケベック・スコットランドにおける分離への熱意など），②思想，③強い信念（宗教を含む），④支持政党の意見，⑤当該争点に対する所属団体の支援，⑥特定の政治家への支持，を指す［LeDuc 2007a：24-27；LeDuc 2009：140-146］．

タイプA（先有傾向あり）では，投票案件に対する賛否の決定は，投票者にとっては容易であり，かつ早期に決定される．このように，投票者が強い先有傾向を有し，それが単に国民投票運動で補強される場合は，国民投票は選挙の特徴を示すようになり，そこでは，投票者の支持政党や思想が，投票に決定的な影響を与える．タイプAの国民投票運動では，争点が政治的な議論の対象としてよく知られたものであるか，政党が明確な立場を示しているものであることから，賛否の決定は容易であり，かつ国民投票運動の早い時期に決定される．また，投票案件に対する賛否の割合は，かなり固定され，急落や逆転が起きる可能性は低い．この場合，投票者は，政党・思想・政治的リーダーの発言を強い手掛かりとすることができる．このタイプAで国民投票が成立するかどうかは，少数の未決定の投票者を取り込むかどうかに左右される．このタイプAの典型例は，ケベック1995年「主権確立」の住民投票・デンマーク2000年「ユーロ参加」の国民投票・スウェーデン2003年「ユーロ参加」の国民投票である［LeDuc 2009：143-152］．

一方，タイプB（先有傾向なし）では，政党が内部分裂していたり，争点の思想的背景が不明であったり，投票案件に，新しい争点またはよく知らない争点が含まれたりすると，国民投票運動における論争から投票者は多くの情報を得るようになる．タイプBの国民投票では，投票案件の作成，国民投票の実施時期の決定などでエリートが主導的な役割を果たしていることから，国民投票運

動の当初は，投票案件に対する支持が高いが，進行と共に，投票者が投票案件に対する情報を獲得するようになると，エリートに対する反発が生じ，短い国民投票運動期間に急激な世論の逆転が見られる[3)]．この例として，2005年フランスとオランダのEU憲法批准のための国民投票，カナダ1992年の憲法改正国民投票，オーストラリアの1988年国民投票がある［LeDuc 2009：151-153］．

1．3．2　NOバイアスとその要因

ル・デュックは，ザラーの意見形成モデルを1986年から2006年の20年間で行われた欧州とカナダ12か国（スイス・イタリアを除く主要実施国の国民投票）の39件の国民投票の分析に用いる［LeDuc 2009：154］．

まず，賛成多数として国民に承認された国民投票は，21件である．ここから，上からの国民投票は，必ずしも，エリート・政治階層によってコントロールされるわけではないという事実を導くことができる．また，上記39件中で，国民投票開始から終了まで世論調査を利用できる国民投票20件は，①国民投票運動の進行に伴って，反対意見（票）が大きく増加する例（「大幅な反対意見の増加」）が10件，②やや反対意見が増加する例４件（「反対意見の控えめな増加」），③賛成意見が増える例６件（「賛成意見の増加」）と，というように，３つのパターンに分類される．このように，一般論でいうと，国民投票運動の進行に伴って反対票が増える傾向が観察され，本書ではこれを「NOバイアス」という[4)]．以下では，このようなパターンが形成される原因をル・デュックの分析の枠組みに従って検討する［LeDuc 2009：154-158］．

（１）政権に対する評価（国民投票の二次的効果）

国民投票では，争点を首相・大統領の不人気に結び付けたり，政府に対する信任投票になったりすることが多い．不景気などの国内の経済状況を国民投票に結び付ける戦術もこれにあたる．これらは，投票案件に反対する陣営の一つの有効な戦術である．この戦術が功を奏した場合，投票案件に対する賛否以外の，国民投票の二次的効果（second-order effects）が示されたと評価できる[5)]．

3）ル・デュックは，国民投票運動期間の世論のパターンとして，①世論形成型，②世論逆転型，③世論上昇型の３種があるとする［LeDuc 2002：158-161］．

4）このようなル・デュックの主張を，「NOバイアス」と評した文献としてKissane［2009：31］がある．ただし，ル・デュック自身は，Negative Biasという用語を使う［LeDuc 2007b］．

（2）エリートによるコントロールへの批判

エリートによるコントロールが批判の対象となることがある．すなわち，反対陣営は，当該国民投票には「人民vsエリート」という構図があることを示すことによって，反対票を掘り起こす戦術を採用することがある．カナダ1992年の国民投票は一つの典型である．短期間で決定された包括的憲法改正案に対して，三大政党の支持を取り付けたことから，当初は高い支持があったが，エリートへの反感から少しずつ反対が増加した．この点，国民投票はエリートに対する反感を示す，数少ない機会として，国民にとらえられていることがわかる[6]．同様の例は，ウェールズ「権限移譲」（1997年）の国民投票[7]，当初の支持を大幅に減らした1994年のデンマーク，フランス，アイルランドのマーストリヒト条約批准の国民投票に見られる．また，オーストラリアの憲法改正国民投票一般に観察することができる［Galligan 2001：122］．

（3）政党の分裂

争点を巡って，与党内部が対立しそれを修復するために実施されることが少なくない．イギリス1975年「EC残留」・2016年「EU離脱」が典型例である．一方，対立する政党の分裂を際立たせるために実施する例として，フランスの2005年の国民投票がある．同国民投票は，EU憲法の批准を巡って，左翼全体が対立していることを浮き彫りにするために実施されている．いずれにせよ，政党の分裂は投票者に「支持政党」という，有力な投票の手掛かりを提供しないことから，激しい国民投票運動が展開される要因となる．

（4）争点が特定の思想と結びつかない

憲法問題（特に統治機構），安全保障問題といった争点は，有権者の思想が投票の決め手になる可能性が低い．このために，これらの投票案件は，左右の政治勢力から，同時に攻撃される可能性を秘めている．EU憲法及びユーロ導入は，国民投票運動において，「右」からは主権を脅威にさらすと批判され，「左」からは福祉国家を破壊するものである，という批判がなされる．反対する陣営は，

5）ホボルトは，欧州憲法条約批准についての国民投票の多くが二次的効果を示すという見解と，争点投票を行っているという見解を比較する［Hobolt 2009：29-31］．

6）ギャリガンは，国民の広い支持がなければ憲法改正国民投票は成立しないとし，エリートの熱意と国民の支持の乖離を指摘する［Galligan 2001：123］．

7）ただし，ウェールズ1997年国民投票に反エリート的要因が作用したことは，他の文献（例えばDeacon［2012］，Jones and Scully［2012］）では，確認できない．

一貫した主張をする必要がないのであるから，このような思想性の薄い投票案件は，様々な方向からの批判を受けやすく，国民投票運動の進行に伴って，反対意見が増加する可能性を秘めている．

なお，安全保障問題は，基本的に思想に関係ないはずであるが，日本では「左」は自衛隊廃止または縮小，「右」は防衛力強化という図式ができているので，必ずしも，この分析に当てはまらないと思われる．

（5）包括的投票案件

EU憲法批准の国民投票及びカナダの1992年憲法改正国民投票のように，多くの争点を含む包括的な投票案件の場合も，反対陣営の批判を招きやすい．こうした投票案件に対しては，一方で，包括的であると批判し，他方で特定の争点を取り出して批判することが可能である．他方，包括的であるということは，「形式的統一性」「内容的統一性」という原則に違反し，民意が正確に反映されない，という批判もなされる．また，有権者の側から見ると，十分に情報を取り込むことができない，という不満も生じる．例えば，フランス2005年国民投票では，EU憲法のパンフレットは500ページであり，そのこと自体が国民を軽視している，というエリートに対する批判にもなる．

（6）論点のすり替え

国民投票運動の進行中に，投票案件に示された論点が，全く別のものにすり替わることがよくある．上述の通り，ケベック1980年の住民投票は，「ケベック政府に，（再度の住民投票を条件として）カナダ政府と主権についての合意をするための交渉を行う権限を与えるか」という内容であった．ところが，住民投票運動の進行に伴い，投票案件には全く記載されていないにもかかわらず，反対陣営は，「更新された連邦主義（renewed federalism）」の是非という論点を持ち出すことに成功し，「主権獲得のための交渉の是非」という本来の論点がすり替えられてしまう．住民投票運動の開始当初は，50％を超える支持を獲得し，また，内容も長文の投票案件ながら民意に沿うものであって，「必勝の形（winning formula）」であるとみられていたが，最終的には，反対が6割を超えて否決されてしまった．ただし，この住民投票では，実施発表直後及び住民投票運動開始直後に5割が態度を決定しており，最終週での未決定はわずか5％であった［LeDuc 2003：104-108］．

論点のすり替えの他の例として，2005年のフランスとオランダの「EU憲法批准」の国民投票では，憲法にほとんど関係のない，移民・トルコの加盟が争点として大きく取り上げられた[LeDuc 2007:39]．イギリス2011年「選択投票制」の国民投票では，反対派が，新しい選挙制度にすると，自動投票機（voting machines）の導入に２億５千ポンド（250million £）の経費が必要であると主張した．この数字は必ずしも正確ではないが,「多額の支出を容認できるか」という，争点にすり替えることに成功し，提唱者（連立のパートナーの自由民主党の党首ニック・クレッグ）の不人気に焦点を当てる戦術が効果的であったこともあって，否決に持ち込んでいる（投票率42.9％で反対票は67.9％）．国民投票の実施前の2010年１月には，賛成６割，反対３割であったので，論点のすり替えが結果に大きな影響を与えたということができる［Qvortrup 2013：121-123］．イタリア2016年及びイギリス2016年国民投票の論点のすり換えについては１．５で詳述する．

（７）投票率

高い投票率は国民の関心の高さを表し，情報の取得と理解のレベルの高さを示す．あるいは政党・労組などによる国民投票の動員の成功を表す．上からの国民投票でも，少ない例ではあるが，重要な投票案件に対して国民が強く反応するという投票行動が示される場合（選択的投票）がある．実例としては，カナダの３つの国民（住民）投票（1980年・1992年・1995年）は，86％，75％，94％を示し，選択的投票の発生を示している．ただし，高い投票率は，賛成票または反対票のどちらかに結び付くものではなく，僅差を示すものもあり，その数字自体は，結果に対して中立的であると思われる．一方，低い投票率の場合も，国民の関心が低いもの（フランスのミッテランの国民投票），国民には特に反対意見がないもの（アイルランドの死刑廃止），賛成多数が確定していて投票に行く必要性を感じないもの（スペインのEU憲法批准），国民の関心が低く国民投票運動も十分に行われなかったもの（アイルランドの第１回ニース条約批准），というように，様々な例がある．**しかし，注目すべきことは，熟議がなされず，重要な問題が成立したという例はほとんどない，という点である**．これは，後述する，「偽りの多数」（false majority）は，ほとんど発生しないということでもある．逆に，重要な問題でも，メディアの報道も不十分で盛り上がらず，否決されることはある．

（８）投票者の低い情報レベル

少数の例外（タイプＡ：投票者に先有傾向あり）を除いて，投票者は，国民投票運動の開始時には，弱い先有傾向を有し情報レベルは低い．国民投票運動の進行に伴って，投票に近づく時期に賛否の決定に必要な情報を得る．このため，世論調査は，国民投票運動の最終週でも４分の１から３分の１が投票案件に対する賛否が未定であり，この最終週のうちに決定したことを示す．

投票者は，情報獲得のコストを減らすために，ショートカット（shortcut 情報を手早く獲得する方法）を用いる［Hobolt 2009：138-139；Lupia and McCubbins 1998］．ショートカットは，難解な投票案件，包括的な投票案件の際には有効である．ただし，このショートカットは，投票案件に対する議論を妨げる方向で機能することもある．カナダ1992年国民投票の反対陣営の用いたスローガン「Know More」は，不十分な情報提供に対する批判であり，改正される憲法の内容についての情報獲得を促すものであったが，「No More」と聞こえることから,「エリートが作った憲法の枠組みに対して拒否権を行使しよう．」という，メッセージを提供することになった［Levy 2013：555］．

１．３．３　NOバイアスへの危惧

ル・デュックは，このように，上からの国民投票においては，国民投票運動開始当初は成立が確実視されていた投票案件も，短期間の激しいネガティヴキャンペーンにさらされて，否決されることもある，とする．また，国民投票の後に実施される世論調査で一番多い苦情は，情報が不十分であるということであり，そのことからわかるように，複雑で包括的な憲法改正案が投票案件になるときは，政府からの不十分な情報提供も「争点隠し」との批判を浴び，反対票を呼び込むことになる［LeDuc 2009：158］．

ル・デュックは，こうした国民投票運動におけるNOバイアスを憂慮して，次のように言う［LeDuc 2007：42］．

> 「このこと（NOバイアス）は，国民投票運動において，国民が熟議できるのか，直接民主制はある種の政治問題を完全に解決できるのか，という点についての深刻な疑問を提起する．ヨーロッパにおける民主主義の欠陥を解決する方策として，重要な問題を国民投票の形で国民に託すことも十分な理由がある．しかし，複雑な争点が現代の激しい国民投票の激流に投げ込まれるとき，国民投票の結果は人民の意思を最も正確に反映したものになる，ということをほとんど保障しないであろう．」

1．4　争点投票のための条件（Hobolt）

以上のように，ル・デュックは国民投票において熟議がなされない事例を挙げその原因を分析しているが，一方で，タイプAのように，ある程度争点を理解して投票する場合の存在も認めている．そこで，争点投票が行われている実例とその条件を考察する研究を取り上げたい．

ホボルト（Hobolt）は，ザラーのRASモデルを前提として，欧州統合のための国民投票を対象として，「投票者が当該争点に関する選好に基づいて決定を行う」という，「争点投票」の実現とその条件を示す．この分析手法は，争点に対する熟議による投票を「成功した国民投票」と捉える本書の立場と軌を一にするものである．

1．4．1　争点投票と情報

ホボルトによれば，理想的な争点投票においては，投票者は，① 投票案件（ballot proposition）と② 反転ポイント（reversion point：否決された場合の未来の状態）を比較衡量して，自己の選好または先有傾向（これを③ 理想ポイント（ideal point）という．）に近い方を選択する［Hobolt 2009：45-46］．なお，ここでの投票案件は，争点が単独の投票案件＝憲法改正案を想定している．

投票者が，上記のように投票案件と反転ポイントを理解して「争点投票をする能力」を発揮するためには，情報が必要となる．投票案件と反転ポイントに対する完全な情報を取得する必要はないが，争点と自分の選好または先有傾向（理想ポイント）を結びつける情報が必要となる．政治に関心が高く十分な理解力のある投票者がいる一方で，一般の市民は，政治に対する知識が乏しく，欧州統合のような問題についてはさらに知識のレベルが低い．しかし，この知識のレベルの低さは克服することができる．ル・デュックの指摘の通り，ショートカットや，ヒューリスティックといった情報を節約する「手掛かり（voting cue）」を活用することによって，争点に対する詳しい情報がなくても投票することが可能である［Hobolt 2009：138-139］．

1．4．2　投票行動の二大要因——投票者の特性と国民投票運動の態様——

国民投票における投票行動は，① 投票者個人の特性と② 国民投票運動の態様という二つの要因の影響を受ける．つまり，国民投票運動を考察するためには，情報の需要（①）と供給（②）の二つの側面を考察する必要がある．

（1）投票者個人の特性と多様性

従来の投票行動の研究は，投票者が均質であることを前提としているが，現実の投票者は多様であり，投票案件にどのようにアプローチするかという点については個人差がある［Sciarini 2018］．個人の投票行動は，ザラーが指摘するように，政治意識（political awareness）に左右される[8]．政治意識が高く，国民投票運動に触れる機会が多い投票者ほど，自己のEUに対する選好に従って投票案件に対する賛否を決定するようになるし，自己の選好と一致しない手掛かりを拒否する（ザラーの拒否公理）．政治に対する関心が高い者ほど，後述するエリートのフレーミングを受容する（ザラーの受容公理）が，その受容は個人の選好に影響を受ける．このように，個人の政治意識の高さが，争点投票を導く［Hobolt 2009：ch. 3］．

（2）投票者が能力を発揮するための条件

争点投票を実現するための条件としては，国民投票運動における，①盛り上がりの強弱，という「情報の量の問題」と②エンドースメント及びフレーミングという，「情報の質の問題」が重要となる[9]．

①強い盛り上がり（high intensity）を示す国民投票運動は，市民に対して多くの情報を提供し（informer），動員をかける（mobilizer）という機能を発揮する．盛り上がった国民投票運動は，弱い盛り上がりの国民投票運動に比較すると，投票率が高い．争点に対するフレーミングに触れる機会が多くなれば，投票者は，投票案件に対する意見を表明するようになる．盛り上がった国民投票は，情報量が多くなり，混乱させミスリーディングな情報及び虚偽情報が含まれる可能性も高まるが，情報の多さは議論を喚起し，国民投票運動への参加を促進する．投票者は対立する多くの主張に接することになるが，多様な情報源から意見を摂取することによって，情報の信頼性を評価するようになり，自己の選好または先有的傾向に沿う選択を行うようになる．**このように，国民投票の盛り上がりは，投票率を高め，争点投票を導くのである．つまり，国民投票運動で流通する情報の量的拡大には，国民の能力（争点投票をする力）を向上させる**

8）なお，political awarenessには政治学の文献では「政治的知覚」という訳例もある．ザラーの原著には，政治に対する知識というニュアンスもある［Zaller 1992：43］．

9）ここで，ホボルトのいう情報の質は，「情報提供の態様」を意味し，後述する（本章第6節）ような，虚偽情報・誇張情報，あるいは論点からの逸脱という文脈での，「内容上の質」の意味とは異なる点に注意されたい．

作用がある[10)]［Hobolt 2009：ch. 4］.

②情報の質の問題として，国民投票においては，第一に政党・エリートによるエンドースメント（endorsement 投票案件に対する支持表明）が，重要な投票の手掛かりとなる．しかし，欧州統合の国民投票では，主要政党が統合推進で一致し，弱小またはラディカルな政党が反対陣営にいることが多いことから，単純に支持政党の見解に沿って投票するというわけにはいかない．そして，欧州統合には，政党の思想的な左右の差がない．そこで政党のエンドースメントと賛否の決定を結びつけるためには，「政党のEU統合に係る立場についての基本知識」が必要になる［Hobolt 2009：157］．逆に言うと，自己の支持政党が欧州統合についてどのような見解を有しているか，という点を理解していると，そのエンドースメントが投票の手掛かりとなり，十分な知識がなくとも投票することができる．つまり，ここでは，エンドースメントが必ずしも常に有効な手掛かりではないことが示されている．ここでは，政治意識が仲介作用（mediator）を有する．

第二に，フレーミングも賛否の決定に重要な役割を演じる．フレーミング（framing）とは，賛否の陣営が投票案件の本質的な問題を取り上げて，運動の方向性を決めることを指す（社会的意味付け[11)]）．フレーミングは，特定の意味を与えて発展させ，争点についての考え方に一定の方向を与える過程である［Hobolt 2009:112］．つまり，賛否の各陣営が，投票案件に，特定の角度から「味付け」を加えて，国民投票運動を展開することである[12)]．

1．4．3　争点投票からみた国民投票運動の展開

政府は投票案件の成立を目指して，エンドースメントとフレーミングを行う．

10）エリートが動員をかけること，国民投票を盛り上げることが選択的投票につながると指摘する文献としてKriesi［2008］，Sciarini et al.［2015］がある．

11）社会学ではフレーミングは，「個人が出来事を生活空間や社会全体の中で位置づけ，認識し，特定し，ラベルづけすることを可能にする解釈スキーム」と定義される［Snow et al. 1986：464］．

12）選挙におけるメディアの作用に，ある争点について「どのような枠組みで考えるか」に影響を与える，という「フレーミング効果」と，メディアが強調した争点が政党や候補者を評価する際の基準として働くようになる，という「プライミング効果」がある［川人他 2011：201］．

一方，反対する側も，投票案件のリスクを強調したフレーミング，あるいは，論点をすり替えたり誇張したりするフレーミングを行う．**このように，国民投票は投票案件と反転ポイントとの二者択一であり，そういう意味では，与野党が対立する選挙によく似ている．**実際の国民投票運動は次のような特徴を示す．

①争点についてのフレーミングは，投票者に情報を提供し，それによって投票者は問題となっている争点について自己の見解を表明するようになる．これは，すでに述べた，多くの情報に触れると，争点投票が発生するようになるという指摘と共通する．

②投票案件に対する賛成と反対のフレーミングが競合する場合，強いフレーミングは弱いフレーミングに勝つ．フレーミングの強さは，主張の質，取り上げる争点の突出度（salience），情報源の信頼性の程度よって規定される．

③投票者は，エリートが行うフレーミングに反応するが，その反応の程度・態様は，先有傾向，政党への忠誠度，政治意識によって異なる．

まとめとして，ホボルトは，「市民は，エリートによって提供された考慮要素を比較し（賛否のフレームを比較する），それらの考慮要素を先有傾向及び情報と比較し，情報源の信憑性を検討し［Druckman 2001：246］，エリートのフレーミングを合理的に処理し，争点投票をおこなっている」とする［Hobolt 2009：131］．**このホボルトの研究は，投票者を集合体ではなく，一人一人異なるものとして理解する点，及び国民投票運動の主要なアクターとしての政府と政党の役割を明らかにした点が優れている．また，ホボルトが「実証研究の成果を規範的議論に活用すべきである」［Hobolt 2009：235］としている点は，本書に大きな示唆を与えている．**

1．5　事例研究（2016年のイタリア及びイギリスの国民投票）

ル・デュックからはNOバイアスの危惧，ホボルトからは情報環境の整備の重要性を理解することができた．この点を，近時行われたイタリア2016年憲法改正国民投票と同年のイギリス「EU離脱」の国民投票についての実証的研究を通じて，具体的に考察していきたい．

1．5．1　イタリア2016年憲法改正国民投票

2016年の憲法改正案は，次のような包括的な憲法改正案であり，内容的には憲法典全体の3分の1を改正する，大幅な改正案でもある[13]．

「あなたは，議会で承認され，2016年4月15日付の官報第88号に掲載された，対等な二院制の解消，国会議員数の削減，政府機関の運営費の抑制，国家経済労働諮問会議の廃止，憲法第2部第5章の改正のための規定に関する憲法的法律の条文に賛成しますか.」［八十田 2017：136］.

改正の目的は，対等な二院制を解消して，政権の不安定さと非効率性を克服することにある［田近 2016：338］［Bull 2017：138］．この目的自体は，長年，イタリアで議論されてきていて，政治階層及び国民一般には，憲法レベルの政治改革の必要性は認識されていた．しかし，結果は，投票率65.5%，反対59.1%，賛成40.9%と大差で否決される．この投票率は，2006年の53.8%（否決），2001年の34.1%（成立）の憲法改正国民投票に比較すると，高い数字を示していた．この数字は，2014年（58.7%），2009年（66.5%）という近時の欧州選挙と比較しても高いことから，選択的投票のレベルではないが，国民投票が盛り上がり，明確な反対の民意が示されたことがわかる．

今回の国民投票運動には，以下のような特徴があった．

第一は，政府と首相個人が大々的なキャンペーンを展開した点である．1万以上の支持グループが賛成運動を展開し，首相も300回以上の集会に出席した．出身政党の民主党は300万ユーロを支出し，政府も賛成側の運動に多額の支出をしている．

第二は，憲法改正国民投票を自分の進退に結び付け，否決した場合は退陣することを明言していた点である．これは第一の特徴と合わせて，2016年憲法改正国民投票が，ドゴールが実施した国民投票と極めて類似した，プレビシット的なものであったことを示している［Di Mauro and Memoli 2017：136-137］.

第三に，与野党対立型であったことが，結果的にレンツィ首相への「信任投票」となる原因を形成した点である．ベルルスコーニー元首相が率いる政党（Forza Italia）は，大統領選挙でマッタレッラ大統領をレンツィ首相が推したことをきっかけに，賛成陣営から反対陣営に転換した．これが不成立の大きな要因であるとする見解もある［Negri and Rebessi 2018］.

投票行動という点では以下の点が指摘される．

今回の国民投票では，コントロール性の強い国民投票の運用に対応して，投票行動にも改革の争点または改革への評価そのものよりも，政府の経済政策に

13）2001年と2006年の憲法改正国民投票も包括的な憲法改正案である．

対する評価が強く表れている．経済状態を高く評価した者ほど，賛成票を入れる傾向にある．反対する者は，経済に対する批判が強い．また，政治改革自体を支持していても反対する者が多い．

その他の反対理由としては，政府の移民政策を理由とするものが多く，特に，移民の収容所がある地域は，反対票が多いという特徴があった．これには，2016年が欧州移民問題の真っただ中にあり，レンツィ首相の穏健な移民政策が批判されていた，という事情を考慮に入れる必要がある［Massiliano et al. 2017］．また，社会的な要因としては，北部は政党の支持に従って，反対票を入れる．南部は経済的理由から反対票を投じていた．また，若者には反対票が多い．

イタリア2016年国民投票では，政府は国民投票運動に力を入れて，かなり強いキャンペーンを実施したことから，政府による国民投票の盛り上げがあったことは事実である［Di Mauro and Memoli 2017］．また，メディアも激しい議論を展開し，憲法改正案についての情報を得るのは容易であった［Nergi and Rebessi 2018：1－2］．つまり，ホボルトのいう「国民投票の情報環境」はある程度整っていた．しかし，野党のフレーミングが「反政府」「憲法改正による権力集中批判」であったことから，国民の多くが憲法改革の必要性を認識していたにもかかわらず[14)]，経済・移民問題を理由として，反対票を入れる者が多かった[15)]．これは，ル・デュックが指摘したNOバイアスの傾向の通りである．国民は，今回の選挙では，改革の中身より与野党対立という，選挙の感覚で投票したと指摘されている．選挙後の調査によると，政府への批判で投票した者は，全体の３分の２，改革の中身を基準に投票した者は，３分の１であった．これは，熟議による争点投票という理想からは，大きくかけ離れたものであった［Bull 2017: 146-147］．

1．5．2　イギリス2016年EU離脱の国民投票

イギリスの2016年「EU離脱」の国民投票は，助言型の憲法問題国民投票であり，正式な投票案件は次の通りである．

14）国民投票実施後の調査によれば，回答者の５分の４は，憲法改正に対して好意的であり，回答者で反対票を入れた者の５分の４は，政治制度の効率化に賛成していたという［Ceccarini and Bordignon 2017］．

15）イタリア2016年の憲法改正国民投票は，政府の経済政策を理由として賛否が選択されたことから，国民投票の二次的効果が表れたと見る研究がある［Leininger 2019］．

投票案件:「連合王国は，ヨーロッパ連合の一員として留まるべきか，ヨーロッパ連合から離脱すべきか.」であった.

（原文：Should the United Kingdom remain a member of the European Union or leave the European Union?)

キャメロン首相は，2011年「選択投票制」の国民投票，2014年「スコットランド独立」の国民投票，2015年の下院選挙と三連勝しているので，自信をもって国民投票に臨んだと思われる［Glencross 2016b］が，投票率は，72.2%で，離脱51.9%，残留48.1%という高い投票率と僅差の敗北であった．この投票率は浮動層の多くが参加したと見られることから，選択的投票に近いものであった.

残留派（Britain Stronger In Europe）の主張の要点は，①EUに残留することは，貿易・雇用・経済成長にとって有益であること，②EUの一員に属することで世界のリーダーとなりうること，③テロや国境を越えた犯罪はEUの協力によって十分に対応できること，という3つであった．離脱派は，二つのグループに分かれる．比較的穏健なグループ（Vote Leave）は，二大政党の内部でEUに懐疑的な者と経済界から構成される．もう一方は，独立党（党首ファラージ），統一党などを含むグループ（The Grassroots Out/Leave）であった．両グループに共通する主張は，加盟に係るコストを強調し，その分を国内に回すべきであること，EUの外にいた方が国際社会で優位な地位を占めることができるし，より公正な移民政策が可能であることであった.

このように，一応，論点としては両陣営の主張は噛み合っていたということができるが，この中では，移民政策が国民の強い関心事であった．そこで，離脱派は，「欧州連合における移動の自由」を離脱の主張の中核とするフレーミングを行うようになり，それが投票者に強いインパクトを与えることになる．というのは移動の自由は，多くの論点に関連するからである．福祉国家としてのイギリスの福利を誰が享受できるのか，移民はイギリスの福祉・教育・公衆衛生にとって脅威となるのではないか，国境が適切にコントロールされるのか，EUからの移民，特に低所得者層の移民による犯罪が増加するのではないか，という問題は，全て移動の自由の問題につながる［Vasilopoulou 2016：6-10］．このような移動の自由に焦点を当てたフレーミングによって，離脱派は多方面にわたる残留への批判を展開することが可能になった．これは，NOバイアスの原因（4）「争点が特定の思想と結びつかない」ことに該当する．そして，実際に，国民投票運動の争点は，前半は経済であったが，後半は，移民問題を中心に展開していく．このように，離脱派が移民を中心として多くの論点を取り上げたことは，国民投票への関心を高め，態度未決定の国民の多くを投票させる効果があったことが指摘される［Yan 2016：7－8］．

さらに，国民投票では離脱側がSNS等を用いて拡散した次の３つの情報に強い影響力があったことを指摘できる［Marshall and Dreischova 2018：94-95］．

① イギリスは毎週３億５千万ポンドをEUに拠出している．
② イギリスは2015年に33万３千人の移民を受け入れている．
③ トルコがEUに加盟する．

このうち，②は事実であるが，離脱派の主要人物（ジョンソン元ロンドン市長など）によって繰り返し指摘されることによって，この具体的な数字がフレーミングを強化する役割を担う．また，①については，独立党党首のファラージが強く主張して，SNS上で拡散されたが，実際は，分配補助金などを差し引くと拠出額は週１億数千万ポンドであった．ファラージは投票後に誤りを事実上認めたが，この虚偽情報を，ある調査によると47%の回答者が正確なものと信じていたという［Whatukthinks 2016a］．③については，離脱側がトルコがEUに加盟して，労働市場にトルコ人労働者があふれることを主張し，①と同じ調査では，58%の回答者が10年以内の加盟が起こりうるとしていた［Whatukthinks 2016b］が，実際は，その可能性は極めて低いものであった．このトルコ加盟は，投票行動に強い影響を与えたといわれる［Ker-Lindsay 2017］．

問題は，なぜ①③のような虚偽またはミスリーディングな情報が影響力を持つに至ったのかという点である．第一に，離脱派がSNS等のデジタルメディアを有効に用いた点と，第二に，イギリス国内の強い政治不信の台頭という点からの説明が説得力を有する［Marshall and Dreischova 2018：96-101］．

第一の点については，離脱派は，政治資金の大半をデジタルメディア（Twitter, YouTube, Facebook, Instagram）につぎ込んで，浮動層の離脱支持に成功した．例えば，Twitterにおける離脱派のハッシュタグは，質量ともに残留派を圧倒していることが指摘されている［Hanska and Bauschowitz 2017：29-30；Grcar et al. 2017］．離脱派がデジタル空間で優位に立つことができた理由として，伝統的メディアが一役買った点も指摘される．公平な報道という理念の下で，事実の検証を行わずに両方の主張をテレビ・新聞等で取り上げることは，虚偽またはミスリーディングな情報に信頼性を与えることになった[16]．これは，「公平さと真実のジレンマ」を示しているのであろう．さらには，全国紙の多くが離脱を支持していたことも，離脱派の情報流通における優位に拍車をかけたということができる［Hanska and Bauschowitz 2017：30］．

第二の点については，イラク戦争におけるブレア首相の虚偽の説明（大量破壊兵器があるという確証がないにもかかわらず米軍とともに参戦したこと）以来の多くの政治的なスキャンダルや，2008年の経済危機における経済の専門家の無策と無定見から，政治家，ジャーナリスト，経済の専門家といった，エリート・支配階層（エスタブリッシュメント）に対する強い不信感が醸成されていった．前出の調査によれば，46％が国民投票運動期間中に政治家の発言はほとんどウソだと回答している［Whatukthink 2016a］．このようなエリート・専門家に対する不信感が，選択的投票に近いレベルの，高い投票率を発生させたと分析されている．無視され疎外されたという認識を有する投票者が，離脱派が提供した情報の真偽を判断して投票するのではなくて，自分の感情を表すために，離脱に投票したものと思われる［Marshall and Drieschova 2018：99］．

2016年国民投票は熟議がなされたということができるのであろうか．国民投票運動における各種メディア（放送・新聞と雑誌・オンライン）の記事を総合的に研究した，ムーア・ラムゼイの報告によると，メディアの報道には，次のような特徴があるという［Moore and Ramsay 2017：164-168］．

① 国民投票運動では敵対的，非妥協的，一方的な議論が行われていた．穏やかでコンセンサス形成のための議論はまれであった．② 両陣営のフレーミングはネガティヴなものであった．残留派は，離脱の悪影響を強調する「脅迫的」なキャンペーン（Project Fear）を展開し，離脱派は移民の恐怖を「感情的」に訴えるような主張（Project Hate）であり［Hobolt 2016：6］，トルコ・ルーマニア・アルバニア・ポーランドからの移民に対する差別的な内容であった．

このようなメディアの報道に加えて，SNSでの議論は，虚偽情報の流通と，後述するフィルターバブルまたは確証バイアス（confirmation bias 自分の好む情報のみを獲得して自分の選好を強化すること）が発生していた．特に，離脱派は残留派との議論よりも自派との議論を好んでいたという．また，上述の通りの，事実

16）これは，偽りのバランス（false balance）という現象であり，虚偽情報を含む主張も公平に扱うと，虚偽情報に対する信頼性を与えることになる［Suiter 2016］．

を確認しない，感情的な投票がみられ，同年のトランプ大統領の当選とあわせて，ポスト真実主義（post-truth）の時代の到来[17]といわれるようになった[18]．

このように，建設的な議論が成立していないことは，国民投票にイギリス社会の分極化が表出したということでもある［Becker et al. 2017；弥久 2017］．投票行動の分析によると，離脱に賛成した層は，低学歴・労働市場で弱い立場にある者が多い[19]．これは，離脱と移民を組み合わせたフレーミングに賛成した層である．一方，残留を支持した層は，若年で高学歴の層が多い．地理的に見るとイングランドの非都市部と労働者階級の多い北東部に離脱支持が多く，イングランドとウェールズは53％の離脱支持，北アイルランドとスコットランドは，それぞれ，56％，62％の残留支持となっている［Hobolt 2016：20-22］．

以上より，国民投票運動の実態と投票行動の分析を見る限り，イギリス2016年の国民投票では，第Ⅰ部第２章２．３で述べた「対話的熟議」が成立したということは困難である．イタリア2016年の憲法改正国民投票で行われた憲法改正と移民を組み合わせるフレーミングは，争点投票という点では不適切であるが，イギリス2016年国民投票においては，離脱・残留という争点を移民と結び付けることは必ずしも誤りではない．しかし，十分な議論がなく，不十分な根拠で感情的に投票したとすれば，政府の「残留」という提案に対して，ここでもNOバイアスが作用したと見ることができる．

１．５．３　小　　括

近時行われた二つの国民投票に係る実証研究は，上からの国民投票においてNOバイアスが作用する危険性を改めて示している．一方で，インターネットを通じた情報の発信と受領によって生じた，量的な意味での国民投票運動の盛り上がりは，必ずしも，熟議をもたらさないことが理解される．その意味で，

17）ポスト真実主義を「社会の準備通貨としての真実の価値の低下，及び正当な懐疑の仮面をかぶった有害な相対主義の伝染」と特徴づける論者もいる［d'Ancona 2017］

18）ポスト真実主義が指摘する，「感情的で，人種差別及び性差別に基づく」行動は，SNSが登場する時代に急に現れたものではない，という指摘がある［Crilley 2018；Collins 2018］．そうすると，熟議の不足はデジタル時代に加速したわけではないということになる．

19）離脱を支持する３つの主要な層として，①経済的弱者で反移民を支持する者，②欧州懐疑的傾向の強い者，③中高年の労働者階級が指摘されている［Swales 2016］．

量的質的の両側面で情報環境を整備する必要性がある．

1．6　情報環境の整備

上記の通りの実証研究，ヴェニス委員会の三種のコード及びIDEAを参照して，争点投票実現のための情報環境の整備（国民投票運動の制度設計）を行う際には，以下の要素を考慮する必要がある．これらの諸要素は，民意の濾過・熟議への誘導のためのフィルターとして機能する．

1．6．1　情報流通の土台作りと自由な情報の流通

① 基礎知識及び中核情報の提供

国民投票運動段階における政府の重要な役割は，「情報流通の土台」作りである．それには，二つの側面がある．一つは，憲法改正国民投票の「基礎知識」の提供である．ここで基礎知識とは，憲法，憲法改正，国民投票の意味と投票の方法等を指す．もう一つは，公式の情報として，中立的な立場で憲法改正案の本文，内容，制定趣旨，改正理由とその反対意見（賛否両論）を周知することである．これらの公的情報は，改正案の賛否の決定に際して，その判断の中心となる情報であることから，本書では，「中核情報」という．これらの中核情報を，公報・パンフレット・インターネット上等において明確に示すことが熟議による争点投票を導く．それらは，投票者の理解を促すために，内容が平易で論点の対立が明確になるようなものが望ましい．日本では，広報協議会がこの中核情報の提供を行うことになっている．政府による情報提供の必要性については，改訂草案4．13も指摘している．

② 国民投票運動の期間の設定

争点投票の実現のためには，十分な国民投票運動期間の設定が求められる．改訂草案4．8は，主張のやり取りをして，それらを聞いて自己の意見を形成するためには，十分な時間を設定すべきであること，特に，よく知られていない争点については，かなり長い国民投票運動期間が必要であると指摘し，具体的には最低4週間が必要であるとする．

③ 政府（賛成陣営）及び反対陣営による噛み合った議論の展開

政府は，明確なフレーミングとエンドースメントを行い，提案理由を説明する．それに関連する情報も積極的に流さなければならない．それに対して，反対派も噛み合うように議論を展開し，国民投票運動の議論の質を高める必要が

ある．

④ 信頼度の高いメディアによる情報提供

国民投票運動を盛り上げるためには，新聞・TVの報道番組等の信頼度の高いメディアが，憲法改正案に係る報道・論評を活発に行うことが望ましい．情報の量の多さが争点投票を導くのであるから，その他のメディア（印刷メディア，ポスター，インターネット等）についてもできる限り規制を少なくして，⑥に述べるように自由な情報の流通が望ましい．特に，中核情報だけでは，投票者が賛否の結論を下すことが難しいことから，次のような，中核情報をさらに掘り下げた情報の流通が必要になる．

第一に，改正の必要性である．現状にはどのような問題点があり，なぜ改正をする必要があるのか，という点の情報が必須である．これは，現状についての情報でもある．

第二に，改正後の変化である．これは，憲法改正案のメリットについての情報である．改正することによって，どのような法律が制定され，どのような政策の変化が生じ，日常生活に具体的にどのようなメリットがあるのかは，国民の最大の関心事であろう．

第三に，改正の問題点である．改正にはどのようなデメリットがあるのか，という点も重要な情報である．特に，公報・パンフレット等で，賛否両論が取り上げられていても，発議する側が反対陣営の批判に応答しない可能性がある．こうした批判を取り上げた多角的な議論が求められる．

第四に，ホボルトが指摘するように，投票案件の成立後の状態と否決後の状態（反転ポイント）の比較が，争点投票の本質であるとすると，改正しないことのメリットと問題点は重要な情報である．賛否両陣営のフレーミングが明確にわかるような情報が求められる．

⑤ ヒューリスティックの流通

ヒューリスティック・投票の手掛かりを流通させるようにする．特に，政党の意見表明・著名人・有名な政治家の発言が重要となる．これによって，情報不足はある程度補われる．テレビCMは，ヒューリスティックの流通という点では有効な側面がある[20]．

20）イギリス2011年「選択投票制」の国民投票においては，賛成陣営は，自由民主党クレッグ党首のマイナスイメージを払拭することに腐心したと指摘されている［Clarke et al. 2012：22-23］．

⑥ 各種メディアによる自由な情報流通

信頼できるメディア以外にも，印刷メディア・ポスター・チラシ・DM・インターネット・SNS・その他（デモ行進・集会など）などを利用して，国民が誰でも自由に情報を発信し，受領することによって，流通する情報量が拡大し，憲法改正案についての議論が進化することが期待される．

このように，公報で議論の土台作りを行い，政府がエンドースメントとフレーミングを行い，反対派が反論することによって，争点に係る噛み合った議論を展開し，これらの主張に対して信頼性の高いメディアによる情報提供がなされることによって，投票者は争点に対する理解を高め，国民投票運動に参加するようになると，自由な議論が喚起される．自由な議論が国民投票運動で発生することも，正統性確保の要因である［IDEA：56］．

1．6．2　平等な国民投票権の保障

一方，自由な情報の流通に委ねるだけでは，国民の参加と，情報の質を確保できない可能性があるので，その問題点を補い平等な国民投票権の保障を行う必要がある．

⑦ 情報量のバランスと公的助成または政治資金規制

上からの国民投票では，提案する政府＝賛成陣営の政治資金が反対陣営より多い傾向にある．⑥で述べた各種メディアを利用して，国民投票運動を展開するのであれば，TVCMやインターネットなどを利用して，政治資金の多い方が，活発に自己の主張を流通させることができる．このように，国民投票運動の自由は，必然的に情報量の偏りを生じさせる（政治資金の不平等から生じる情報流通の量的偏り）が，その規制は，表現の自由・国民投票運動の自由の制限につながることから，慎重に行う必要がある．

しかし，政治資金の多い陣営だけではなく，資金の少ない陣営の声も投票者に届くようにしないと，国民投票運動は盛り上がりを欠き，不十分な議論で投票することになる．これは，結果の正統性に影響を与える．したがって，公共放送では，賛否の量的なバランスの取れた報道が求められる．信頼できるメディアにおいて，量的に公平性を維持することが望ましい．しかしながら，公共放送以外の，TV・新聞・雑誌等の信頼度の高いメディアにおいては，私企業としての営利性の追求及び自社の見解の維持という点から，情報量の公平さを維持することには限界がある．したがって，情報量のバランス維持のためには，

公的助成または政治資金の規制（寄付制限・支出制限）が求められる．

⑧ 情報の質の維持

アメリカのTVCMにおけるネガティヴキャンペーンの影響力の強さ，及びル・デュックが指摘する，NOバイアスを見ると，虚偽情報・誇張情報，論点からの逸脱等の争点投票を阻害する情報が結果に大きな影響を与える可能性は否定できない．それらが，国民投票運動を盛り上げる作用があることは評価すべきであるが，一方で，独立した第三者機関等が，ファクトチェックを行い，論点からの逸脱，混乱を収束させ，それをフィードバックさせる必要がある．また，市民議会の活用も情報の質の維持に役立つ．

⑨ 政府の中立性の維持

公平性の維持＝平等な国民投票権の保障という側面では，政府の中立性の維持も重要である．政府は多くの情報を有し，公務員及び多くの付属機関の職員を抱えることから，それらを動員して国民投票運動を有利に展開することが可能である．憲法改正案の作成に続き，国民投票運動においても政府がコントロールすることは不公平であり，正統性の確保に影響を与えることから，政府の活動の中立性を維持し，イギリスのような遮断期間（purdah period）を設ける必要がある．

⑩透明性の維持

政治資金に対する規制は，表現の自由及び国民投票権の自由な行使への制限の側面もあることから，完全な平等の方向に規制することはできない．しかし，政治資金に大きな影響力がある以上，その出所，使途についての報告をさせること（透明性の確保）は重要である．そして，これらの政治資金の収支に係る情報も，投票者にとっては有用な投票の手掛かりとなる．日本のように，この種の規制がない場合であっても，9条の改正をどの団体が支援しているか（例えば，軍需産業・外国企業・外国政府）は，重要な情報である．逆に，9条改正に反対する陣営の資金源が，近隣諸国であることは反発を招く可能性がある．

⑪市民の参加・市民議会の活用（「上から」と「下から」の融合）

国民投票における情報環境の整備は，以上の通り，争点投票の実現のために必要なものであるが，それだけで必ずしも盛り上がった国民投票になるわけではない．「笛吹けども踊らず」という状態になる可能性も否定できない．国民投票運動で熟議がなされるのに必要なことは，上からの情報提供だけではなく，国民の間の自生的・自発的議論である．このためには，第一に，発議の段階において，明確性・関連性のある憲法改正案を作成すること，第二に，憲法改正案の作成に国民が参加すること，第三に，作成された憲法改正案を国民が評価し議論する場（ミクロの熟議の場）を提供することである．**この三点の保障は，「上から」の国民投票ではあるが，「下から」提起した，あるいは「下から」議論したという意識を高める可能性がある．このように，「上からと下からの議論の融合」は，熟議成立のための重要な条件となる．**

第2節　中核情報等の提供

2．1　政府による啓蒙活動（基礎知識の提供）

政府は，国民投票運動を盛り上げる役割の一つとして，国民投票についての啓蒙活動を行う．憲法・憲法改正の意味・投票の方法等の基礎知識を国民に伝えることによって，国民投票運動の過程への参加を促し，投票率の向上に努める．特に，新憲法の制定，憲法の全面改正，初めての憲法改正国民投票の場合は，その重要性を国民に知らせる必要がある．独立機関としての選挙管理委員会がこれを行う場合もある．具体的な方法としては，政府広報としてTVでCMを流したり，新聞広告を出したり，あるいは，選挙管理委員会または選挙を所轄する官庁のHPでその内容と意味を説明する[21)]．

2．2　公　　報

2．2．1　公報の意義

政府が，投票案件の内容と意味，投票案件に係る賛否両論といった，中核情報を小冊子，新聞折り込み等の公報，政府のHP等で国民に提供する例が多い．公報は，戸別に投票者に提供されることから，国民投票運動における投票者の情報獲得と争点投票の実現にとっては重要な意味を有している．これらの公報等の作成には，中立性と公平性の維持・情報の読解力レベルの設定という問題が生じる．

21）オーストラリアの選挙管理委員会，アイルランドの国民投票委員会は，その主要な目的の一つとして，国民投票に係る知識の普及を挙げている．

2．2．2　公報作成の3方式

賛否両論の記述には3つの方法がある．

① 主張整理型　第三者機関が論点ごとに賛否両陣営の主張をまとめる方式
② 提案者先行型　提案する側（賛成側）が先に主張して，それに反対側が反論する方式
③ 各自主張型　それぞれの陣営に委ねる方式

（1）主張整理型

この方式は，争点投票を導くために有権者に情報を提供するという点では最も優れた方式である．客観性・中立性・公平性を維持しながら，分かりやすい情報を提供することが可能である．改正前のアイルランドの国民投票委員会（Referendum Commission）が，この方式を採用していた．ただし，賛否の両陣営からの批判が出る可能性はある．反対陣営は，できるだけ多くの論点を取り上げて，投票案件を批判したいことから，読みやすくするために，短くまとめられた反論に不満が残るであろう．賛成側は，反論される論点を抑えたいのであるから，不要な議論の拡大を避けたいところである．しかしながら，これまで投票行動の項目で論じたように，賛成と反対の論点は噛み合わないことが多く，フレーミングによって議論が本来の論点から逸脱してくることも少なくない．このような噛み合わない議論は，投票者の政治参加と投票インセンティヴを低下させる可能性があることから，公平な第三者による，分かりやすい両論併記は，争点投票のためには有効な方法であると思われる．

（2）提案者先行型

まず，提案者（賛成陣営）が十分に主張しそれを裏付ける根拠を提出することを求める方式である．提案者の説明責任が強調されると同時に，ディベート的議論の応酬が投票者の関心を高める効果が期待される．この方式の問題点は，反論させたままにすると，反対陣営が有利になるという点である．これは，「二番目に動く方が有利」（後出しが有利）という，国民投票の運用上の問題点が反映されたものである［福井 2007：53-54］．仮に，再反論を認めると，延々と議論が続くことになり，（1）と同様に分かりやすい情報の提供は後退し，政治参加と投票インセンティヴが低下する可能性がある．

（3）各自主張型

それぞれが自己の主張を一方的に書き込むのであるから，議論が噛み合わな

い可能性が高く，また，主張の内容が読みやすさという点の配慮も不十分である．オーストラリアでは，賛成側と反対側の各陣営の議員が，各陣営の議員の過半数の承認を得た上で，2000ワード以内の主張をパンフレットに載せることが可能である．確かに，議論が噛み合わないという懸念はあるが，自己の中核的な主張である以上，読みやすさについては自主的な配慮がなされることが，期待される[22]．イギリスの2016年の国民投票では，選挙委員会発行の小冊子に，両陣営の主張を自由に（形式・内容ともに）書かせていることから，（3）に該当する．

（4）日本に対する示唆

日本の国民投票法は，中核情報としての，投票案件の要旨と賛否両論の併記については，広報協議会で内容を決定する旨規定し，3方式の何れかを採用するかについては，詳しい規定がない．第三者機関についての明文がないことから，（1）方式は想定されていないと思われるが，（2）と（3）のどちらを採用するかは不明である．すでに述べたように，議論が噛み合わない可能性または内容について折り合わない可能性があることから，3分の2の多数派が内容，方式ともに自派に有利なように運用する可能性がある[23]．

第3節　政府の中立性

上からの国民投票は，第Ⅰ部で論じたように，エリートの政治的便宜で実施されることが多く，一般に実施のためのコントロール性が高い．このコントロール性の高さに加えて，政府が公的な資金や人的スタッフを利用して，賛成側に有利なように国民投票運動を展開することが問題となる．これは，言い換えると「政府はどの程度，国民投票に対して中立性を保つべきか」という問題である．

22）アメリカでは，住民投票における公報（voter information pamphlet）は，住民の疲労を避けるために，500ワード以内で作成することが求められている立法例がある［Zimmerman 2014：166-167］.

23）（3）の各自主張型にするということで，与野党の共通了解ができているのではないか，という指摘がある［山岡 2019：82］.

3．1　政府の中立性と遮断期間

このように，政府が国民投票運動に積極的に介入することを制限することによって，言い換えると，政府の国民投票運動における中立性を維持することによって，公平性を維持する必要性については，イギリスでは国民生活の基準委員会の第５次レポート12．28（Fifth Report of the Committee on Standards in Public Life :The Funding of Political Parties in the United Kingdom. Vol 1，以下「SPL」という.）において検討がなされていた．SPLでは，もちろん，総選挙のように政府が与党と一緒になって，自己の政策・見解を主張することは当然に許されるべきことであるとする．しかし，一方で，公金や公務員，その他の政府の財産や資源を政府の主張を拡大するために利用することは，厳に慎むべきである，とする［SPL：12．41］．

この見解は，政党，選挙及び国民投票に関する法律（Political Parties, Elections and Referendums Act，以下「PPERA」という.）制定時における，国民投票運動への政府の関与に対する批判を踏まえたものであった．1975年「EC残留」の国民投票，1997年「スコットランド及びウェールズの権限移譲」の国民投票，1998年「ロンドン市長公選」の住民投票において，政府は，自己の見解を説明する文書を各戸に配布した．これらの文書の配布は，投票後に，政府が賛成側に有利なように誘導する行為である，として批判された．特に，スコットランド1997年とロンドン1998年は，当該文書は政府の白書（権限移譲の主張）をまとめたプロパガンダであるとの批判がなされていた［SPL：12．42］．

SPLは，このような経緯から，勧告89「今後実施が予定される国民投票においては，政府は中立性を維持すべきであり，政府の主張を説明し，あるいはその支持を拡大する文書を，たとえ事実のみを述べたと称するものであっても，公費を用いて配布すべきではない.」としている．ここでは，政府が一方の当事者である以上，純粋に客観的で事実に基づく情報を提供することは，難しいという判断が前提となっている［SPL：12．44］．

この勧告を受けて，PPERA125条は「中央政府及び地方政府による投票促進資料の公表等の制限」という表題で，国民投票運動における政府機関の活動を制限している．125条１項は，制限される資料とは，a）国民投票についての一般的情報を提供するもの，b）投票案件に含まれる争点に言及するもの，c）投票案件の賛否に係る主張を行うもの，d）国民投票における投票を促すもの，とする．これらは，かなり網羅的に内容的制限を課すものである．

2項以下では，国民投票の実施前の4週間は，大臣等の政府機関が1項の資料を配布・公表することを禁止している．この禁止期間を，遮断期間（purdah period）という．この遮断期間の適用が除外される事由として，国民から問い合わせがある場合，選挙委員会または包括団体（中核団体）が行う場合，投票自体に係る情報を提供する場合等を列挙している．

3．2　遮断期間に対する批判

このような厳格な中立性の維持は，政府の活動に対する広範な禁止を求めることから批判も多い．EU残留を問う国民投票の実施を控えて，保守党政権は，PPERA125条を2016年の国民投票には適用しない旨の法改正を提案した．この背景には，国民投票運動で十分に活動したいという，キャメロン首相の意思と，遮断期間においてEU本部のあるブリュッセルでの活動に支障が生じるという，実務上の問題がある．しかし，PPERA制定からこの時点に至るまで，遮断期間がEUに係る政府の活動に大きな影響を与えることはなく，遮断期間の設定は，国民投票運動の公平性と結果の正統性にとって，極めて重要である，という主張が通り，結果的には，125条を適用除外とする法改正は実現しなかった［独立委員会レポート：26］．

しかし，2016年の国民投票終了時に，下院の行政及び憲法問題委員会（The Public Administration and Constitutional Affairs Committee：以下「PACAC」という）の報告書「EU国民投票からの教訓」及び2016年年国民投票に係る選挙委員会のレポート（2016 EU Referendum Report）において，これまでの運用経験に照らして，PPERA125条の，以下の項目についての再検討の必要性が示された［PACAC：22-28］．第一に，4週間の遮断期間は短いという点である．国民投票運動期間の大半にわたって，政府が多くの国民投票に関連する文書を発行することを可能にすることから，10週間が提案されている．第二に，デジタル時代に十分に対応していない点である．例えば，政府の国民投票のウェブサイト（the eurorefercndum.gov.uk website）が，125条に違反するかどうかについては，法律家の見解が分かれている．また，オンラインの出版物の定義についての「明確性」が求められている．選挙委員会のレポート勧告15では，それ以外に，125条の除外規定の見直し，法の執行責任者と違反に対する制裁のあり方の明確化等が指摘されている［EU Referendum Report：56］．

3．3　日本における議論

日本では，地位を利用した教員・公務員の政治活動をいかにして制限するか，という視点で，「政府の活動」が論じられていて，政府が有利な立場で国民投票に係る情報の提供をしているという点に対する警戒が示されていない．その意味では，イギリスが政府に厳格な中立性を求めていることは，日本の国民投票運動に重要な視点を提供してくれる．

第4節　政治資金の助成及び規制

4．1　政治資金の影響力の事例研究

フィルターとしての政治資金規制及び公的助成を分析するために，上からの国民投票において政治資金の差が与える影響を事例として取り上げたい．

4．1．1　賛成側（政府）の資金力が圧倒的に多くて成立させた例（1994年オーストリア「EU加盟」の国民投票）

オーストリアの1994年「EU加盟」のための国民投票（憲法で規定された義務的国民投票）では，賛成陣営のみに資金の援助があり，賛成側と反対側の政治資金の支出額は，10対1と圧倒的な差があった［Qvortrup 2005:153-154］．前回（1979年）実施された「原子力発電所建設」についての国民投票では，投票率64.1%，賛成49.5%と僅差で否決された．その原因は，環境保護の高まりと，これまで民意が無視されてきたことに対する怒りが，この機会に噴き出たことにあると分析されている［Pelinka 1994：24］．これは，エリート・政府に対する不満の表れであると見ることができる．

この経験を踏まえて，政府（社会民主党と国民党の安定した連立政権）は，成立のために経費をかけ，最先端の広告技術を用いて国民投票運動を展開した．大量の政治資金を背景とした各種の広告は，テレビ・ラジオの広告に対する規制がないことから，賛成の主張を拡大し，反対陣営（緑の党，共産党，自由党という弱小政党から構成される）の主張を全く目立たなくさせてしまう．しかし，政府から提供される多くの情報に対して，二大新聞は，加盟反対の立場をとったことから，激しい選挙運動が展開される．世論調査によれば，この政府の宣伝広告と新聞による批判キャンペーンによって，欧州統合という争点に対する理解が一気に進み（一年間でEUに関心のないと答えた投票者は半分も減った．），争点投票が

発生したことが観察される．81.3％という，驚異的な投票率で，66.6％の賛成率（有権者の50％を超える圧倒的な賛成）が，これらの事情を説明している．これは，「選択的投票」の一例である．賛否の態度決定は，国民投票運動の後半が多く，特に賛成票を投じた者は，直前に態度を決定したことが成立の一因となっている．これは，ザラーのアクセス可能性の公理が当てはまることを示している．また，ホボルトが指摘するように，国民投票運動の盛り上げが成功した例でもある．

政府は，当時の不況を反映して，EU加盟には経済的な利点（雇用拡大・国境の廃止・EU議会等での発言権の確保）が大きいことを強調していた．一方，反対陣営は，ル・デュックが一般論として説明している通り，多様な形で不安を煽っていた．農業へのマイナスの影響，失業の増加，主権の喪失，国是である「中立性」への脅威などである．2009年の段階で，両陣営の主張が実際どのようであったかを分析した論考によれば，賛成側はメリットばかりを述べてコストに触れていないし，反対側は悲観的で極論が多かったとする．ただし，結果的にはオーストリア国民は，EUに対して批判的になっていたとする．しかし，圧倒的な大差で成立したことから，政府の「経済的メリットに焦点を当てたフレーミング」が成功したということができる［Mueller 2009］．

他の要因としては，この国民投票の「信任投票」的側面を挙げることができる．今回は，連立政権を構成する二大政党の支持者の多くが，賛成票を投じている．社会民主党の支持者は73％，国民党の支持者は66％が賛成している．このような投票結果は，EU加盟の国民投票を，EU加盟を契機とする同国の政治的社会的発展への承認と位置付けた投票者が多かったこと，野党の（投票案件と結びつけた）体制批判が強い力を持たなかったことに原因があると指摘されている［Pelinka 1994：28］．

以上より，オーストリア1994年国民投票の結果は，多様な要因から分析することが可能であり，政府による多額の支出の影響力が強いことは事実であるが，賛成陣営が「勝利を金で買った」とまで言えるかどうかは，不明である［Qvortrup 2005：154-155］．また，「上から」の国民投票でこれほどの資金力の差が出たことは，極めて稀な例であることに留意すべきであろう．

4．1．2　賛成側が資金力で優位に立っていても敗北した例　その1（1992年カナダ「憲法改正（シャーロットタウン協定承認）」の国民投票）

1980年のケベック「主権確立のための」住民投票の否決以降，カナダはケベックの主権を含む憲法問題の議論が続いていた．1987年に連邦の首相と10人の州の首相の合意によって，ミーチレイク協定が締結された．その内容は，ケベックに高度な自治権を与え，より分権化された連邦主義を制度化するものであった．1990年までに10州の議会による承認を協定発効（憲法改正の発効）の条件としていたところ，結局，2州の承認を得ることができず，頓挫した．その後も，憲法問題に係る国家的な合意形成の動きは続き，1992年8月のシャーロットタウン協定が締結される．連邦と州の間で形成された今回の合意も，全州議会の承認を条件とするものであったが，ケベックは承認のために，独自の住民投票を1992年10月までに実施することを決定した．他の2州もこれに追随することを決定したために，それぞれの州が別の日に，別の選挙ルールで住民投票を実施することに危機感をもった連邦政府は，ケベックの住民投票と同日に連邦全体で国民投票を実施することを決定した．このように，ケベックの住民投票の2か月前にあわてて実施を決定したことから，包括的な内容（全州を平等に代表する元老院・独自な社会としてのケベックの承認・25%条項・固有の権利としての原住民の自治政府の承認・憲法の根本的な変更に係る州の拒否権の承認など）をそのまま，投票案件にしてしまう［LeDuc 2003：52-55］．

準備不足で短期間の国民投票運動であったが，当初は，州の首相全員（3つの大政党に所属する）が合意に参加したこともあって，全政党は賛成の立場をとっていたことから，国内的には反対の声は目立たなかった．ケベックの地域政党（Parti Quebecos）が最初から反対運動を展開していただけであった．しかし，時間の経過とともに反対運動が盛り上がるようになる．潮目が大きく変わったのは，10月1日に前首相のトルードーが同協定を批判した時点からである．シャーロットタウン協定に批判的であった前首相の演説は，多様な争点に対して潜在的に批判する勢力が多いこともあって，反対運動の盛り上がりに強いインパクトを与えた［Johnston et al. 1996：72-74］．包括的な投票案件であって，争点ごとの個別投票にしないこと，国民投票運動期間が5週間と短いことは，国民の間で強い批判があった［Boyer 2017：231-233］．マルルーニ首相の「カナダの敵だけが合意に反対する」旨の発言に見られるように，自信過剰気味の賛成陣営の態度と，国民から「脅し戦術（scare tactics）」と見なされていた放送広告は，エリートによってコントロールされているという印象を強めることになる．このような反エリート・反エスタブリッシュメント（経済界・政府・学界・多くの新聞等のメディア）の感情が，もともと統一性のない反対陣営の共通点として作用した．この点は，ル・デュックの指摘通りであった．

また，カナダ国民は，ある意味で長期にわたって憲法問題（ケベックの主権を含む）を議論してきたのであるが，同協定は，新規の論点を含むことから，批判の広いすそ野を形成することになり，投票者に強い不安を形成させる原因となった．このため，国民の関心は高く，投票率は75％と一年前の連邦の総選挙に比較して５％も高い数字を示した．結果は45.6％の賛成で否決される．

この結果を，政治資金という観点から見ると，賛成陣営の支出額は1125万ドルであるのに対して，反対陣営の支出額は88万３千ドルと，10倍を超える差がついたにもかかわらず，政治資金は賛成の結果に誘導することはできなかった［Johnston 2010：27-28］．このように，カナダの1992年国民投票は，オーストリア1994年の国民投票とは逆に，圧倒的な資金量の差が影響を与えなかった．この国民投票は，世論形成型の国民投票であり，39％がシャーロットタウン協定の発表直後に支持を表明しているとしても，約３分の１が国民投票運動の初期または中期に態度を決定していることが示されている．10月第１週（トルードーの演説の後）からは，一貫して反対陣営がリードしていたが，29％は最終週まで態度未定であった．

この世論形成型の国民投票になった要因は，① 独自の社会・25％条項といったケベック関連条項への批判，② 政治家，特にマルルーニ首相への批判，③ ②も含めて，エリートあるいはカナダの政治体制への批判が最後の数週に噴出したことにある．カナダの1992年国民投票は，国民が政治体制を直接批判する，稀な機会を提供したことになるし，反対陣営の「反エリート」あるいは「シャーロットタウン協定と国民投票はエリートが国民不在の中で決定した」というフレーミングが成功した，ということができる［LeDuc 2003：56-58］．

4．1．3　賛成側が資金力で優位に立っていても敗北した例　その２（2004年「イングランド北東部の議会設置」のための住民投票）

この住民投票は，ブレア政権が地方分権（憲法改革）の一環として実施したものであり，2002年のBBCの世論調査で，72％の支持が示されていたこと，労働党の堅い地盤であったことから，同政権は比較的自信をもって実施したということができる．ところが，投票率47.7％で，反対79.0％とイギリス政府が実施した国民投票・住民投票の中では最も低い賛成率を示した結果であった．なお，この住民投票は郵便による投票であった．

今回の住民投票運動を政治資金の点で見ると，賛成側の支出は54万ポンド，反対側が20万ポンドと約2.7倍の開きがあった．賛成側では政権与党の労働党が資金提供を行っていた．一方，反対側は，PPERAに基づいて提供された公的資金の割合が全収入の８割を占めていて，十分な資金の下で住民投票運動を展開したというわけではなかった［Ghaleigh 2010：191-194］．

政治資金の差が大きかったにもかかわらず，否決された理由を挙げると［Tickell et al. 2004；Tickell et al. 2005；Musson et al. 2009］，第一に，スコットランドやウェールズの議会と比較すると，設置予定の議会は権限が十分ではなく，交通・輸送問題への対応や中小企業への保護といった期待される役割を果たすことには限界があった点にある．

第二に，賛成陣営は，投票案件の弱点を補うために，文化的アイデンティティーを強調して，エリートと大衆の広い範囲の連合を形成することを狙って，「アイデンティティー・歴史・コミュニケーションの結合」という，フレーミングを行ったが，成功しなかった．地域の有力な政治家が投票案件に反対したことも，このフレーミングの力を弱めたと思われる．

第三に，実施時期がマイナスに作用した．2004年11月の実施は，2005年５月に総選挙を控えていたことから，選挙サイクルの最終盤の時期であり，住民投票に政府に対する批判が表れやすい状況であった．労働党支持者にとっては，政権交代というリスクを伴うことなく政権批判を行うチャンスであり，今回の住民投票には，補欠選挙と同じ機能（二次的効果）が示されたということができる．郵便投票のために，投票用紙が投函するまで２～３週間手元にあったことも同様に作用した．このことは，キャンペーンのピークを最終盤に持ってきた反対陣営を有利にさせている．

第四に，反対側のキャンペーンが成功した．他の地域と比較して，分権の程度が低いことに対して，「No Money, No Powers（財力もなければ権限もない）」という，ネガティヴキャンペーンが効果的であった．さらに，設置された議会はコストが高く増税につながる，という点を，「反エリート」「反中央政府」「反政治家」という，政治に対する懐疑心に結び付けたフレーミングが効果的であった．

これらの敗因をまとめて，これ以降のイギリスの国民投票・住民投票への教訓として次の点が指摘されている［Tickell et al. 2005：14-15］．第一に，実施の時期（総選挙に近い時期）と投票方法（郵便投票）が投票結果に強く作用する．第二に，変化をするための「やむに已まれぬ」理由がない限り，現状維持を訴えるキャンペーンの方が有利である．特に，憲法改正（憲法改革）については，国民はあまり積極的ではない，という点が指摘される．その後の憲法改革として，選挙制度改革（選択投票制）は否決されていることを見ると，この指摘は，示唆に富むものであると思われる．その他として，メディアとシンボルの使い方の重要性が指摘されている．

以上のように，投票案件の示す内容に説得力がない場合は，十分に金を使い，政府がテコ入れをしても，憲法問題を成立に誘導するのは難しいことを，この住民投票が示していると思われる［Ghaleigh 2010：194-195］．

４．１．４　小　　括

上からの国民投票の場合，政府が主導し多くの政党が賛成することが多いことから，賛成陣営が潤沢な資金で国民投票運動を展開することが多い（例外として，アイルランドの第一回ニース条約がある）．イギリスの例でいうと，上述の例以外では，1975年「EC残留」の国民投票，1979年「ウェールズの権限移譲」の国民投票，2011年「選択投票制」の国民投票はいずれも，賛成する側が上回っている（1975年は，20対１，1979年は10対１以上の大差，2011年は２対１）が，結果はいずれも異なる［Qvortrup 2013：123］．**政治資金の量の絶対的な多さと二つの陣営間の資金量の大きな差は，あくまでも一つの要因であって，「常に結果を支配する」とまでいうことはできない［Sciarini 2018］．政治資金（寄付と支出）を，投票行動と結果に影響を与える「一要因」と位置付け，そのメリットとデメリットを考慮した上で，政治資金に対する規制あるいは公的扶助を考察する必要があると思われる［Tierney 2012：114-116］．**IDEAもアメリカの住民投票を例として，投票案件の成立は，金だけでは決定しないとする［IDEA：147］．しかし，政治資金の格差は，見た目の公平性に大きな影響を与える．資金が少なく，かつ「敗北した」陣営は，自らの声が届かない，不公平かつ不十分な国民投票運動が展開されたと主張し，結果の正統性に対する疑問を提起する可能性がある．

4．2　政治資金の作用

政治資金には，熟議による争点投票に対して，積極的な作用と消極的な作用がある．

4．2．1　政治資金の積極的な作用

政治資金を国民投票運動で用いることによって，投票案件に係る言論が創出され多くの情報が拡散される（言論創出・情報の拡散作用）．TVCM，ポスター，看板広告，電車の広告等によって論点の存在が国民に知らされ，その賛否の主張を理解し，投票するインセンティヴを作り出す（争点の周知作用・投票インセンティヴの向上作用）．これらの広告は，メディアの注目も集め，国民投票運動を盛り上げる効果がある．また，公園や市民会館などの施設を使った集会・デモ行進などの動員にも費用がかかることから，これらの大衆運動を支援する作用もある（大衆運動の支援作用）．また，このようにして盛り上がった国民投票運動は，ホボルトが指摘するように，投票率の増加と争点投票を導く（投票率の増加作用・争点投票への誘導作用）．

4．2．2　政治資金の消極的作用

政治資金の言論を拡散する作用は，オーストリア1994年「EU加盟」の国民投票のように，場合によっては，政府の関与と合わせて，対立する陣営の言論を封じ込める効果，または，目立たなくさせる効果がある（言論封じ込め作用）．また，アメリカの住民投票に見るように，大量の政治資金による過剰な宣伝広告によって，特定の見解に誘導する可能性がある．これは，特にネガティヴキャンペーンの場合に効果的である（否決誘導作用）．ただし，政治資金を大量に用いなくても，効果的な広告によって誘導することは可能である．例えば，イギリス2016年「EU離脱」の国民投票における「移民の列のバス広告」のように，残留によって移民の増加が生じることを効果的に示唆するものがある．

4．3　公的助成

4．3．1　公的助成の目的

政治資金に対する公的助成には，二つの目的がある．一つは，議論を喚起して，熟議による争点投票を導くことである．政治資金の積極的作用として，言論を創出し情報を拡散する作用がある以上，政治資金に乏しい陣営に対しては

（「上から」の国民投票では，反対陣営が多い），公的助成を行って主張が投票者に届くことを保障する必要がある．これによって，消極的作用としての「言論の封じ込め」を抑制し，国民の国民投票運動への参加を促進する．

もう一つは，公平性を確保して正統性を得ることである．イギリスでは，国民投票における政府の関与が賛成陣営にとって有利に働くことから，それを埋め合わせる必要が指摘され［SPL：12．28］，公的助成は，国民投票運動における公平性の確保に資するものと位置付けられている．イギリスの憲法学者のボグダナーは，国民投票実施の目的が，国民が決定することによる正統性の確保にあるとし，その正統性確保のためには，敗者が「国民投票運動が公平に実施された」と感じるように制度を設計しなければならない，と指摘する［SPL：12．４］．SPLの勧告83が，「いかなる国民投票運動も，賛否の各陣営の主張が投票者に適切に届くような公正な機会を保障しなければならない．」としているのは，この趣旨である．

４．３．２　イギリスのコアファンディング

これを受けて，イギリスでは「コアファンディング（core funding）」という方針が策定された．その策定の経緯は，1975年「EC残留」の国民投票に始まる．ここでは，国民投票運動の公平さを保つために，賛否両陣営の中核となる団体（official umbrella organizations）に対して12万5000ポンドの公的助成がなされた．それでも政治資金の差は20対１以上であったが，この国民投票では十分な議論がなされて成功した国民投票である，という評価がなされている［Bogdanor 2009a：180-182］．続く，1979年「ウェールズの権限移譲」の国民投票では，総選挙と欧州議会選挙が迫っていたことから，国民投票運動自体が盛り上がらないこともあって，公的助成は行われなかった．

そして，1997年のウェールズの国民投票においても，全く公的助成が行われず，反対陣営の活動資金は主として富裕な個人の寄付から賄われたために極めて貧弱（賛成陣営の10分の１）であり，一方，賛成陣営は潤沢な資金で有利に宣伝活動を行い，しかも，政府が自己の主張を掲載した文書を各戸に提供するという状況であった．投票率50.1％，賛成50.3％，反対49.7％という投票結果から見ると，反対陣営にある程度の資金力があれば，僅差を覆すことができたのではないか，という批判が，国民投票運動の後に多数寄せられていた［SPL：12．32］．このように，「政府の関与・賛成陣営の潤沢な政治資金・反対陣営の

貧弱な政治資金」という組み合わせが敗北に大きな影響を与えたということは，「ウェールズのシナリオ（Welsh scenario）」と呼ばれて，後述するように，イギリスの国民投票に係る政治資金法制の検討の際に，その回避が大きな焦点となった［Ghaleigh 2010：188-190］.

もちろん，当該1997年ウェールズの国民投票における政治資金の格差が，投票結果に影響を与える一要因に過ぎないことは他の国民投票と同じである．しかしながら，政治資金が少ないために声が投票者にほとんど届かない，という事態の解消は，争点投票の実現という視点からは必要な措置である，と言わざるを得ない．そこで，一方の陣営の声が投票者に届くレベルまで，国家が財政的に支援するという，「コアファンディング」の必要性に係る勧告がSPLでなされる．SPL勧告84は，「状況に応じて，各陣営には少なくとも最小限の運動を展開し，その見解を広く周知させるのに十分なコアファンディングを平等に利用できる権利が保障されなければならない」と述べ，これに基づいて国民投票における公的助成が法制化されたのである．憲法改革を標榜するブレア政権は，ウェールズのシナリオを含めて，これまでの国民投票の問題点を洗い出し，また，通常の選挙の改革も含めてPPERAを制定した．ここにおいて，コアファンディングが採用され，本章４．１．３で述べた2004年「イングランド北東部の議会設置」のための住民投票で初めて適用されると，資金力の劣る反対陣営に最小限度の発言力を与え，結果的には反対多数を導くことになる.

同法における公的助成は，次の４点である［間柴 2006：72-73］.

① 選挙委員会（Electoral Commission）は，賛成・反対の運動を行う団体の内，それぞれ，一つを主要運動組織（lead campaigner＝中核団体）として指定し，600万ポンドを上限として，公的助成を行う．助成金（grant）は，事務局の設置・運用，選挙イベント・集会における安全確保，文書配送と放送枠使用に係る，人的ないしは物的費用として用いられる.
② 無償で文書配送のために郵便を利用できる.
③ 集会・イベント用会場を利用できる.
④ 無償で放送枠を利用できる.

４．３．３　イギリス以外の公的助成

2007年コード２．２dは，公的助成の方法を，① 賛否両陣営に対して同額を

提供する助成（イギリスはこれに該当する），② 政党の議席数に比例する助成という方式に分けて，ともに平等な国民投票権の保障に役立つとする．政党に助成する例として，スペインは②の方式を採用し，議席数と所属候補者の得票数に応じて補助金が支出される．その結果，2005年国民投票では，議会を構成する政党全体では賛成が95％，反対が5％となった．ただし，2005年国民投票は，政治資金が強い影響力を持ったというよりも，投票の手掛かりとしての「政党」が投票を決定する要因となった［Montero and Bellolio 2010：158-162］．

フランスでは，2005年の国民投票の際に，直前の総選挙で5％以上の得票率がある政党，または5議席以上を有する政党に対して，各80万ユーロが助成されている［独立委員会レポート：12. 18］．

4．3．4　公的助成の効果

イギリス2016年の国民投票では，公的助成は，各陣営の収入の10％以下であったことから最小限の活動資金を与えたものであり，残りは国内各層からの寄付で賄われていたことになる［独立委員会レポート：12. 29］．公的助成は，議論の土俵を平らにする（level the field）という作用よりも，資金力の小さい陣営がある場合に，その声を国民に届ける作用があると見るべきであろう．

4．4　支出制限・寄付制限

4．4．1　支出制限・寄付制限の目的

政治資金は，入り口（寄付）と出口（支出）の両方において規制される．その規制の目的は，① 平等参加の保障と，② 公平性の維持・正統性の確保である．しかし，平等な参加という理念は，表現の自由・情報の流通の保障という，民主主義のもう一方の理念と衝突する．本来自由に配布されるべき多種多様な情報である，TVCM，看板広告，配布文書等が，投票者に届かないとすれば，表現の自由・政治的情報の流通に対する重大な制約である．イギリスの1975年「EC残留」の国民投票では，公的助成を行いながら，政治資金の支出の規制が見送られたのは，表現の自由に対する制約が懸念されたためである［Ghaleigh 2010：184；独立委員会レポート：12. 9］．

表現の自由を強調して政治資金の規制に消極的な見解は，イギリスのSPLでも取り入れられ，同報告書は，「国民投票が金で買われる可能性」を認識しつつ［SPL：12. 45］も，国民投票では本来主張の異なる政党や団体が一時的に

集合するだけであるので，短い期間で多数の集団の資金の規制をすることが難しいという実務上の困難さと，表現の自由を不当に制限することを懸念して，支出制限の見送りを勧告した［SPL：12. 47］．この実務上の困難さは，IDEAも指摘する［IDEA：147-148］．

しかし，実際にはイギリスはPPERAにおいて，以下のように支出制限を法制化している.[24]

イギリスの現行の規定の概略（PPERAを欧州連合に係る国民投票法（European Referendum Act，以下「EURA」という.）に適用した規定）は以下の通りである.

○包括的団体（designated lead campaign group）700万ポンド

○政党は直近の総選挙での投票率によって異なる.

30%超	700万ポンド
20%～30%	550万ポンド
20%～10%	400万ポンド
10%～5％	300万ポンド
5％以下	70万ポンド

○認定運動者（permitted participant）　70万ポンド

○個人（登録しない運動者）　1万ポンド

4．4．2　公平性の二つの方向

このようにPPERAは，公的助成では政治資金の少ない方の発信力を強化する方向で公平性を維持するのに対して，支出の制限では，多い方への支出を制限し，発信力を減らすことで公平性を維持しようとしている．しかし，多い方の発信によって国民投票が盛り上がり，メディアの注目度も向上して，熟議による争点投票の実現可能性が高まることに期待する［Hobolt 2009］という，法制度もあり得ると思われる．すなわち，SPLは，公的助成をしつつも政治資金規制を見送ることで公平性の維持を勧告したのに対して，PPERAは，公的助成と政治資金規制の両制度による公平性維持を目指したのである．

SPLとPPERAのどちらの方向が，熟議による争点投票の実現という目標に適うかどうかを断言することは難しい．PPERA制定後のイギリスの国民投票を，争点投票という点で見たときに，政治資金の規制がその実現に大きな影響

24）以下の訳語については，間柴［2006］を参考にした．

を与えたということはできない．2014年スコットランドの独立の国民投票では十分に議論する時間があったことから，熟議による争点投票がなされたという評価が可能であろう［Tierney 2015；Tierney 2016a］．一方，2011年「選択投票制」の国民投票は，自民党党首への反感と「自動投票装置のコストが高い」というフレーミングが大きな要因となっているとみなすことができる[25)]．2016年のEU離脱を問う国民投票は，離脱推進陣営のプロパガンダが強い影響を与えたと，評価することができるからである［Lamond and Reid 2017：55-58］．

4．4．3　政治資金規制の戦略的側面

政治資金の規制は，政府の側の戦略的なルール決定という側面もある．上からの国民投票の場合，オーストリア1994年「EU加盟」の国民投票に見られるように，政府が豊富な資金によって国民投票の成立を企図するのであれば，国民投票運動における政治資金の規制は，むしろ行わない方が政府にとっては合理的な姿勢である．このため，寄付制限・支出制限を法制化する国（州）は少ない．イギリスとケベック州は，その少ない例である．寄付制限・支出制限が行われる動機には，もちろん，理念としての「平等」「公平性」もあるとしても，背後には来るべき国民投票・住民投票において，反対陣営の資金力に圧倒されることを阻止する狙いがあったとする指摘がある．1980年の住民投票の前に，ケベックがカナダ国内でも例外的に政治資金規制を行ったのは，アングロアメリカ系の利益集団とケベック以外の州の政治資金を警戒したためであり，2000年にイギリスでブレア政権がPPERAで国民投票運動に政治資金規制を実施したのは，当時実施の可能性があった，ユーロ導入の国民投票において，資金潤沢な欧州懐疑派（Euro-Sceptics）を抑え込むためであった［Qvortrup 2005：162］．これは，国民投票が，様々なアクターによる一種のゲームであるとし，通常，政府は国民投票を有利に展開するために，自らルールを設定する，というメックリの見解とも一致する［Moekli 2012：18-19, 42］．

このように，政治資金の規制には，公平性の維持という理念的要素と，潤沢な資金の側を縛るという，戦略的な要素も存在することに留意する必要がある．

25）富崎は，イギリス2011年国民投票の投票行動要因を多変量解析し，賛成派による「説得と動員」が不調に終わったことが否決の主たる原因であるとする［富崎 2013］．

4．4．4　寄付制限と透明性の確保

イギリスでは，登録して寄付を行うことのできる地位を寄付認容者（permissible donor）とし，国民投票への寄付は，この寄付認容者だけに限るとした［独立委員会レポート：12．14］．その寄付認容者からは，外国人・外国企業・外国の労働組合などを除外している．このように，イギリスの寄付制限は，寄付者が限定されていることから，資金流入の制限という意味での量的な規制という側面もあるが，どちらかというと，寄付者の限定という質的な規制の側面を有する．その趣旨は，国民投票は重要な憲法問題について実施される以上，国外からの不当な影響を排除すべきであるという点にある．また，情報公開と同様に，透明性を確保することにより政治過程（国民投票の過程）の健全さ（integrity）という理念を具体化したものである．登録した寄付認容者に限定したことも，透明性の確保という，運用上の基本原則に適うものである［SPL：12．51］．

4．5　情報公開（政治資金の報告義務）

4．5．1　情報公開の意義：透明性の確保と4つの作用

公的助成，寄付または支出制限に続く，政治資金に係る第三の要請は，情報公開＝政治資金の報告義務である．SPLは，政治資金に係る情報公開，すなわち，透明性の確保が，政治過程においてなぜ必要であるかについて，4つの作用を挙げて説明する［SPL：4．15］．そして，これらの利点は次のように，国民投票運動においても当てはまる．

第一に，国民とメディアが，「誰が資金援助を行っているか」を知ることができる．上述のように，政治資金の背後にある存在（例えば外国企業，外国政府，宗教団体，営利企業の連合体）に係る情報（who's for it（against it）?）は，有権者の投票行動にとって重要であることは，アメリカの投票行動の研究において示されている［Gerber 1999:157-159］．政治資金の多い側の寄付者が公開され，メディアで取り上げられることによって，政治資金の誘導作用を減殺することができる［Qvortrup 2005：161］（情報提供による誘導作用の減殺）．

第二に，寄付する者の名前とその額が公開されないと，寄付とその見返り，寄付の思惑については，単なる「うわさ・疑い」でしかないが，実態として寄付の主体・寄付額・受領する側の三要因が明確になれば，寄付の影響力とその可能性について，具体的に判断することができる（影響力の構造の可視化）．

第三に，政治資金に係る情報公開によって，寄付の「目に見えない」影響力

を減らすことが可能になる（影響力の減殺）．

第四に，第一から第三の作用の結果として，政治過程の健全さに対する信頼が回復される．すなわち，透明性の確保が密室政治・ボス交政治を減らすことによって，政治不信が回復される（政治過程への信頼の回復）．

４．５．２　制度構築の指針――速報性と詳細な報告――

このような作用を発揮するためには，寄付についてはできる限り国民投票運動期間中に報告がなされ，寄付を行う者とその額に係る情報が開示されることが求められる．支出については，事後の報告になることはやむを得ないとしても，できる限り，投票終了後の短い期間に報告する必要がある．また，支出の明細と出金の状況等も詳細に報告するのが望ましい．

[イギリスにおける寄付と支出の報告義務]

具体的な制度としての，PPERA（EURAによる改正後）の報告義務は大要以下の通りであり，上述の制度構築のための指針が，ある程度は反映されている．投票者は，選挙委員会に提出された，政治資金に係る報告書を国民投票運動期間中にまたは投票後に閲覧することによって，政治資金に係る情報を獲得することができる．以下は，イギリス選挙委員会のHP（www.electoralcommission.org.uk）を参照して記述したものである．

①登録

・１万ポンド以上の支出を行う者は選挙委員会に登録しなければならない．登録することによって，最大70万ポンドまで支出することができる．

②寄付の事前報告

・上記の登録した者が，国民投票運動期間を４分割した報告期間（reporting period）中に7500ポンド以上の寄付または融資を受けた場合は，投票前の報告書（pre-poll report）を選挙委員会に提出しなければならない．7500ポンドを超えない場合は，無記載の報告書（nil reports）を提出しなければならない．提出期限は，それぞれの報告期間の終了後１週間以内である．政党は，PPERAで課せられた，通常の四半期ごとの報告書に寄付または融資を記載しなければならない．

・事前報告書の内容は，寄付者の氏名・住所・日付・金額である．

③寄付と支出の事後報告

・寄付については，7500ポンドを超えるすべての寄付または融資，PPERAの規定上認容されないすべての寄付，事前報告書には記載されていない500ポンドを超える寄付または融資の総額，を国民投票終了後に，報告しなければならない．

・支出については，選挙委員会に登録した者は，1万ポンド以下の支出について，その内容を報告する必要がなく，1万ポンド以下であることの申告書の提出だけで十分である．1万ドルを超える場合は，支出内容の記録，200ポンドを超える支払に対するインヴォイスと領収書，内容を証明する責任者の申告書の提出が必要である．25万ポンドを超える支出をした者は，国民投票終了後6か月以内に，外部監査を受けたうえで，選挙委員会に報告する必要がある（中核団体は当然に報告義務がある）．したがって，公的助成を受けた中核団体には，当然，正確で詳細な支出内容の報告が求められることになる．

4．5．3　情報公開への批判

このように，透明性の確保のためには，政治資金に係る情報公開は極めて重要な意義を有するのであるが，一方，批判的な意見もある．SPLは，情報公開への批判も取り上げて検討している［SPL：4．16以下］．批判の第一は，財産権の行使としての寄付はプライバシーであるとする．第二は，投票の秘密を侵害すると主張する．深刻なのは，第三の批判の，テロリズムの標的になるというものである．寄付が差別や脅迫の契機となるという批判もある．確かに，このような可能性も否定できないことから，一定の場合，匿名での寄付を認める必要があると思われる．イギリスも，匿名での寄付を認めている．

第5節　放　　送

インターネットの発達に伴ってその影響力は減少したものの，情報源としてのTVまたはラジオは，国民投票運動において大きな役割を担っている．国民投票運動における放送のあり方については，公的助成としての「公的放送枠の設定」，「報道における公平性の確保」，「広告（CM）の規制」の3つの側面がある．

5．1　公的放送枠の設定

放送時間の割り当て（放送における公的助成を指し，以下「公的放送枠」という．）は，上からの国民投票における「政府が提案者でかつ賛成陣営は潤沢な資金」という構造の下では，資金が不十分な傾向にある反対陣営の意見をどのように投票者に伝えることができるか，という問題に対応する制度である．これは，イギリスのコアファンディングという理念が放送に表れたものであり，公共放送・民間放送に放送枠を設定し，平等に一定時間を割り振って，投票者が賛否両論の意見を視聴する機会を作るものである．イギリスにおいて，この平等な公的放送枠が設定されたのは，1975年国民投票が最初で，10分間のテレビ放送枠が，賛否両陣営に対して４つの放送局を対象として割り当てられた．1979年スコットランドとウェールズの二つの権限移譲の国民投票では，中核団体が存在しなかったことから，政党への公的放送枠が設定され，その公平性が問題となった．スコットランドでは４つの政党の内，３つが「権限移譲」に賛成であったことから，裁判所にその不公平性が申し立てられ，結果として公平性が認定されなかったために，すべての公的放送枠が取り消されてしまう［Report of the Commission on the Conduct of Referendum 1996：61-63］．しかし，その後，TVを用いて賛否の主張をすることの重要性が認識され，SPLにおける検討では，政党単位ではなく，中核団体を単位として公的放送枠を実施することで，公平性を維持することが可能であるとされた［SPL 12. 39］．現在では，中核団体に対して平等に公的放送枠が割り当てられている．

この公平な公的放送枠の制度を採用している例としては，1995年ケベックの住民投票，1999年オーストラリアの国民投票がある．なお，フランスの2005年国民投票では，賛否両陣営に対して，テレビとラジオにそれぞれ140分ずつ，公的放送枠が設定された．140分は，参加した８つの政党に10分ずつ割り当てられ，残りを議席数と得票数に比例させて配分した［Hammon 2010：111］．

5．2　報道における公平性の確保

電波の希少性及び影響力を考慮すると，放送局の行う報道には公平性が求められると一般に理解されている．しかし，「報道における」公平性は多義的な概念であり，国ごとに公平さを巡る議論は異なる展開を見せている．住民投票

が盛んなアメリカは，放送事業者に萎縮効果を与えるとして公平原則（fairness doctorine）を放棄している．クローニンは，公平原則のために報道の内容が面白味を欠くことになるかもしれないが，そのおかげで資力の劣る側，あるいは支持が少ない側の主張が，放送で取り上げられることになった，として，公平原則の役割を評価する［Cronin 1989：122］．

イタリアは，2002年に施行されたメディアアクセス平等法の下で，国民投票の報道は，賛否両論に対する放送時間量を平等にすることが求められている．このようなストップウォッチによる平等の確保を要請する理由は，イタリアでは地上テレビの影響力が強いこと，公共放送（RAI）と商業放送大手（Mediaset）で約70％のシェアとなっていること，Mediasetはベルルスコーニ元首相の一族が所有していること，という事情から，メディアの独占支配に対応する必要性であった［広塚 2017］．

しかし，量的公平性は，確かに「見た目の」公平性には資するものであり，実現が比較的容易であることは明らかであるとしても，これが果たして熟議による争点投票の実現という，国民投票の目標に役立つかどうかは，疑問の余地がある．2016年の国民投票の際に策定されたBBCの国民投票報道ガイドラインは，公平性は，ストップウォッチで測定できるものではなく，賛否（離脱と残留）の両陣営の適正なバランスをとる必要があるとする．具体的には，争点における幅広いバランスを達成するために，議論の重要性，インパクトの強弱，事実関係の確認，両陣営の主張だけではなく全角度から幅広い見解や声を聞いて判断しなければならない，とする［田中 2016；田中 2017］．

このように，報道の公平さは，「量的な公平性」ではなく，投票案件に含まれる争点を抽出し，賛否両陣営の主張を対照させ，憲法改正案と反転ポイントを比較検討するという，「情報の質の維持」にあると思われる．その際には，紛争解決のための別の案や，両陣営内の少数意見，陣営外の第三者の意見もその重要性を勘案して取り上げる必要がある．このような「不偏不党」の姿勢は，公共放送（BBC及びNHKなど）及び放送法4条の規制を受ける日本の放送局の「公平らしさ」を支えると思われる．

5．3　広告（CM）の規制

TV及びラジオで放映される国民投票に関連するCMも，国ごとに規制の態様が異なり，国民投票の過程全体における位置付けも異なる．アメリカは

TV･ラジオのCMについての規制がなく，公平原則も排除されていることから，これらのCMが投票行動に大きな影響を与えるという研究がなされている［Cronin 1989］．一方，同じ下からの国民投票が盛んなスイスは，電波を使ったCMを禁止している．このため，後述するように，文書・ポスター等のプロパガンダの影響力が強くなっていると思われる．イギリスも，商業放送のCMを禁止している．

TVCMは，①その影響力をいかにコントロールすべきか，②透明性をどのように確保するか，③放送全体に対する公平性をいかに確保するか，④国民投票の過程全体に対する公平性をいかに確保するか，という問題が生じる．②については，虚偽情報への対処の項（６．２．１）で説明する．

５．３．１　影響力のコントロールの問題

アメリカのようにCM規制がなく政治資金規制の少ない国では，住民投票の過程に参加する者が，表現の自由の行使の一環として質と量ともに大規模なCMによる宣伝活動を行い，民意を誘導する作用を観察できる．特に，ネガティヴキャンペーンの否決方向への誘導作用の強さが報告されている［福井 1995：38-39］．

この否決誘導作用を抑制する方法としては，第一に，国民投票運動の期間を長期化し自由な言論に委ね，明らかな誇張･虚偽情報に対する批判がなされて，理性的な判断と争点投票がなされることに期待する，という方法がある（長期の国民投票運動期間と対抗言論）［Qvortrup 2014：132］．これは表現の自由における，自己統治及び思想の自由市場の形成という機能を重視する方向であろう．

第二に，CMにも一定の公平性を求めるという方法である．しかし，一つの問題は，CMは有料であり，CMの作成と放映はTV局・ラジオ局の商業活動でもあることから，その直接的な規制には限界がある，という点である．50対50というように，量的な公平を求めることは，放送局にCM枠の販売を強制することになるからである．10対１とか20対１というような，圧倒的な差にならないように，一つの陣営のCMの量に限界（CM支出のキャップ）を設定する方法もあるが，これは，支出する陣営の表現の自由と放送局の営業の自由を侵害することになりかねない．したがって，CMを用いて声が国民一般に届く，というレベルまで助成するという方策（TVCMにおけるコアファンディング）は，少なくとも，支出の多い陣営の表現の自由と放送局の営業の自由を侵害しないこと

から，有力な対策になり得ると思われる．

第三の方法は，監視機関の設置である．これは，日本のBPO（放送倫理・番組向上機構）のような第三者機関または自主規制機関に，行き過ぎたCMに対する，勧告・是正を行わせるものである．これらの機関に，明らかに虚偽の情報，イメージ等を使った過剰な演出に対して警告させることによって，誘導作用を和らげる役割を担わせる．この監視機関の設置と独立性の維持は，CMを含む放送全体に対する公平性の実現に大きく寄与するものと思われる．

第四の方法は，CMの全面的禁止である．CMのマイナスの作用としての誘導作用は発生しないが，投票の手掛かりを提供するプラスの作用も発生しない．公的放送枠と公平な報道のみで，放送による情報の拡散を行うというあり方も，熟議による争点投票に十分役立つと考えることもできる．ただし，後述するように，情報の流通は，印刷メディアとインターネットによる場合も含めて総合的に考察する必要がある．

5．3．2　CMにおける公平性の維持

報道における公平性の維持と同様に，CMにおける公平性を維持するためには，一方の陣営のCMが大量に流れることを抑制するという「量的公平性」と，著しく誘導的なCMを抑制するという「CMの質の維持」が求められる．量的不公平と質の低い情報の流通を放置すると，国民投票の過程全体に対する不公平感が蔓延し，投票結果に対する正統性が失われる可能性がある．国民投票運動（選挙運動一般）規制の目標が，自由・平等・公平の理念の維持にあるとすれば，資金差のある両陣営の政治的表現の自由を維持しながら，政治資金の誘導作用を減らし，国民投票の過程全体の公平感を維持する必要がある．国民投票の過程のうち，国民投票運動の部分に限定したとしても，私見では，CMにおけるコアファンディングと，独立した監視機関の設置の組み合わせにより，自由と平等の理念の対立をある程度は融和することができると思われる．

第6節　虚偽情報の規制――情報の質の維持――

6．1　虚偽情報規制の問題点

虚偽情報（disinformation）の流通については，近時，選挙の際にインターネット上に故意に流布されるフェイクニュースが問題となっている．こうした真実

を装う表現が選挙運動や国民投票運動に大量に流されて投票結果を左右することは，熟議の成立と正統性付与という目標の達成を妨げる要因となり得るところ，国民投票運動における虚偽情報を規制（虚偽情報の認定・禁止・制裁等）する国は少ない．例えば，オーストラリアの国民投票法122条Ａは，インターネットにおける虚偽情報を規制しているが，ここでの虚偽情報は，「誤った投票の方法を導く情報」（例えば，故意に投票用紙の誤った記載を導くものなど）を指している[26]．イギリスのPPERAも，虚偽情報を取り締まる規定を置いていない．ニュージーランドは，投票日を含む直前３日間において，虚偽情報の提供を禁止しているが，即応性及び取り締まりの困難さから，ほとんど死文化し機能していないとされている［Renwick and Palese 2019：36-38］.

主張の真偽の判定が容易ではないという点が，規制しない大きな理由であると思われるが，食品の添加物に対する規制等に見られるように，政治以外の分野では虚偽情報・不当表示に対する規制は，世界中で広く行われていること，統計情報に照らせばファクトチェックも可能であることから，不正な情報の流通を規制しないことには，事実の確認の可能性以外にもいくつかの理由が存在する．第一に，表現の自由との関係から濫用の可能性がある．第二に，虚偽情報の発信者が規制権限を有する権力者から迫害されていると認識すると，逆にその流通を強めることになる場合がある．第三に，オンライン上に無限に流通する情報に見るように，規制の効果が薄いことが想定され，それは逆に規制機関に対する批判をもたらす可能性がある．改訂草案注釈３．６．２は，以上の理由から，表現の自由に配慮して，明白に虚偽の主張以外は規制しないことを推奨している．そうすると，厳密には虚偽ではないが，投票者を誤解させるレベルの主張は，規制対象とならないことになる．

６．２　虚偽情報への対処

取り締まりに困難があるとしても，熟議への誘導という点からは，虚偽情報に対して何らかの対応が求められる．独立委員会レポートによると，イギリス2016年「EU離脱」の国民投票では，国民は情報の質が低いこと，及び意思決

26）オーストラリアの選挙委員会（Australian Electoral Commission）は，公式見解として，国民投票の広告の内容については，取り締まらないと明言している．Electoral Backgrounder : Referendum advertising February 2015.

定に必要な情報にアクセスできないことに強い不満を持っていた［独立委員会レポート：13. 1］．この不満を解消し，熟議による争点投票を実現するためには，情報と議論の質を改善する必要性がある．改訂草案は，そのために，① 透明性の促進，② 虚偽情報に対する法的規制，③ 質の高い情報の提供，④ 市民議会の活用を提案している．以下，各項目について論じる．

6．2．1　透明性の促進

透明性は，政治資金の規制だけでなく国民投票運動における各陣営の活動内容についても保障される必要がある．投票者は，「どういう情報提供」を各陣営の「誰が行ったのか」という点を知るべきである［改訂草案：注釈3．6．1］．また，インターネットの項で説明するように，近時，ダークアド（dark ad）と呼ばれる，特定の層のみをターゲットとして情報を提供する手法が流行していることから，各陣営が，ターゲットとする層ごとに異なる（場合によっては相互に矛盾する）主張をしていたり，あるいは，対象者ごとに別のイメージを使い分けたりすることを，可視できるようにする必要が生じる．そこで，改訂草案は，最低限，すべての広告の掲出者を確認できるようにすることを提案する．

独立委員会レポートも，広告についてはオンライン上に，レポジトリー（格納庫）の作成を勧告している［独立委員会レポート：勧告14．43］．このレポジトリーでは，誰でもオンラインで掲出された広告を検索し，その内容，対象層，掲出時期，掲出費用について知ることができる．実際，Facebookは，2018年のアイルランドの国民投票において，レポジトリーを作成している．ただし，改訂草案注釈は，このようなレポジトリーの設置を完全にFacebook，Twitter等の私企業に委ねることは望ましくないとする．その理由として，第一に，多国籍の私企業が一国の民主主義にとって最良と思われる行動をとることは期待できないこと，第二に，すべてのオンライン広告を包摂する国家によるレポジトリーの設置の方が望ましいことを挙げて，今後の検討課題であるとする［改訂草案：注釈3．6．1］．

6．2．2　虚偽情報に対する法的規制

（1）イギリス

イギリスでは，各陣営の主張は，これまで主としてメディアか，または対立する陣営による批判的検討によって評価されてきた．近時は，これを補完する

形で，独立した機関によるファクトチェックが行われている．BBCは，「リアリティー・チェック」という番組で2016年国民投票のファクトチェックを行っている．その他としては，チャンネル４の番組「ファクトチェック」，民間の独立した団体としては，フルファクト（Full Fact）があり，2016年国民投票は，世界で最もファクトチェックが行われた国民投票であると言われている．しかし，上述の通り，イギリスでは，不正確な情報の流通を停止する法的な手段は存在しない［独立委員会レポート：13. 6］．

（２）サウスオーストラリア州

サウスオーストラリア州は，選挙管理委員会が，選挙及び国民（住民）投票の広告審査を行う．サウスオーストラリア1985年選挙法113条は，選挙広告（国民投票･住民投票を含む）が，事実を装い，著しく不正確かつミスリーディング（誤解を招く）な見解を含むことを禁止し，当該広告の撤回または特定の用語・掲出方法の削除を勧告し，勧告に従わない場合は，刑罰を課すことができると規定する．この虚偽広告に対する規制は，著しく「不正確」でかつ「ミスリーディング」という要件を厳格に適用していることから，穏健な運用であり情報の流通と議論に悪影響を与えたという評価はなされていない［Renwick Palese 2019：29-30］．むしろ，批判は，選挙管理委員会の権限が弱く，事実を誇張したりごまかしたりする情報が発信される余地があるという点に向けられている［独立委員会レポート：13. 18］．

（３）ニュージーランド

ニュージーランドは，法による規制ではなく，独立した広告の審査機関が，他の広告と同様に審査する．審査する団体は，二つある．一つは，ASA（Advertising Standards Authority）であり，メディア企業等の民間が設立したものである．その苦情処理機関（Complaints Board）は，ミスリーディングな広告または虚偽の広告を禁止する一方，表現の自由に対する配慮を示す審査基準を設定して，申し立てに基づいた審査を行う．民間の団体の勧告であるから，強制力はないが，ほとんどの場合，指摘を受けた広告は変更または削除される．ここで特徴的な点は，審査期間の短さである．平均12日間で審査がなされ，選挙が近い場合は，３日間で応答する場合もあるというように，「即応性と速報性」が確保されている．ASAの審査については批判がほとんどなく，独立・公正さを保っていると評価されている．

もう一つの機関は，テレビとラジオの広告を審査する，BSA（Broadcasting

Standard Authority）である．ニュージーランドは，選挙に係るTV・ラジオCMは，政党とその候補者のみが，その公的助成の範囲内で放映することができる．そのため，BSAの構成員は，政府によって任命される．ASA同様に，ミスリーディングまたは虚偽の情報に対する審査を行うが，政府が構成員を任命するためにその政治的な公平性については疑問が寄せられている．

ニュージーランドにおける二つの審査は，政党による情報提供に対しては一定のインパクトを与えているが，国民投票運動の議論全体に強い影響を与えるものではない．政党や政治家を含む広い国民の支持を得ているが，その役割は限定的である［Renwick Palese 2019：38］．

（4）その他の方式

カリフォルニア州は，裁判所が投票者に配布される公報（voter information guide）を審査する方式を採用する．同公報は，配布される20日前に公開され，虚偽またはミスリーディングな内容について，裁判所に修正または削除を請求することができる［独立委員会レポート：13，20］．

（5）評価

サウスオーストラリア州とニュージーランドでは，他の領域の情報と同様に，政治情報についても，流通に適するものと適さないものを区別することができると審査担当者に認識されている．また，時宜に応じた審査，即応性の確保及び公正な判断が，審査機関に対する信頼性確保に役立っていると認識されている．しかし，実際の運用は，表現の自由を保護するために明確な虚偽のみを規制する形になっており，多くの投票者に不信感を抱かせる言論については，ほぼ野放しになっている．このことは，審査機関に対する信頼を傷つける要因となっている．選挙管理委員会または政府が任命する委員が情報の真偽について判断すると，その公正さについての不満が生じる．一方で，明らかな虚偽情報のみを統計等に照らして判断するという運用にすると，誇張または拡大解釈された情報，あるいは論点から逸脱した情報等が流通し，十分な機能を果たすことが難しくなる．**このように不正情報の審査と審査機関の公平性には，一種のジレンマが発生する（正確な情報提供と公平性のジレンマ）**．レンウィック・パリーズは，二つの地域で行われる虚偽情報の審査がある程度成功しているのは，規模が小さいこと（大きいと即応性が保てない），法文化として第三者による審査機関に対する信頼があることを挙げ，イギリスで実施することの困難さを指摘する［Renwick and Palese 2019：38-41］．

6．2．3　質の高い情報の提供

（1）3種の方法

質の高い情報の提供は，①信頼できるメディアによる自主的な提供，②政府による情報の提供，③選挙管理委員会等の独立した機関による情報提供がある．

①では，公共放送以外は，基本的に私的な団体によるものであり，その国のメディアの成熟度，政党色の表れ方などによって質の高い情報の提供の程度が異なる．公共放送については，イギリスのBBC，日本のNHKは，公平で中立的な報道が要請されている．

②は，政府の中立性に関連する問題である．例えば，フランスの2005年「EU条約批准」では，政府は各戸に，条約本文・批准に係る政府の主張を含むパンフレット等を配布したが，その中には，批准の反対意見は含まれていなかった［Richard and Pabst 2013］．同年のスペインの国民投票においても，賛成多数を得ることは予想されていたが，低い投票率を回避するために，TVCM・条約本文または簡略版の配布等の多様な方法で投票率の向上を図ったが，中央選挙管理委員会から中立性の要請に反しているとの裁決が下されていた［Montero and Bellolio 2010：157-158］．

③については，（2）以下で述べる，イギリス・アイルランド・ニュージーランドにおける，選挙管理委員会等の情報提供が参考になる．

（2）イギリス

イギリスでは，長い間，質の高い情報の供給源は放送であり，大学及びその他の高等研究機関がこれを補ってきた．近時は独立機関（VAA：Voter Advice Applicationsなど）がオンライン上で，国民投票に必要な情報の獲得を支援している．選挙委員会は，国民投票に係る啓蒙活動（国民投票の意味・選挙との違い等の基礎知識の説明）及び選挙登録の勧誘だけではなく，投票案件に対する情報の補足を行うことがある．2011年「選択投票制」の国民投票では，現行の小選挙区制と選択投票制についてのパンフレット（公報）を作成して，各戸に配布している．また，1975年，1997年，2016年の国民投票では，政府が公報を作成しているが，これは，上述の通りの政府の中立性に反すると批判されている［独立委員会レポート：13．11］．

実際，国民の情報満足度は必ずしも高くない．選挙委員会の調査によれば，2014年のスコットランド独立の国民投票は，投票者の78%が十分な情報の下で判断できたと回答しているが，2016年の国民投票では，62%であった．情報への不満の理由では，情報の質が低いこと，中でも，不公平で一方の情報のみが流通していたこと，及び不正確でミスリーディングな情報が提供されていたことが多い［独立委員会レポート：13. 12, 13］．したがって，イギリスにおいては，以下のアイルランド・ニュージーランドのような選挙委員会の積極的な情報提供も検討されている．

（3）アイルランド

アイルランドでは，1995年に国民投票委員会（Referendum Commission）が創設された．その情報提供における役割は，2001年の改正前と改正後で大きく異なる．

改正前は，1998年国民投票法によれば，① 憲法改正案と関連する法律の内容についての一般的説明，及び委員会が適切だと判断する関連情報の公表，② 憲法改正案の賛否を詳細に検討した意見の公表を主要な機能としていた．①②については，あらゆる関係者にとって公平に行わなければならないとする．②については，国民一般からの意見公募を行う．また，③ 憲法改正案に係る議論を促進する機能も求められていた．

改正後は，②と③の機能が削られ，新たに，④ 国民投票の周知，⑤ 投票の促進という機能が追加された．2018年（中絶解禁ほか１件）国民投票においては，国民投票委員会は，公報の配布，ウェブサイトでの情報提供，SNSにおける広報，TVラジオCM，委員会首席のインタビューというように多くの方法を用いて，①の情報の拡散を行っている．ただし，その内容は，憲法改正によってどのように法律が変更されるのか，というような法的な説明が中心であり，憲法改正がどのような影響を与えるか，という点の説明は行っていない．こうした運用は，「正確性と公平性の維持」という国民投票委員会の設立趣旨には適うものであるが，「提供された情報を投票者の関心に沿うものにする（情報の関連性）」という要請に反するものである．例えば，2008年「リスボン条約の批准」の国民投票では，条約に係る詳細な公報が出されたが，条約批准後の社会生活の変化を説明するものではなく，投票者に不満が残るものとなった［独立委員会レポート：Box13. 2；Renwick and Palese 2019：131-138］．

こうした運用は，政府から独立した機関が中立的な情報を提供する際に発生するジレンマを如実に表している（正確性・公平性と情報の関連性のジレンマ）．国民投票委員会が，情報提供において厳格な公正性を維持しようとして，憲法改正案に係る情報を「法的な内容」に限定することは，「情報の関連性」を低下させ，国民投票運動で議論を形成する役割を制限してしまう．逆に，憲法改正案について，賛否の主張の是非を含む踏み込んだ情報を提供することは，場合によっては一方の主張を擁護または批判することにつながり，「公平性」の維持に反することになってしまう．

（4）ニュージーランド

ニュージーランドの選挙管理委員会は，アイルランドよりもさらに踏み込んで多層的な情報提供を行っている［独立委員会レポート：Box13. 2；Renwick and Palese 2019：152-154］．2011年「選挙制度」についての国民投票は，「現行のMMPを変更すべきか」「変更を選択する場合，FPP・PV・STV・SMのどれを選択するか」という二問形式であり，選挙管理委員会の行う情報提供は，「投票者が自分の求める情報を利用可能にする」ことが目的とされた．まず，各戸に，① 国民投票に参加するための基礎知識と，② 投票案件とその成立後の影響を短くまとめた公報が配布される．主要新聞紙には，小冊子が折り込まれるが，詳細な内容については，選挙委員会のウェブサイトを参照するものとしていた．

これらの情報提供においては，選挙制度を評価する5つの基準（国民に対する責任・効率的な政府・議会の効率化・代表の比例度・適正な代表）と，これらの基準に照らして各制度にどのような長短があるかが詳細に説明された．ただし，選挙管理委員会は，「5つ基準のどれを重視すべきであるか」「どの制度に投票すべきか」という点について評価は行わない．重要な点は，選挙管理委員会は，ウェブサイト上に，国民投票の情報提供を行うツールキット（RIT：Referendum Interactive Toolkit）設置し，投票者が必要な情報を取得できるようにしていることである．RIT上では，動画を用いて各選挙制度の長短についての分かりやすい説明，各制度間の比較を行っている．利用者の理解を促すために，クイズ形式で選挙制度の基礎知識の確認も可能であることから，自分の関心のある制度についての情報を得ることができる．さらに，選挙管理委員会は，選挙制度についての明らかな虚偽を指摘し，変更を求めることができる．

このように，上述の「正確性・公平性と情報の関連性のジレンマ」を，アイルランドが「法的な情報の提供に限定すること」によって解決しようとしたのに対して，ニュージーランドは，「投票者が求める情報を提供すること」によって解決しようとしたのである．ニュージーランドでは，RITに対して，選挙制度のような難解な問題を過度に単純化しているとか，バイアスがかかっている可能性があるという批判もなされているが，国民一般及び政治階層においては，これらの情報提供に対する信頼が高く，独立機関による公的情報の提供の一つの成功モデルということができる［Renwick and Palese 2019：154-155］.

（5）評価

（1）で述べた良質な情報の提供のための三種の方法は，それぞれ問題を抱えている．① メディアの自主性に委ねる方式は，民主主義のレベル・メディアの成熟性という問題があり，私企業としての限界がある．② 政府による情報提供は，中立性の確保が難しい．③ 公的な独立機関としての選挙管理委員会が提供を行う場合は，独立及び公正性・信頼確保と踏み込んだ情報提供とのバランスの維持という困難な問題が発生する．アイルランドの成功は，法的な情報に限定していることにあり，ニュージーランドの成功は，分かりやすくかつ質の高い情報提供への評価が高いことと，選挙管理委員会のメンバーには，オンブズマン等の「中立公正な人物」が選定されていることにある，と思われる［Renwick and Palese 2019：160-163］.

私見では，イギリスのように，大学または研究機関といった信頼できる民間の団体（できれば党派性がない団体が望ましい）が，一つの見解として虚偽情報への評価を行うことが穏健な方法であると思われる．あるいは，後述する三層構造の情報の流通を構築することも提案したい．

ただし，このような質の高い情報へのアクセスと受容も，ザラーが述べるような，政治意識の高さと争点に対する長年の議論が影響していることは否定できない．良質な情報を提供することと，それを積極的に摂取し，受容し理解することは，別次元のものであることを認識する必要がある．これも情報の提供と受容・理解のジレンマである．また，第３章で論じるように，熟議に必要な情報のレベルを確認することも，政治意識に左右される．

6．2．4　市民議会の活用（オレゴン州のCIR）

良質な情報提供のための４番目の方法は，市民議会の活用である．第一段階において，市民議会を活用して憲法改正案を作成したように，国民投票運動においても，一般市民に憲法改正案についての熟議を行わせ，その結果を国民全体に周知させることによって，一般市民の素朴な疑問を解消し，憲法改正案の難解さを解消することが可能になる．

（１）オレゴン州のCIR

アメリカのオレゴン州のCIR（Citizen Initiative Review）は，市民参加によって住民投票に必要な質の高い情報を提供する手続である．CIRは，2010年に制定された手続で，登録有権者の中から州内の各層を代表するように構成された，18〜24人のパネリストを任命し，連続３〜５日間（総計25時間以内）にわたって議論がなされる．初日は，CIRの手続全体の説明，議論の方法についての説明，投票案件に関連する知識等（例　遺伝子組み換えのイニシアティヴであれば「食品表示の規制」の基礎知識）の説明を受ける．次の２〜３日目には，賛否両陣営からの主張を聞き，必要であれば中立的な立場の専門家の説明を聞く．また，賛否両陣営が相互に行う反論も聞く．４〜５日目は，小グループに分かれて，賛否両論についての議論を行い，最後に，パネリストの投票が行われ，全体としての所見（key findings）についての合意がなされる．CIRで議論された内容に係るステートメント（所見・パネリストの投票結果・賛否両論の見解を含む）は，州発行のパンフレット（公報）に掲載されて，投票者に配布される．

CIRが提供するステートメントは，包括的で十分な情報を提供していると評価されており，正確・明瞭・分かりやすさに係る評価も高い．約４分の１の投票者がそれを読み，そのうち５分の３が有益であったと回答している．住民投票におけるオレゴン州発行のパンフレットが100ページの長さであることを考慮すると，非常に高い数字である．このように，公平で信頼できる情報源としてCIRの評価は確立されており，攻撃的な広告，刺激的なキャッチフレーズに対する「解毒剤」となることが期待される[27]．

（２）評価

CIRは，陪審と異なり全員一致にする必要がないこと，議論の方法・基礎知識をフォローする仕組みが整っていること，賛否両陣営に主張と反駁の機会を与えていること，州内の各層から適切にメンバーが選定されていることから，市民が理解できるレベルでの情報提供を行っていることが観察できる．日本の９条問題のように，先鋭的な対立がある争点でも，主張の異なる者を無理に説得して妥協的な結論を出すのではなく，専門家ではなく市民の視点で対立点を示すことができる点に期待が集まる．ただし，コストが高いこと及びどの機関

27）CIRの制度と運用については，独立委員会レポート［box13．3］，Gastil et al.［2014］，Renwick and Palese［2019：204-225］を参照されたい．

が主体となって実施するのかという点の課題が残る．さらに，より根本的には，このような良質な情報をどのように拡散させ，投票者の意思決定の情報として活用するか，という点が重要である［Renwick and Palese 2019：225-227］．**つまり，情報の「製造」の問題だけではなく，「流通」と「消費」が問われる．第一段階における市民議会は，憲法改正案に対する民意反映であったが，第二段階における市民議会は，「市民目線での情報」提供が主たる役割となる．**この点，憲法改正案作成の市民議会とは異なる機能があると思われる．

第７節　インターネット及びソーシャルメディア

７．１　国民投票運動におけるインターネットの影響力

現代社会におけるインターネットの利用と影響力の大きさは，国民投票運動のあり方も大きく変化させた．Media Policy Brief 19（2017年３月）は，ソーシャルメディア中心となったイギリスの新しい選挙運動について，次のように報告する［Goodman et al. 2017］．

イギリスの成人人口の82％がインターネットを利用し，インターネット利用者のうちFacebookだけでも59％が利用している．ソーシャルメディア利用者のほとんどが，Facebookを利用し，他のYouTube，Instagram等を利用する者も年々増加している．こうした環境の下で，ソーシャルメディアを利用した選挙運動は，新聞よりはるかに安く，正確に標的となる層（激戦区の投票者など）に向けること（これを「ターゲット戦略」という．）ができるとして，政党と候補者が採用するようになってきている．この点については，国民投票でも事情は同じであり，2016年EU離脱の国民投票で，離脱派の運動責任者のドミニク・カミングスは，「我々の資金の98％は，インターネット上の宣伝に用いられた．特に，選挙前の10日は重点的に，自分たちの主張を多種多様な広告という形で届けている．」と述べる［Marshall and Drieschova 2018：95］．

ヴェニス委員会は，2007年コードの改正趣旨として，「インターネットとソーシャルメディアの発展から生じる諸問題を考慮し，質の高い情報を投票者に提供することの重要性を反映させるべきである．」と述べている［改訂草案：Summary］．このように，自由・平等・公平という国民投票運動の理念は，インターネット及びソーシャルメディアの発達によって，重大影響を受けつつある．インターネット及びソーシャルメディア中心の選挙運動には次のような問

題点が生じる．

7．2　インターネット及びソーシャルメディアによる国民投票運動の問題点

7．2．1　虚偽情報の流通と外国の干渉

フェイクニュースのような虚偽情報はインターネットを通じて急速に拡散する[28)]．その拡散のスピードと量は，従来のメディアとは比較にならないほどの影響力を有する．また，外国政府や多国籍企業等が，フェイクニュースを発信することによって，国内の政策に干渉する可能性がある．それらの勢力は，ターゲット戦略を用いることによって，さらに効果的な干渉が可能になる．例えば，アイルランド2018年「中絶禁止条項の削除」の国民投票では，アイルランド国外に居住する中絶反対グループが，SNSを用いて広告を流通させている［独立委員会レポート：14．3］．アイルランド2018年国民投票では，FacebookとGoogleは，これらの広告を禁止したが，オンライン上では，いろいろな形態で不正情報が存在していたと指摘されている．この点については［独立委員会レポート：14．15］が挙げる文献で指摘されている．

7．2．2　ターゲット戦略と不透明性

賛否両陣営は，インターネット使用者の日常の行動を通じて，個人の情報（住所，職業，帰属集団，性，年齢，ネット上の行動パターンなど）を収集して，投票する可能性のある者に限定し，しかもそれが特定の集団にしか公開されない宣伝広告（ダーク・アド）を送付する．これによって，政治資金を効率的に用いることができる．これらの個人情報は，検索エンジンを使用する時，ソーシャルメディア・eメール等を使用する時などに収集され，それに基づいて効率的に，自己の主張を投票者に届けることができる[29)]．こうした，ターゲット戦略は，個人情

28）Goodman et al.［2017：14］は，ソーシャルメディアの不正情報には，7つのタイプがあるとする．それらは，①風刺またはパロディー，②ミスリーディング，③なりすまし，④捏造，⑤誤った関連性，⑥不正な文脈での使用，⑦操作された内容である．これは，実務的にも有益な分類であると思われる．

29）検索履歴等から，インターネット上では，利用者が好ましいと思う情報ばかりが選択的に提示されてしまう．これは，フィルターバブル（filter bubble）と呼ばれる現象であるが，インターネット上では，一見，多様な情報に触れているように見えて，実際は，自分の思想傾向に沿った情報だけを受領してしまう［Goodman et al. 2017：14］．

報を許可なく利用し，それを追跡することが困難であることも問題となる（透明性の欠如）［独立委員会レポート：14．7］．

また，ターゲット戦略は，次のように選挙運動及び国民投票運動の過程に重大な問題を発生させる［Goodman et al. 2017：19-20］．第一は，この手法は，限定された一部の投票者にしか情報を伝えないことから，選挙及び国民投票を不公平なものにする．激戦区または態度未決定の投票者に絞って情報を提供することは，自由な情報の流通によって比較検討して争点を考察すること（熟議）を困難にするので，社会の分裂・二層化を促進する可能性がある．

第二に，このターゲット戦略は，社会の分裂を誘う争点を取り上げる．移民・福祉などの国民が関心が高く，かつ投票の誘因となる争点を中心に取り上げ，それを一部の隠れたフォーラムで議論し，事実の検証の不十分な偏った情報を流すことは，第一の問題と同様に，社会の分裂を招く．これは，2016年「EU離脱」の国民投票において，移民問題が大きく取り上げられ，EUの拠出金に係る虚偽情報が蔓延したことからも，十分に想定される問題である．

第三に，オンラインでの発言・討論等は，全て記録されるのであるから，それを利用する，この手法は，プライバシーを侵害する．

第四に，この手法で投票を誘導することは，マンデート・マニフェストといった間接民主制の中核部分を崩壊させる．当選するための甘言も簡単に消去されてしまい，無責任な発言を助長するからである．国民投票についても，投票させるために無責任な主張，裏付けのない情報が，非公開で特定の投票者に提供される可能性がある．

7．2．3　政治資金及び掲示責任者の不透明性

上記の項目に関連して，オンライン上の広告及び情報は，発信者を確定することが困難であることから，誰がどれだけの資金を用いて，国民投票運動に参加しているのかが不明という意味での不透明性も指摘される［独立委員会レポート：14．16-17］．

7．2．4　見張り役としてのソーシャルメディアの危険性

純然たる私企業である，Facebookなどのソーシャルメディアが，情報流通の見張り役（gatekeeper）を担うことの危険性が指摘される．これらのソーシャルメディアが，どのような基準で情報を流通させ，遮断しているのかについて

の基準が十分に公開されているわけではなく（透明性の欠如），虚偽情報・誇張情報を流通させながら，一方で検閲を行っている可能性もある．つまり，選挙運動が展開される公的空間であるにもかかわらず，その空間は，透明性・信頼性その他が不十分な民間企業が運営している，という点が大きな問題となる［Goodman et al. 2017：13］．

7．3　解　決　策

7．3．1　総論

確かに，SNSを提供する企業（以下「SNS事業者」という．）は，誰でも参加することができる議論の空間を提供する．しかしながら，これらの企業の多くは多国籍企業であるし，上述の通り，国家の安定や民主主義の維持を第一義に行動しているわけではないことから，その自発的取り組みには限界がある．オンラインの空間が民主主義にとって重要であるとすれば，あくまでも議会と政府の主導の下で，これらの企業の協力を要請しながら，オンライン上の表現の自由の限界を画する必要がある［独立委員会レポート：14．19］．

7．3．2　不正情報への対応

オンライン上の不正情報への対応は，３つの方法がある［鈴木 2018］．

① SNS事業者に対して，そのサイトの内容に直接的な責任を持たせて，不適切な内容がある場合には削除させる．これは，ソーシャルメディアに対して，監視義務を課し，内容の審査を求めるものである．ドイツで2017年に制定された「SNS対策法」は，必ずしもフェイクニュースに対応しているものではないが，オンライン上の違法な情報に対して，SNS事業者に，原則24時間以内の削除義務，苦情対応に係る手続の整備義務，苦情対応についての報告義務を課し，違反者に対する過料について規定する．しかし，削除までの時間が短いこと及び過料支払いの可能性のために，SNS事業者は過度な審査を行ったり，逆に，違法ではない内容の広告までを安易に削除するようになることが懸念されている［独立委員会レポート：14．26］．

② 国家が直接，不正情報をブロックする方法がある．しかし，これは，国家による正当な言論活動に対する検閲にあたる，という問題点がある．

③ 第三の方法として，SNS事業者と政府・議会が協力する方法がある．これは，SNS事業者がすでに採用している，サイトの内容についての原理・ルー

ルを立法化して，この法の下で規制を行うというものである．①と②の折衷的な方法であるが，SNS事業者の協力がない場合は，②の国家の積極的な干渉に議論が向かう可能性がある．

いずれにせよ，①における私企業ゆえの限界，②における国家の干渉の限界というジレンマ（私企業の自主規制と国家の干渉のジレンマ）があることから，多くの国の議論を参照して，適正な制度を構築する必要がある．私的な空間ながら，一種のパブリックフォーラムとして機能しているSNSの構造からみて，SNS事業者と政府の共同作業によって不正情報の問題に対処する必要がある．このような共同作業を推奨しつつ，独立委員会レポートも，表現の自由の限界事例の判断については，SNS事業者ではなく，選挙を経て選出された政府・議会が担うべきであるとする［独立委員会レポート：勧告60］．

7．3．3　有料広告の禁止

イギリスでは，放送広告の全面禁止に合わせて，オンライン上の広告も全面的に禁止すべきである，あるいは厳格に規制すべきであるという見解が存在する．しかしながら，印刷メディアに対する規制が行われていないことに比較すると，そのインパクトを理由としてオンライン上の広告を禁止することは，十分な説得力を示すことができない．国民投票に係る広告も一種の表現の自由であり，むしろ，公開性と透明性を高めることで，不正情報に対処すべきであると思われる．また，後述するように，放送メディア・印刷メディアも含めて総合的な情報流通に対する考察が必要であろう［独立委員会レポート：勧告61］．

7．3．4　レポジトリーの設置

有料広告に対するレポジトリーの設置は，不正情報を減少させ，透明性を確保するという目的を有する．これによって，選挙管理委員会・国民投票委員会等の監視機関は，オンライン上の支出を確認することが可能になり，一般の国民及びメディアも不適切な内容を確認し，ターゲット戦略の問題点（集団ごとに提供される情報が異なる点など）を確認することができる．そのためには，多くの情報を包摂するものとし，誰もが利用できるようにする必要がある．また，公開される情報は，当該広告が，「いつ」，「誰が」，「どのような内容を」，「誰に対して」，「どれだけの費用をかけて」提供されたかを示す必要がある．

一つの問題は，このようなデータベースを作成するに際して，誰がその情報提供に責任を負うかという点である．イギリスの場合，賛否両陣営（中核団体）に提供義務を課すということが考えられるが，自派に不都合な内容を修正・削除する可能性がある．SNS事業者に提供義務を課すという選択肢もある．いずれにしても，他の対策と同様に，SNS事業者と政府・議会の共同作業が必要になる［独立委員会レポート：勧告62］．改訂注釈３．61も，SNS事業者が必ずしも民主主義の過程の維持のために行動するわけではないこと，オンライン上の広告のすべてを管理するには，SNS事業者ごとではなく，一つのレポジトリーを設置することが望ましいとして，政府と事業者の協力が望ましいとする．

第８節　文書・ポスター（プロパガンダ）の規制

イギリスの2016年「EU離脱」の国民投票では，バスの車体に，「Breaking Point」という文字と移民の列が延々と続く写真が，離脱派の広告として注目を集めた．「EUに残留すれば移民が増えるという」イメージ広告であり，典型的なプロパガンダである．プロパガンダは，スイスでは，金を払って自分の陣営の票を集めるための情報と定義されている［Linder 2010：120］．プロパガンダは，ポスター，ビラ，新聞広告，スローガン，写真といった多様な手段を用いて，拡散されるところ，その内容が真実を含むとは限らない．しかし，虚偽情報の問題と同様に，その真偽を判定することは容易ではない．したがって，その質に対する規制としては，掲示責任者を明記させ，匿名性を排除することによって行われる立法例が多い．

イギリスでは，PPERA126条は，国民投票運動を行う者が文書を頒布する場合は，当該文書に，印刷者・出版責任者・総責任者の氏名と住所の明記を求めている．文書の内容は，名誉毀損などの一般法の規制に服するが，通常の選挙のように，候補者に対する虚偽の記述に対する規制はない．

オーストラリアでは，国民投票法122条が，国民投票に係る印刷物・広告・ビラ・パンフレット・看板を発行し，頒布し，掲示する者は当該印刷物等の末尾に，責任者の名前と住所を記載しなければならないと規定する．前述の通り122A条は，誤解を与える情報の提供を禁止しているが，この禁止は，「国民投票の投票方法」に対する誤誘導の規制であるので，内容についての規制はない．

スイスは，放送での広告を禁止しているが，政治資金の規制がない（寄付と支出の制限・情報公開がない）こともあって，その分，プロパガンダが国民投票運動の中心的手段として活発に展開されて，投票への影響力が強いと言われている［Linder 2010：122］．しかし，争点ごとに見ると，先有傾向がはっきりしている場合はプロパガンダの影響力は弱く，新規の争点で先有傾向が不十分な場合は影響力が強いという，研究が示されている．［Linder 2010：124］．他の国と同様に，ここでも，政治資金は一つの大きな決定要因ではあるが，これがすべてを決定づけるものではない，ということが示されている．

なお，イニシアティヴは，平均して約3倍のNEIN（反対）陣営のプロパガンダにさらされること，イニシアティヴの成立率は低いことから，NEIN陣営の一方的なプロパガンダが有効ということもできるが，一般的にいうと，スイスの国民投票において，「金が国民投票の結果を買う」という状態にはなっていない［Serduelt 2010：171-173］．

また，リンダーは，プロパガンダの問題点として，資金提供者・掲出者が責任を負わないこと，一方の側が圧倒的に多い場合があることを指摘し，憲法で保障された「独立した意見形成・純粋な参加」が無意味になると指摘する［Linder 2005：279-280］．この点は，アメリカのTVCMによるネガティヴキャンペーンに対する危惧［Ellis 2002］と同様である．

第9節　国民投票運動期間の設定

国民投票運動の期間の設定も，手続的公平性と熟議を経た争点投票による，正統性の確保という視点から考察する必要がある．国民投票運動期間の決定手続は，本来は第一段階の問題であるが，その機能と問題点については，熟議と情報の流通に関わることから，本章で扱う．

9．1　期間の長短

未知の争点を短い国民投票運動期間で問うことは，十分な議論の時間が与えられたとは言えないことから，カナダの1992年国民投票（5週間）のように，そのことが否決の原因となることがある．一方で，短い期間で首相や大統領の人気を利用して国民投票を実施することも，プレビシット的運用として非難の対象となる．2015年のギリシアの国民投票のように，短い期間（10日間）で「欧州中央銀行とIMFの提案を受け入れることができるか」という投票案件を問うのは，国民の感情を利用したものであり，熟議による争点投票が実施された，と評価することはできない．このように，短い国民投票運動期間の設定は，禁止されることが望ましい．

それでは，どの程度の期間が適切であろうか．投票行動論の視点からは，既知の争点で，国民投票の実施前から議論が行われていたり，投票者の先有傾向がはっきりしていたりする問題については，それほど長期間の国民投票運動期間は必要がない，ということができる．逆に未知の争点・包括的な投票案件・憲法の全面改正・新憲法の制定などについては，一定程度の時間的余裕が欲しいところである［IDEA：52-53］．

争点投票という視点から見ると，比較的長期の国民投票運動期間は，虚偽情報・誇張情報を検討する時間を与えるという効果が期待される．つまり，思想の自由市場に委ねることによって，これらの情報が淘汰されることが理論的にはあり得る．しかし，上からの国民投票の多くに，NOバイアスが発生していることを見ると，超短期の国民投票を除けば，国民投票運動期間の長短は，それほど大きな要因ではないと思われることから，議論の機会を与えなかったという公平性を疑われるレベルの短い期間を回避することが，一つの目標である．改訂草案4．8は，賛否両陣営が議論を発展させて，投票者がそれを理解して投票するためには，十分な国民投票運動期間が必要であり，特に，既知の争点ではない場合には，最低4週間の国民投票運動期間の設定が望ましいとする．

まとめると，国民投票運動期間の設定には，熟議のための時間の確保と公平性の維持という二つの目的があることになる．

9．2　国政選挙との同日投票

国民投票と通常の選挙を同日に実施することには，長所と短所がある．長所は，投票率の向上が期待されることである．一般に，国民投票は，通常の選挙よりも投票率が低い．このため，同日選挙を実施すると，国民投票だけを棄権することはほとんどなく，少なくとも通常の選挙と同程度の投票率を確保することができる．また，経費を削減できるという長所がある．短所は，政党が投票の手掛かりとして機能しにくいという点である．他の政策では与野党が対立しているのにもかかわらず国民投票の争点だけは一致している構図で実施すると，投票者は混乱するであろう．また，国民投票運動と選挙運動の区別がつきにくいという問題がある．そして，選挙で現れたリーダーシップ効果が，国民投票でも発生しやすくなる．同日選挙が行われることが少ない理由には，国民投票の多くが，党内の分裂回避のために実施されるという事情がある．同日選挙の中に，国政選挙・地方自治体の選挙・国民投票（3～4以上の争点）というように，複数の投票が含まれる場合は，争点に対する理解が不十分のままに投票する可能性がある．同日選挙が投票率を向上させるとしても，熟議を誘導する効果があるかどうかは不明である．これも投票者の能力的限界の一つの局面である．

9．3　投票日の時期（投票のタイミング）

同日選挙も含めて，国民投票をどの時期に実施するか（投票のタイミング），という問題は，投票者の動員と正統性確保という点では重要である．特に，憲法改正国民投票は，投票率を向上させることによって正統性を高める必要があることから，成立を図る政府＝賛成陣営は，以下のような様々な要因を考慮して，投票日を設定する必要がある．

① 国政選挙の時期	次の選挙が近づくと同日選挙回避のために発議ができなくなる可能性がある．
② 選挙の頻度	年に何度も投票すると「選挙疲れ」が発生し，投票率が低下する可能性がある．
③ リーダーシップ効果	首相・大統領の高い人気がある時期に実施すると有利．
④ 長期政権	長期政権の末期に実施すると不利．
⑤ 内閣支持率	内閣の支持率の低い時期に実施すると政府批判が生じやすい．
⑥ 季節等	春秋の行楽日和，夏の休暇期間の時期に実施すると動員しにくい．
⑦ 政治日程	予算の成立時期・国内行事・重要な外交日程との重複は回避したい．
⑧ 他党・支援団体	発議要件が単純多数決ではない場合，同調する他党の党内事情も考慮する必要がある．

以上のように，投票のタイミングの決定は非常に難しく，憲法改正の場合，改正案の作成にも影響を与えることから，第一段階の問題でもある．多くの国では，国政選挙が1～3年という短いサイクルで実施されるのであるから，単

発的な争点についての国民投票はともかく，グランドデザイン型（国のあり方を根本的に見直す）の憲法改正国民投票は，そもそも，実施しにくいことが理解できる．

このように，通常，国民投票運動の期間については，憲法または国民投票法による統制があるが，義務的国民投票以外は，タイミングについての規制がほとんどないことから，実施する政府・議会のコントロールによって，つまり政治的な裁量の下で決定されることになるが，その裁量の範囲は，上記の要因によって事実上狭められている．

第10節　運営機関・監視機関

選挙の公正さを確保するために，選挙管理委員会が多くの国で設置されているように，国民投票においても，国民投票を公平に運用し，その逸脱については何らかの警告・制裁を行う機関（以下「国民投票委員会」という．）が存在する場合が多い．改訂草案6．2は，「国民投票を監視する機関は，政府から独立した存在であり，ルールを執行し，違反に対する制裁を課す権限を有するものである」としている．なお，選挙管理委員会が国民投票の監視を兼ねる場合もある．

10．1　国民投票委員会の機能

主たる機能としては，① 選挙登録の手続及び基礎知識の普及等の啓蒙活動，② 中核情報の提供，③ 政治資金の管理及び報告，④ 法令違反の摘発等がある．不正情報の項目で説明したように，国民投票委員会が，⑤ 中核情報よりもレベルの高い情報を発信し，不正情報の修正・削除を要請する機能を有する場合もある．また，第一段階において投票案件の問題点を指摘し，修正を勧告する機能を有する場合がある（イギリスの選挙委員会）．

10．2　国民投票委員会の構成

公正さを担保する方法として，国民投票委員会の構成をどうするか，という問題がある．上記の機能のうち，②の中核情報と⑤の中核情報よりもレベルの高い情報提供を除けば，管理と運用に政治性・党派性が問題となることは少ない．前出の通り，アイルランドでは，中核情報を政府が提供していたことから，元最高裁判事などで独立した第三者から構成されるものとなっている．さらに，レベルが高く多層的な情報提供を行うニュージーランドでは，オンブズマンなどの社会的に「中立公正」と評価されている人物が，国民投票委員会を構成する［Qvortrup 2014：128-129］．

第3章　投票・成立要件・投票後の問題（第三・四段階）

第1節　第三段階　国民投票における「投票」の機能と問題点

1．1　国民投票における投票の機能

国民投票における，「投票」にはどのような意味があるのだろうか．議会における法律の審議に，審議の終了としての投票（議決）があるように，国民投票の投票にも，投票案件（憲法改正案）に係る議論，すなわち国民投票運動の終了という意味がある．しかし，議会審議では，政党の配置状況（与野党の議席差）から議案の成立の可能性はかなりの程度予測されるが，すでに論じたように，国民投票では投票案件の成立を予測することは難しい．投票者の先有傾向がある程度がはっきりしている争点であっても，逆転する場合もあるし，世論の動向が全く見えない場合もある．

このように，国民投票では多くの場合，国民投票運動の期間における世論の可変性・予測不可能性があるところ，その変動する民意を前提として，投票日における民意が最終的なものとして確定される．そうすると，適切な投票案件＝憲法改正案の作成がなされ，国民投票運動において熟議が行われた場合には，投票には議論の終了と熟議の結果としての民意の確定という機能が存する．この場合，理想的な国民投票としては，争点投票が発生し，紛争解決・コンセンサス形成機能が発揮されることが期待される．そして，国民投票の結果に対して正統性が付与され，上述の通りの，まさしく「成功した国民投票」になる[1]．

1）レヴィーは，憲法改正国民投票において，熟議を経た投票が重要な意味を有する理由として，① 世代間の合意の成立，② インフォームドコンセントの存在，③ 熟議に対する国民の支持を挙げる［Levy 2013：560-567］．

1．2　投票による議論の強制的終了とコンセンサス形成の失敗

しかしながら，投票日までに世論が形成され，賛否が明確に分かれることもあるが，争点，投票案件，国民投票運動期間の長さによっては，議論が深まらずコンセンサスが形成されないままに，国民投票運動が終了し，議論が打ち切られることもある．この投票における「議論の強制的終了」(議会にも会期があるが，継続的な審議も会期の延長も可能な場合があり，必ずしも投票が強制されるわけではない）は，投票日までに決定を促す作用（最終週に決定する者が多いという事例は多数ある）があると見なすこともできるが，情報不足のために決定が不能な場合は，棄権・否決票という投票行動を創出する作用がある［Bowler and Donovan 2000：43-66］．否決票の中には，不十分な情報と考慮時間で決定を強制されたことに対する不満が，提案する政府への批判として現れることもある[2)]．これは，制度としての「熟議期間」と，実際のコンセンサス形成が一致しないことを示している．あるいは，熟議期間における，コンセンサス形成の失敗を表している．

1．3　議論の強制的終了が国民投票に与える反作用

国民投票は，「賛否の二択に対して，熟議期間を設定して投票を強制する」構造であり，それによって，単純性（simplicity　複雑な問題を，賛否の二択の形式に収束させる)，正統性（legitimacy　民意が反映された正統なものという認識を得る)，完結性（completion　争点を巡る紛争を一回で完結させる）という長所がある．しかし，国民投票の基本構造自体が，これらの長所との間に緊張関係を生み出している（ジレンマがある）可能性がある［Tierney 2012：261］．

二択にするために，複雑な問題を単純化する（あるいは包括的投票案件にする）というエリートによる投票案件の操作が，熟議期間におけるコンセンサス形成を阻害し，争点への理解を困難にさせ，正統性と完結性を傷つける，という反作用を有する．前述の通り，その典型例が，カナダ1992年国民投票であり，投票者にとっては未知の包括的憲法改正案を5週間という短い期間で問い，決定を強制することは，コンセンサス形成を困難にした．

2）多くの憲法改正国民投票において，“Don't Know,Vote No”というスローガンが登場してインパクトがあるのは，上記のような不満が投票で表出することを示している．そして，当該スローガンは，① もっと知りたかったという後悔，② 憲法問題の難しさ，③ 政治的なリーダーが説明できないものは信じないという，投票者の心理を示すという指摘がある［Levy 2013：555-556］．

完結性については，議論の強制的な終了が，将来の議論の可能性を閉じてしまう点を指摘できる．改正された条文は，国民投票を経ることによって，硬性化されるが，硬性化されることによって，当該論点について新たに議論を起こして憲法改正することが難しくなる．言い換えると，憲法改正手続には憲法典の可変性と安定性のバランスをとることが求められるところ，国民投票による憲法改正は，安定性の方向にバランスが傾く，ということである．これは，国民投票によって，一種の憲法典に係るジレンマが発生することを意味する．国民投票によって硬性化すると，法律からの侵害からは保護されるとしても，逆に，条文に必要な変化を加えることができないことから，それに拘束されることは憲法に対する信頼，正統性を後退させることになる［Tierney 2012：263］．これは，「硬性化のジレンマ」である．

１．４　世論の可変性と投票インセンティヴ（地域型マイノリティーへの作用）

世論の可変性・予測不可能性は，投票インセンティヴとも関わる．分断された社会で国民投票が実施される場合，投票案件によっては，賛否の比率が変動することがなく，世論の可変性が低い国民投票が存在する．国民投票を実施すると，地域型マイノリティーが敗北することが明らかであるので，そもそも投票案件に対する関心が低くなり，投票案件に反対するマイノリティーは，投票インセンティヴを欠くことになる．また，ティアニーは，必ず勝つとわかると多数派も熟議しなくなると指摘し，これを，多数派の熟議意欲の減退（majoritarian disincentive to deliberation）と呼んでいる［Tierney 2012：271］．さらには，地域型マイノリティーは，投票結果の正統性を低下させるために，ボイコット戦術に出ることがある．カトリック系の住民が投票をボイコットした，北アイルランド1973年の国民投票がその典型である．このように，分断された社会では，国民投票による正統性と完結性の確保は難しい場合があることが理解される．また，投票結果を強行することは，強い反発を呼び込むことになる．

１．５　世論の可変性と争点投票（少数意見型マイノリティーへの作用）

続いて，世論の可変性の問題を投票行動論から分析する．投票者を，当該争点に係る知識あるいは投票傾向から分類すると，①当該争点に関する先有傾向を有する者（あるいは固定的見解 standing opinion を有する者），②当該争点について十分な知識を持たず意見形成がなされていない者，③当該争点に対して関心のない者というように，3つに分類することが可能である．本書では，①を固定層，②を浮動層，③を無関心層とする．争点投票を目指すのであれば，①固定層に再考を求め，②浮動層には，十分な情報収集と賛否の決定を迫り，③無関心層については，争点の重要性を周知させて，国民投票運動への参加を求めたいところである．この三者の存在は，割合に変化があるとしても，あらゆる国民投票に共通している．争点投票の実現は，特に浮動層への働きかけが重要となる．つまり，世論の可変性とは浮動層の投票行動の変更可能性を指しているということができる[3)]．

ここでも問題となるのは，国民投票における議論の強制的終了と投票が，①の層に対してどのように作用するのか，という点である．例えば，日本で絶対的平和主義（パシフィズム）を信奉している者にとって，憲法９条の改正・自衛権の明記・自衛戦争の正当化は，自己の信念に反する憲法改正であり，国民投票によって改正が行われることによって，自己の核心的な信念と衝突する内容が憲法に明記されることを意味する．これは，分断された社会におけるマイノリティーの処遇と本質的に同じ構造である．

ガットマン・トンプソンは，熟議による民主主義の主要な特徴として，一定の期間において，永久的ではない拘束力を有する決定を行うことを挙げる［Gutmann and Thompson 2004：7］．この見解に立てば，熟議には，第一に，政治的または道徳的な不一致を解消するという，建設的な役割（constructive role）があり，第二に，全員一致ではない決定（反対者が存在する決定）に，正統性を与えるという意味で，民主的に許容される強制を与える役割（coercive role）があることになる．すなわち，十分な議論＝熟議を行えば，不満が解消され，たとえ多数決によって敗れても不満が残らないことから，決定されたルールを強制する正統性が発生する［Gutmann and Thompson 1996；Tierney 2012：263］．

しかし，パシフィズムから見た「自衛隊の明記」のような，個人の人格の核心的な部分に関わる見解に反する憲法改正案が提案され，それを信奉する者が自らが絶対的なマイノリティーであることを認識していれば，比較的長期間に

3）リンダーはスイスの国民を国民投票における投票行動から，①投票に行く者，②時々投票に行く者，③棄権する者と３つに分類し，投票率が高くなる選択的投票は，②の層の多数が投票することによって発生するとしている［Linder 2005：284-287］．同旨［Trechsel and Kriesi 2006：202］．

わたる十分な情報提供と議論があったとしても，このような層には，結果に対する不満が生じ，そもそも当該争点を取り上げて国民投票を実施すること自体が，不公平であると感じるであろう．この民主的に許容される強制は，国民投票に固有の問題ではなく，あらゆる決定システムに敗者が存在することは明らかであることから，ティアニーは，代議制民主主義よりも厳しい基準を用いて，国民投票を批判することは，不適切であるとする［Tierney 2012：263］．しかし，倫理的争点（同性婚，離婚，中絶，死刑など），各自の政治思想の中核的な部分に触れる争点（君が代・日の丸問題など）の場合，熟議 → 決定の尊重 → 憲法への編入という，熟議論の理想的な過程が十分に機能しないと思われる．このように，争点によっては，国民投票の実施自体に反発し，投票結果を強制されることに強く反発する層が存在する．多数決による民意の確定とマイノリティー保護という二つの要請をどのように融和するか，という点が国民投票の課題であるとすると，地域型マイノリティーも少数意見型マイノリティーも，そもそも，国民投票の実施自体を受け入れないし，仮に実施を強制された場合は，議論のボイコットと条件闘争が生じる．この国民投票における条件闘争は，自派に有利なルールの要求のことを指す[4)]．これは，「上からの」国民投票における，政府のコントロールの強さが弱い規制に結びつくこととは，ちょうど逆の方向である．

なお，第一段階で議論した，民意の強さは，この熟議が機能しない問題を言い換えたものということができる．宗教的確信，政治的な信念に基づく民意の強さは，議論と説得によって低減されるのか，という問題である．

1．6　投票の問題点の解決策・緩和策

このように，投票の問題点としては，① 法定の熟議期間における熟議の不成立，② 熟議できないことが否決票や棄権票を増やす，③ 投票で硬性化されることによって将来の議論が閉じられる，④ 分断された社会ではボイコットが発生し，結果に対する不満が出る，⑤ 争点によっては投票結果に強く反発する層が存在する（マイノリティーは国民投票の実施自体を受け入れない）が存在する．

4）この条件闘争は，ルールの制定そのものに反対し，ルールを自派にとって少しでも有利なように制定する，という2つのレベルで生じる．最低投票率の導入・CM全面禁止などの日本の野党の要求は，この条件闘争の後者のレベルの一つの例である．

これらの問題をどのように解決または緩和することが可能であろうか．

1．6．1　コントロールの抑制

①②の熟議期間における熟議の不成立及びそれによって発生する否決票・棄権票は，政府・議会のコントロールを抑制することによってある程度解消することが可能である．投票案件に対する民意反映の機会を作り，国民が必要性を感じる改正案を作成し，比較的長期間の国民投票運動期間を設定することが求められる．また，明確性・関連性などの投票案件に対する規制も，有効な対策であると思われる．ただし，熟議の問題は，投票者の能力，フレーミング，国民投票運動に対する諸規制の問題と関わることから，総合的な考察が必要であることは，上述の通りである．

1．6．2　熟議と投票の接続——投票者による熟議の確認と補強——

第二段階の国民投票運動で熟議が成立している場合は，その熟議の成果を投票においても反映させる必要がある．あるいは，仮に熟議が不十分であるとすれば，それを補強する必要がある．レヴィーは従来の憲法改正国民投票における熟議論では，熟議を投票と接続することに対する認識が不十分であるとして，熟議の成果を投票に活かすためには，投票者が「憲法改正における熟議の構成要素」（以下「熟議の評価ポイント」という．）を確認できることが課題である，とする．それらは具体的には次の通りである［Levy 2013:567-568］．なお，これは，第Ⅰ部第2章2．3．1で述べた対話的熟議の要素と内容的に重なるものである．

① 十分な情報～自分が憲法改正案についての十分な情報を持っているか．
② 広い視野～自分と異なる立場にいる者の見解を理解しているか．
③ 長期的視野～将来の世代への影響を意識し長期的な視点に立っているか．
④ 平等への配慮～マイノリティーの権利侵害を認識し配慮しているか．
⑤ トレードオフの認識～長期と短期の結果の間で利益較量して結論を出しているか．
⑥ 目的合理性～自分の信奉する価値に適うように憲法改正案の賛否を選択しているか．

以上の熟議の評価ポイントのうち，④平等への配慮～マイノリティーの権利侵害に対する認識と配慮は，憲法改正に必要な熟議という点では，最も重要である．第三段階の投票では，投票前にこれらの熟議の評価ポイントを自分で確認して必要に応じて補強，投票することが望ましい．具体的な方法としては，レヴィーは，４つの方法を提案する［Levy 2013：569-574］．

第一は，ニュージーランドのRITのような強制力のないテストの利用であり，これは実現可能であると思われる．しかし，あくまでも投票者の利用の自主性に委ねていることから，熟議を強く保障するものではない．

第二は，憲法改正案のメリットとデメリットを数値化して，示すという方法であるが，安保政策等は，予算を示すという意味では可能かもしれないが，長期的な数値化は困難であり，そもそも人権や司法制度の改革などは数値化不能である．

第三は，二回投票の実施である．第一問として，憲法改正の背後にある価値について選択させ，第二問で具体的な改正案の賛否を問うという方法である．日本で実施する場合，第一問として安全保障政策について，「防衛力強化」「現状維持」「自衛隊の縮小」「自衛隊廃止」という選択肢を設定して投票させ，第二問で改正案を問うというものである．第一問は，熟議の評価ポイントと自分の立場を確認する手掛かりとなる可能性があるが，第一問と第二問の関係が不明であることから，投票後の政策決定に混乱を与えないか，という問題点を，また，この投票で，他のポイントである⑤トレードオフ，⑥目的合理性が発揮されるかどうかは，不明である，という問題点を指摘できる．二回投票については本章１．６．４で詳述する．

第四は，統合レファレンダム（integrated referenda）という意欲的な試みである．ミニパブリクスとしての市民議会を拡大し，多くの国民が第一段階から参加して，第二段階で真剣に議論し，投票に至るという方法である．国民投票の各段階が連続して発生し，熟議を維持したまま，自宅でのパソコン上の投票（e-voting）に至る．インターネットの発達はこうした大規模な熟議，いわば，「拡大されたタウンミーティング」を理論的には可能にしている．また，投票案件のパラドックス（国民投票運動の段階で憲法改正案の問題点が明らかになっても修正・撤回できないこと）を解決できる可能性を秘めている．しかし，実際に可能かどうかは慎重な検討が必要となる．政党の影響，熟議の質の維持，公開性をどこまで保つことができるか，という点など検討課題は多い．

さらに，経験的に見て，最も「直接民主制的」な政治の参加形態である，タウンミーティングであっても，議題の設定と事前の検討を前提としているのに対して，議題の設定，教育的な情報提供，検討（個人のレベル），意見交換（他者との対話），全体の議論の動向のチェック，投票という長大なプロセスを誰が，どのように統制するのか，という根本的な問題を指摘できる．統合レファレンダムは，国民投票運動で指摘した「規模のジレンマ」を解消する手段としては注目に値するが，かなり理念的な提案であるように思われる．

1．6．3　国民投票の前後における開かれた議論の保障

投票の問題点③④⑤については，開かれた議論を保障することによって対応することが可能である．国民投票運動において，本章1．5で指摘した三種の投票行動を取る集団のうち，固定層は，残りの二つの層（浮動層・無関心層）に働きかけることによって，支持を拡大させることが可能である．少数意見の不満は，国民投票運動における意見反映機会の保障（コアファンディングなど）と，意見表明の自由が保障されていれば，ある程度は解消されると思われる．説得力があれば，たとえ投票の結果としては敗北していても，一定の票数を獲得することは可能である．そして，その得票数（得票の割合）は，国民の中に無視できない反対意見があるという事実を，政府・議会に具体的に示すことができるのであり，国民投票後の政策決定に一定の影響を与える．スイスの陸軍廃止の憲法イニシアティヴは，否決されたものの，議会に提案後の4年間の議論と一定の反対票があったことが，軍の改革につながっている［Linder 2010：108］．その意味では，国民発案（法案を議会に提案するが投票は義務付けられない制度）と同じ機能がある．票数によって具体的に民意を表明するというのは，最高裁判事の国民審査と同じ機能がある．また，これを，国民投票の反対意見表明機能として積極的に評価することも可能であろう．

また，国民投票の終了によって議論が閉じられることを防止するためには，発議要件・成立要件の厳格さを緩和し，憲法問題をいつでも議論できるようにする必要がある．したがって，開かれた議論の保障のために発議しにくい，議論しにくい（途中で選挙があって政治日程的にグランドデザイン型憲法改正のための議論が困難），成立しにくいという要件をある程度緩和する必要がある．この問題については，本章第2節の成立要件の意義と機能で再考する．

投票終了後の議論（国民投票運動における議論の総括を含む）は，特に，投票結果が僅差の場合には十分に行われる必要がある．公平な国民投票運動が行われる

限り，その結果を尊重しつつも，反対意見が非常に多いということを，投票後の政策決定，下位法規制定の際には，十分に配慮すべきである．

1．6．4　二回投票の実施

投票の問題点①〜⑤の解決策として，国民投票を二回実施するという方法（以下「二回投票」という.）がある．一般論としては，二回投票によって，クールダウンが生じる．その意味では，フィルターになっている．立法例としては，スイスの全面改正に対する手続がある．この手続は，全面改正を求めるイニシアティヴの成立 →「憲法全面改正の是非」を問う国民投票（第１回投票）→ 連邦議会の解散総選挙 → 新議会による憲法改正案作成 → 作成された全面憲法改正案に対する国民投票（第２回投票）という過程を経る．

このスイスの例を参考にしつつ，タイプＡ〜Ｄと４つに分類して，二回投票が有効な場面を考察してみる．

（１）タイプＡ〜意見調査型国民投票

①〜③の問題点は，十分な議論がなされないのに，国民に最終的な判断を求めたことに原因がある．そうすると，１回の国民投票で民意を確定せず，１回目をあくまでも意見調査とし２回目で確定する，という方法で，これらの問題点を回避する可能性がある．１回目の投票によって，争点が投票者の間で周知され，情報獲得が促進される．また，１回目の投票によって，論点または選択肢を絞ることが可能となり，より正確な民意の反映が期待される．ティアニーは，このような意見調査型の国民投票は，争点が複雑であり，選択肢が多く，世論の動向が不明確で，争点に対する賛成の割合を予測できない場合には，有効であるとする［Tierney 2012：270］．

意見調査型の国民投票では，投票案件の設定が問題となる．一つの方法は，同じ内容を２回国民に問う，という形式（同一問題２回実施型．以下これを「Ａ１型」という.）である．ここで懸念されることは，１回目を「意見調査＝国民からの助言」として実施すると，助言型国民投票の事実上の拘束力が発生して，議会がそれに従った憲法改正案を作成する可能性があるということである［Rommelfanger 1988］．このため，十分な議論がなされずに国内多数派の意見が反映された憲法改正案が作成されて，２回目の国民投票を迎えることになり，ティアニーが指摘するように，投票インセンティヴが働かなくなる可能性がある．特に，１回目を首相・大統領の人気で賛成多数を得た場合（リーダーシップ効果）には，十分な審議のないままに２回目の国民投票がなされて，プレビシットとなる可能性がある．また，ある程度の時間的な間隔をおいて２回目を実施しないと，義務的国民投票化して，国民の投票インセンティヴが低下する可能性を指摘したい．他方，５年後に第２回投票を実施することを確約して，第１回国民投票を実施することは，クールダウンが発生する可能性があり，冷静な熟議を誘導する手段としては評価できる．

もう一つの想定される形式としては，憲法改正の場合は，１回目で改正の有無または改正項目についての賛否を問うという方法（一般的質問型．以下これを「Ａ２型」という．）がある．これは，スイスの憲法改正の一般的発議についての国民投票にヒントを得たものである．具体的には，全面改正の場合は，第１回投票で改正の有無を問い，賛成多数の場合は，議会または憲法制定会議で審議を行い，そこで承認された後に第２回投票で国民の承認を得るという方法をとる．個別の条文の改正については，政府・議会が改正を希望する項目についての「原則レベル」での賛否を問う．例えば，「二院制にすべきか」「憲法裁判所を設置すべきか」「同性婚を承認すべきか」という形式である（第Ⅱ部第１章３．２．２（２））．これで賛成多数を得たものについて，議会または憲法制定会議で条文をさらに具体的に審議した上で，第２回投票を実施するのである．

この方式は，直接民主制と間接民主制の長所を融合したものであり，熟議による争点投票という国民投票の目標に近づく可能性がある．しかし，問題点としては，１回目と２回目の間に行われる審議が，スイスのように制度化されるか，国民投票の実施前に保障されないと，AI型同様に十分な議論を経ずに２回目の投票を迎えることになる，という点を挙げることができる．

ニュージーランドは，1992年と1993年の２回にわたって，選挙制度についての国民投票を実施した．1992年の第１回の国民投票は，二問形式のＡ２型であり，第一問で選挙制度の変更（当時実施していた小選挙区制からの変更）の有無を質問し，第二問で具体的な制度の選択を行った．その結果，第一問については，84.7％が変更を支持し，第二問では，MMP（小選挙区比例代表併用制）の支持が70.5％と最多であったことから，1993年は，MMPを承認するかどうかを求めたものであった（53.9％の賛成）ことから，全体としてはＡ１型となっている．第２回の国民投票は拘束型であった［Vowles 1995；市川 1997］．2011年も1992年と同じ二問形式で行い，現行MMPが支持された（57.8％の支持）．

なお，日本で議論されている，予備的国民投票は，このタイプＡを指していると思われるが，A1型を指すか，A2型を指しているのかは不明である．両方を指している可能性がある．

（2）タイプB――権限委任型国民投票――

独立・主権問題を対象とする憲法問題国民投票の場合，中央政府との交渉権を，地方政府に委ねるかどうかを問う，国民投票（住民投票）のタイプがある［Tierney 2012：267-269］．ケベック1980年の住民投票は，長文の投票案件の中に，「租税その他の権限を有する地位を獲得するためにカナダの他の地域（連邦全体も含む）と交渉する権限を，ケベック政府に与えるかどうか」を問うものであった．そして，交渉後にはそれを承認するための，第2回の住民投票を実施する旨の文言も含まれていた．結果的には，否決されたことからこのようなシナリオは実現しなかった［Boyer 2017：191-213］．また，ケベック1995年の住民投票は，同様の交渉シナリオを前提とした内容（カナダ政府とのパートナーシップに係る交渉）であったが，投票案件の中には2回目の国民投票は明示されなかった．しかしながら，カナダ政府及び他の州との厳しい交渉が予想されることから，おそらく，2回目の国民投票は必須であったと思われる［Boyer 2017：238-246］．

このように，二回投票を実施することで，交渉を透明化し（エリートには2回目の国民投票のために交渉内容についての説明責任が発生する．），その間の情報獲得によって，熟議による争点投票が期待されるのである．二回投票は，意見調査型も権限委任型も，ある程度の権限を政府または議会に委任しながら，最終的な決断を国民に求めるものであるから，上述の通り，直接民主制と間接民主制の長所を融合したものと評価することができるが，問題点としては，憲法制定過程及び独立・分離する予定の中央政府または他の州との交渉が，予測不可能であったり，長期化したりすることを指摘できる．

（3）タイプC――選択肢限定（決戦投票）型の国民投票――

3つめのタイプとして，選択肢限定型の国民投票が存在する．決定すべき争点に対して，「具体的な選択肢」が3つ以上ある場合，1回目で過半数を獲得した選択肢がないときには，2回目で「決選投票としての」国民投票を実施するという方式がある．1948年に，ニューファンドランドはイギリスからの自治領（dominion）であったが，その主権と法的地位を巡って，2回の住民投票が実施された．1回目の投票案件は，① 責任政府としての自治領の維持，② カナダ連邦への編入，③ 現状維持であった．結局，1回目の投票では，①が44.6％，②が41.1％であったことから，2回目の投票は①と②との間の選択で行われ，②が52.3％（投票率47.7％）を獲得した［Tierney 2012：269］．

（4）タイプD――事実上の2回投票――

制度として，2回投票が存在するわけではないが，結果的に連続して同一問題を2回実施した例は多く存在する．事実上1回目の投票が意見調査として機能した例がある．アイルランドのニース条約批准の国民投票は，1回目は盛り上がらなかったが，2回目は，国民に「後戻りできない」最終決断を求めることになり，そのことは，メディアの関心を高め，争点投票に誘導したということができる［Hobolt 2009：182-197］．

1．6．5　紛争解決の最終工程としての実施

国民投票には，紛争解決・コンセンサス形成・正統性付与機能が期待されるところ，これまで論じてきたように，投票期日までに紛争が解決せず，コンセンサスが形成されないことも十分にあり得る．争点・投票案件によっては，決定の強制が，逆に紛争と対立を悪化させることもある．そうすると，紛争解決とコンセンサス形成が終了してから，民意の最終確認のために国民投票を実施するというパターンもあり得る．すなわち，目的を正統性付与に限定して，国民投票を実施するというものであり，紛争解決の長い過程の最後の段階として，国民投票を位置付けるのである．1998年に，北アイルランドとアイルランドで同日に実施された，ベルファスト合意に係る国民投票はこの典型例とみなすことができる．

これは，国民投票を受け入れる条件が整っていないにもかかわらず，国民投票を強行することが投票者の強い反発を呼ぶことへの反省を示している．北アイルランドの場合は，1973年の国民投票を強行して失敗したことによって，国民投票 → コンセンサス形成から，コンセンサス形成 → 国民投票というように方向転換した，ということができる[5]．

1．6．6　国民投票の対象からの除外

憲法改正国民投票の第一段階で取り上げたように，争点投票を実現するのが難しく，国民投票の機能が十分に発揮できず，逆機能が発生する可能性が高い

5）北アイルランドの1973年の国民投票についての総括と今後の展望についてはTierney［2012：249-259］，Whysall［2019］を参照されたい．

問題については，憲法改正国民投票の対象から除外する（ネガティヴリストの作成）という方法もある［Kost and Solar 2018：143；Zimmerman 2014：81-82］．

第２節　成立要件の意義と機能

２．１　成立要件設定の意義

上からの国民投票の理想的な形としては，十分な情報の下で熟議がなされ，国民の間でコンセンサスが形成され，あるいは当該争点に係る紛争が解決する，というものである．そして，敗れた陣営からも投票結果に対する不満が発生しないことが望ましい．これらの理想的な形の実現は，これまで論じてきた，争点の形成，投票案件の作成，国民投票運動の各段階におけるフィルターから大きな影響を受けるものであるところ，最終段階である成立要件もこの理想的な形態（熟議による争点投票＝正統性確保）という目的に適うように設定する必要がある．また，憲法は，最高法規であるので，その改正には，法規としての安定性と，時代に応じて変更する必要があるという，可変性の要請があり，その間のバランスをとることが求められる．そして，このバランスは，発議も含めて，国民投票の制度全体に要請される目標である．２．２では，各成立要件の長所と短所を論じ，制度論として望ましい成立要件を論じたい．

２．２　６つの成立要件の機能と問題点

成立要件は様々な形態があるが，その主要なものには，①単純多数決，②特別多数決，③多数決＋最低投票率（以下「最低投票率」という．），④多数決＋有権者の一定の割合の賛成（以下「絶対得票率」という．），⑤州と連邦の二重の承認，⑥二回投票という６つの種類がある[6]．ここで成立要件とは，当該要件を満たした場合を，「投票案件に対する国民の賛成の意思」があるとみなすもの，という意味で用いている．憲法改正国民投票の場合，拘束型であれば，成立要件が満たされると，憲法改正が成立し憲法典に編入されるという立法作用が発生し，助言型（諮問型）であれば，当該賛成の意思を政府・議会が尊重して，憲法改正作業を行うことになる．あるいは，ニュージーランド1992年国民投票のように２回目の投票（拘束型）に進む条件となる．なお，本書では，

６）二回の国民投票の間に，議会の議決を含む場合もある．

①よりも成立のハードルを上げた成立要件（②~⑥）を，「加重された成立要件」と言う．⑥については本章1．6．4で説明した．

2．2．1　単純多数決（simple majority rule）

単純多数決は，厳密には有効投票の多数と（無効票を含む）総投票の多数という違いがあるが，賛成が投票数の50％を超えることを成立要件とするものである．なお，有権者の多数は，④絶対得票率に該当する．この成立要件は，多くの国で採用されており，いわば「成立要件の基本形」である．単純多数決の長所の第一は，数字上の明快さである．他の成立要件，例えば，② 特別多数決（60％の賛成など），④ 絶対得票率（有権者の40％の賛成など）には，40％，60％という数字の根拠が不明確であるところ，単純多数決には，半数を超えるという明確さがあり，議会での議決要件を含め，最も普通に用いられている数字だからである．

第二の長所は，賛否両論に対して「中立的」であることである．ここで中立的とは，賛成陣営も反対陣営も50％を超えることが目標になるという意味である．これが60％の賛成という特別多数決であると，反対陣営が40％の票を集めれば十分であるのに対して，賛成陣営は20％多い票を獲得する必要があり，賛成陣営が不利となる．後述するように，単純多数決以外の成立要件は，「否決誘導作用」がある．

しかし，短所としては，第一に，低い投票率の場合には，その正統性に疑問が生じることがあるという点である．憲法改正国民投票の場合，30％の投票率で51％の賛成では，実質，全有権者の15％しか，憲法改正を支持しないことになり，正統性に対する疑問が生じる［Qvortrup 2005：164］．ただし，憲法改正国民投票には，国民の意思を確認するという，義務的国民投票の側面があり，アイルランドやスイスの運用に見るように，解決済みの問題（事実上実施されていた死刑廃止を憲法典に編入する），重要ではない問題，技術的な問題（追加された条文の再編や文言の修正）については，一般に投票率は低い．また，確認であるから，低い投票率はこの場合，正統性の付与に影響はない．他方，国論を二分するような問題は，国民投票運動の盛り上げ方にもよるが，国民の関心は高いことから，低い投票率になることは少ない．したがって，低い投票率は，争点と国民投票運動の盛り上がりの問題であって，成立要件の問題ではない，ということができる．また，低い投票率であっても，正統性を獲得できる場合がある．それは，スペイン2005年「EU憲法批准」の国民投票のように，投票率40％であるが，80％の賛成がある場合である［Madroñal 2005；Torreblanca 2005；Torreblanca and Sorroza 2005］．そういう意味では，投票率と賛成率の両方で正統性を判断する必要がある．

第二の短所は，僅差の場合に，紛争解決機能が十分に作用しない可能性があるという点である．同じ論点が蒸し返されたり，再度の投票の要求がなされたりする可能性がある．助言型の憲法問題国民投票であるが，この単純多数決が成立要件であった，イギリス2016年「EU離脱」の国民投票では，72.21％という高い投票率の下で51.89％（離脱）対48.11％（残留）という，僅差であった．投票後，離脱派が自己の主張が虚偽であることを認めたことなどから，国民の間から，再度の国民投票実施の請願がなされたことは，記憶に新しい[7]．これは，40年前に実施された，1975年の「EC残留」を問う国民投票が，64.67％という比較的高い投票率の下で，67.3％（賛成）対32.7％（反対）という明確な意思表示（有権者の43％）を示して，少なくとも1975年の時点におけるイギリスの欧州問題が一応，解決したこととは対照的である．

第三に，低い投票率の場合は，国内の少数の集団の意見が反映されて，重要事項が決定される可能性がある．これが「偽りの多数（false majority）」という問題である［Qvortrup 2005：173］．前述の投票率30％＋賛成率51％の例の場合，盛り上がらないままに，国内の少数の見解だけが反映されて，憲法改正案が成立するという問題である．しかし，憲法改正国民投票では，盛り上がらずに否決されることはあっても，このような偽りの多数が発生することはまれである．あるいは，前述の通り，低い投票率で成立しても，関心の低い問題や技術的な問題が多い．

第四に，重要問題について，国内のマイノリティーの強い反対を押し切って決定してしまうことにある［Aguiar-Conraria et al. 2019：2］．主権の移譲を投票案件とする憲法問題国民投票及び憲法改正国民投票においては，熟議と国内のコンセンサス形成が強く求められるところ，単純多数決を導入すると，投票する前から結果が予測されることから，前述の通り，マイノリティーが議論に参

7）"Eu referendum petition signed by more than 2.5m", BBC News, 25 June 2016. Available at: 〈https://www.bbc.com/news/uk-politics-eu-referendum-36629324〉（Accessed 07/09/2020）.

加する意欲を失わせる側面がある［Tierney 2012：271］.

2．2．2　特別多数決（special majority rule）

単純多数決の問題点を解決または緩和し，正統性を確保するための一つの方法として，成立要件に過半数を上回る数字を要求する特別多数決がある．この成立要件の長所は，50%よりも積み上げられた数字（60～70%）を示すことから，「明確な数字で」投票案件に対する国民の賛成を示すことができる点にある．例えば，ニュージーランドでは，1908年から1914年までの間，憲法改正に64%の賛成を要求していた．しかし，このような特別多数決の規定は，立法例としてはまれである．クバールトループは，二つの理由を挙げる［Qvortrup 2005：165-166］．第一に，多くの国民投票が60%対40%という比較的大差で決着し，僅差になることがまれである点を挙げ［Butler and Ranny 1994：4］，特別多数決が不必要であるとする．第二に，高い賛成率を要求することは，前述の通り，否決誘導的な作用を示すことから，国民の多数に受け入れられない，とする．

否決誘導作用以外の問題点としては，仮に，60%という特別多数を導入しても，投票率が高くない限り，偽りの多数の問題の発生は抑制できなくなる点を指摘できる．例えば，投票率を40%とすると，60%×40%＝24%で有権者の4分の1弱となり，投票率50%でも，有権者の三割に過ぎない．

そして，本章2．2．1で述べた通り，「明確な数字」とは具体的に何を示すのか，という問題が伴う．この問題については，ケベック分離問題を巡る，カナダの議論が参考になる．

ケベックの分離問題に係る1995年住民投票は，94%という驚異的な投票率の下で，賛成49.4%・反対50.6%という僅差（票差は5万2千票）で否決される．ケベック独立の可能性が高まったこの住民投票の結果，カナダ政府は，1996年に，カナダ最高裁に対して，分離独立のための住民投票の憲法上の意味についての判断を求めた．ケベック政府は，50%を超える賛成で分離が可能という見解を示していたからである．これに対して，同最高裁は，1998年に，「過半数を僅かに上回る賛成しかないのに，連邦の他の州との事前交渉なしで分離を宣言する，という事態が生じないためには，特別多数の要件を立法化すべきである.」と回答した．連邦政府は，この回答を受けて，2000年にクラリティ法（Clarity Act）を制定する．同法は「（1）州はカナダからの一方的離脱の権限を有しない，（2）離脱に関わる住民投票の投票案件は「明確」でなければならず，その「明

確さ」は連邦議会（下院）が判断することができる，（3）投票によって州民の離脱意思が「明確に」示された場合，連邦政府は州政府と交渉する義務がある，（4）離脱のための交渉には，全ての州および先住民が参加しなければならない.」（太字は引用者）という内容であった［柳原 2013］．このように（2）では，投票案件の明確性が求められると同時に，その判断権が連邦議会にあることが示されたが，（3）で示された明確性は，具体的な数字としては示されなかった．このことは，ケベックの今後の住民投票に対して，連邦がある程度「枠をはめ」，投票案件と投票結果の判断について連邦議会と政府に広い裁量を認めたことを意味する．同法は，民意の明確性を具体的に示すことの難しさを示唆している［Qvortrup 2005：166］．

また，憲法改正という点で見ると，否決誘導作用のために，このような特別多数決は憲法改正を困難にすることから憲法典を安定させる作用は確かに存在するが，逆に，必要に応じて変化させるという，可変性を損なう可能性がある．例えば，主権・権限移譲・EU離脱といった憲法問題国民投票では，70%以上の投票率が予想されるところ，70%の賛成という特別多数決を成立要件とすると，全有権者の5割近い賛成という極めて高い賛成票を要求することになるからである．カナダのクラリティ法が数字を明示しなかったのは，こうした理由からだと推測される．

2．2．3　最低投票率（turnout rule）

単純多数決の問題点を解決するもう一つの方法は，最低投票率の導入である．イタリアの法律に対する廃止型国民投票（国民の請求により法律の一部または全部の廃止を問うタイプ）は，成立するための条件として，50%の投票率と過半数の賛成を求める．最低投票率を求めることは国民参加の目標を設定することになり，投票案件の成立のためには積極的な動員が必要となるから，「動員作用」が期待される．

しかし，最低投票率導入でも，偽りの多数の発生を抑制することは難しい．この制度の下では，賛否が僅差の場合，50%×50%＝25%で，わずかに有権者の25%以上の賛成が得られることになるからである．しかし，逆に言うと，投票率が高くても賛成票の割合が高くない限り，偽りの多数の解消の排除は難しくなる．

その他の問題点としては，最低投票率に達しない限り成立しないのであるから，投票を棄権することは，反対票を投じたことと同じ効果を示す．その意味では，最低投票率も，否決誘導的な成立条件であることがわかる．さらに，投票せずに自宅にいるということ自体が，不成立に協力するという意思表示を示していることになり，思想良心の自由，投票の秘密を侵す（少なくとも，投票案件に賛成していない，という消極的な意見表明を示している）という重大な問題を発生させる［Altman 2011：24-25］．

また，イタリアの運用経験は，最低投票率がボイコット戦術を誘発することを示している．政党が，自宅待機を指示することによって投票率を下げることで，投票案件の成立を妨害する戦術を採用し，それが成功している事例も多数ある［Uleri 2002］．また，投票案件の成立に反対する政府は投票率を下げるために，バカンスの時期に投票日を設定するという方法を採用し，投票案件の不成立を導いている．国民投票は，一般に国政選挙よりも投票率が低い．投票案件が難解であったり，4つ以上の投票案件に対して投票することが求められたりしている場合は，国民に対して過大な要求をしている可能性があり，その場合は，投票率が低くなることが推定されるから，こうした戦術が有効となる．

イタリアの運用経験で最も深刻な問題は，民意のパラドックスである．最低投票率50％の下，55％の投票率で60％の賛成であると，有権者の33％が賛成したことを意味する．一方，45％の投票率で不成立の場合，80％が賛成すると有権者の36％となり，こちらの方が，賛成票が上回ることになる［Uleri 2002］．このパラドックスには実例がある．最低投票率を絶対的な条件にすべきである，という点に合理的な理由がないと，こうしたパラドックスを発生させる成立条件は，国民主権に反するという批判がなされるであろう．

最後に，ここでも数字の明確性・数字の意味が問題となり得る．もし40％であるとすれば，一般論としては国政選挙よりも低く，その数字に期待される政治参加促進という意味が疑わしくなる．一方，50％にした場合，その副作用として，50％切った国政選挙の正統性に疑問が生じるであろう．60％にした場合，民意のパラドックスの発生の可能性が高まる，という問題点が生じる．

このように，最低投票率は，イタリアのような「下からの」国民投票の場合は，投票案件の成立を阻止したい政府にとっては有利な制度となり，一方，多くの憲法改正国民投票のように「上からの」国民投票の場合は，政府に不利な制度となる．したがって，この否決誘導的性質に着目して，憲法改正に反対する日本の野党がこの導入を提言することは，国民投票の制度論の傾向——上からの国民投票では規制の少ない傾向があり，下からは多い傾向にある――というクバールトループの説明に合致している［Qvortrup 2013：148-150］．

2．2．4　絶対得票率（approval rule）

これまで見たように，単純多数決が正統性を確保するためには，高い投票率を示す必要がある．一方，投票率が低い場合は，賛成票が多くないと，少数の賛成票で成立したとの批判を招く．しかしながら，最低投票率は多くの問題点を発生させる．そこで，賛成多数に加えて有権者の一定の割合の賛成を求める成立要件がある．これを絶対得票率という．例えば有権者の40％の賛成などがある（これを，以下「40％ルール」という．）．絶対得票率の設定は，明確な民意を示し正統性を確保するものとして期待が集まる．

運用の実例としては，1979年イギリスのスコットランドとウェールズに対する権限移譲の国民投票がある．ここでは，助言型の憲法問題国民投票ではあるものの，40％ルールを加えて実施された．スコットランドの投票結果は，投票率63.6％，賛成51.6％，反対48.4％と，僅差ながら賛成多数を示していたが，全有権者に占める割合は，32.9％であったことから不成立という扱いとなった．この40％ルールは，権限移譲に反対する勢力がそれを阻止するために加えたものであったこと［Bogdanor 2009a：183］からもわかるように，否決誘導作用を有する．

デンマークは，憲法改正国民投票に有権者の45％の賛成を要求する（現在は40％）．1939年の新憲法制定のための国民投票は，投票率48.9％で91.9％の賛成であったが，有権者の44.5％であったことから，否決された．1953年にも憲法制定のための国民投票は実施されたが，この回は投票率が59.1％で，78.8％の賛成で，かろうじて45.8％となり，承認される．デンマークの憲法改正手続は，一院制の議会による憲法改正承認 → 政府の承認 → 議会の解散 → 新議会の憲法改正承認後 → 国民投票（全有権者の45％の賛成）という厳重な手続であり，このため，事実上「凍結された国民投票」となっている．

このように，絶対得票率を満たすことはかなり厳しく，憲法改正を抑制する作用を示している．現行の憲法で最も厳しい成立要件は，リトアニアの憲法1条「リトアニア国家は，独立した民主的な共和国である」という規定の改正に対する国民投票であり，全有権者の75％の賛成を求める．基本的人権の尊重・国民主権・平和主義などの，憲法の基本原則を保護するために，40％ルールを付与するのは一つの有力な方法であると思われるが（他にはこれらを国民投票の除外事項にする方法がある.），憲法の安定性に大きく傾き，可変性を減退させることから，通常の項目の改正には適切ではない，と思われる.

ただし，分離独立・民族問題に係る国民投票（ethno-national referendum）では，多くの場合，高い投票率が示されることから，絶対得票率は不要であるという見解もある［Qvortrup 2005：170］. 1999年の東チモールの住民投票の投票率は，94％であった. 確かに，分離独立問題の国民投票は，一種の「選択的投票」の対象となり，高い投票率を示すと思われる. したがって，絶対得票率は，不適切な場合と不要な場合があるということができる.

なお，最近の政治学の文献では，最低投票率には，ボイコット運動を促進する効果があるが，絶対得票率にはそのような効果がないことが指摘され，低い投票率を回避する制度としては，絶対得票率の方が適していると指摘されている［Aguiar-Conraria et al. 2019］.

2．2．5　州と連邦の二重の承認（double majority）

連邦国家においては，憲法改正国民投票に連邦と州の両方の多数を求める国（スイス・オーストラリア）がある. この成立要件は，州に連邦に対する拒否権を与えたものと評価することができる. 州の過半数の承認を求めることが，連邦全体に対する議論喚起を促進するという趣旨もある. 逆に言うと，州に対する説得の失敗が成立の抑制要因として作用する可能性を秘めている. しかしながら，両国の運用を見ると，少なくとも成立の抑制要因としての側面は強くないことが観察される［Qvortrup 2005：172］. オーストラリアは，全44回のうち，全体では過半数を超えながら州の過半数の承認を得られずに否決されたのは5件しかない. スイスは，憲法改正に対する国民投票の内，邦（カントン）の反対で否決されたのは，143回中6件に過ぎない（2005年時点）. この両国は，憲法改正国民投票の成立率が低く（オーストラリアは44回で8回），その原因は，むしろ，国民に対する説得に失敗したという要因が強い，と見ることができる.

2．2．6　小　　括

国民投票の中には，アイルランドの離婚，イタリアの離婚，スイスの陸軍廃止，オーストリアのEU加盟，カナダの3回の国民（住民）投票のように，高い投票率を示す選択的投票が存在する. しかし，これらは，最低投票率，絶対得票率といった加重された成立要件が誘導したわけではない．一方，重要な投票案件でも，投票率が低く盛り上がらないものもある．したがって，成立要件を論じるにあたっては，① 投票案件によっては高い投票率を示す国民投票（選択的投票）があり，それは投票案件への関心または国民投票運動の盛り上がりによって発生すること，② 加重された成立要件自体は高い投票率を誘導できないこと，③ 重要問題については，正統性を得るために特段に高い投票率が必要なものがあること，という３つの事実を混同してはならない．

第３節　憲法改正国民投票における成立要件

以上の通りの成立要件に係る議論を踏まえて，憲法改正国民投票における成立要件を考察したい．

３．１　成立要件に期待される目標とジレンマ

憲法改正国民投票の成立要件には次の目標とジレンマが観察される．

３．１．１　安定性と可変性のバランス

憲法は最高法規である以上，安定性が求められるところ，単純多数決以外の加重された成立要件には，否決誘導性があることから，安定性の方向に作用する．特に，絶対得票率または特別多数決（例　75%の賛成）を成立要件とすると，安定性のレベルは高まり，憲法の基本原則・基本的価値の保障に資することは明らかである．しかし，安定性の高まりは可変性の低下を意味する．民主主義の定着・全体主義体制への移行を阻止するなどの効果はあるが，社会の価値観の変化（例：同性婚），政治改革の必要性などに対応できなくなる可能性がある．したがって，安定性と可変性のバランスをとることが，憲法改正国民投票の成立要件設定の大きな課題である［芦部 1983：77］．

安定性と可変性は，発議要件とも関連する．成立要件で単純多数決を採用しても，発議要件が厳格であれば，凍結された国民投票となってしまう．したがって，安定性と可変性のバランスの取れた憲法改正国民投票にするためには，発議要件を含めた総合的な考察が必要である．安定性と可変性のバランスは憲法に対する信頼性を維持するためには必要な機能であるが，一方に傾くことを防止するためには大きな努力を必要とする（安定性と可変性のジレンマ）．

ルッツは，憲法改正における安定性と可変性について，「改正を過度に容易にすることは憲法と通常の立法との違いをなくし，憲法改正には高いレベルの熟議が必要であるという前提を無意味にし，また，人民主権の価値を低下させる．一方，改正を過度に困難にすることは，必要な修正を抑制し，人間は誤りを修正できるという前提を無視し，人民主権の有効な行使を妨げる．」とする［Lutz 2006：151-152］．

3．1．2　正統性の確保

憲法が最高法規である以上，正統性を保つためには，明確な数値によって国民が承認したという事実を示す必要がある．国政選挙の投票率は60％であれば多くの国民が投票に参加したと認定できること，国民投票は一般に60％対40％という結果が多いことから，投票率60％×賛成率60％＝有権者の36％という数字が目標値として参考になると思われる．しかしながら，36％を目標値として意識することは重要であると思われるが，具体的な数値として成立要件に明記することには，心理的な抵抗が生まれる恐れがある．また，最低投票率は一見，正統性確保に資するように見えることから，これを成立要件としている国も少なくない．しかし，制度上は，多くの問題が発生する点を意識する必要がある．45％の投票率で90％の賛成の場合でも，目標値を超えるが不成立となる場合がある．こうした事態は回避される必要がある．

そして，正統性も，投票案件作成への国民の参加，国民投票運動の公平性という他の要因との総合的な考察の下で決定されなければならないことから，成立要件単独で判定できるものではない．このように，正統性獲得のための明確な数字の設定自体に争いがあるし，仮に設定しても，それが正統性を示すものかどうかを判定するのは困難である（正統性と明確な数字のジレンマ）．

3．1．3　中立性の維持

国民投票の運用上の基本原則としての公平性はここでも維持される必要がある．成立要件の公平性は，制度が賛否両陣営に対して中立的である（一方の陣営にとって有利ではない）という，意味である．憲法改正に各種の「加重された成立要件」を採用した場合，明らかに否決誘導的であることから，改正賛成派からは不公平であり，中立性に反し「現状維持方向に進む」という批判がなされる．しかも運用実態としてのNOバイアスの存在は，成立を困難にすることから，憲法の可変性を考慮すると，単純多数が望ましいということになる．

他方，上からの国民投票では，コントロール性が強く，政府＝賛成派が多くの点で有利であることから，憲法改正国民投票に単純多数決を採用すること自体が不公平であり，加重された成立要件は否決誘導的というべきではなく，憲法の基本的価値の後退を抑制する安全弁として機能することから，むしろ憲法保障に資するものである，という批判がなされる．少なくとも，受け入れがたいルールに見える可能性がある（中立性と憲法保障のジレンマ）．

３．１．４　紛争解決

第Ｉ部第１章４．１で述べたように，憲法改正国民投票にも，国民投票一般と同様に，紛争解決が期待されることが少なくない．政治改革はニュージーランドの選挙制度改革の国民投票に見るように，政治階層と国民の間のタテ（垂直的な）の紛争の解決であり，離婚・中絶・同性婚あるいは，地域間の紛争は国民の間のヨコ（水平的な）の紛争の解決という側面がある．**本章１．６．４で検討した通り，国民投票の実施決定前と国民投票運動期間に熟議がなされ，必要であれば，交渉・再交渉がなされたり，二回投票を実施したりするなどして，紛争が解決されるのであるから，国民投票が行われるというだけでは，紛争は解決しない．同様に，成立要件の高低の程度（ハードルの強弱）も，それ自体が紛争解決を促進または抑制するものではない．**単純多数決の場合，僅差で決定されると「しこり」が残り，逆に紛争を激化することもある．他方，成立要件のハードルを上げると，単純多数を獲得したにもかかわらず不成立であることに対する強い不満が発生する．スコットランド1979年国民投票に見るように，40％ルールを課されたことによって賛成多数でも不成立とされると強い不満を醸成することになりかねない（成立要件の強弱のジレンマ）．

このように，成立要件には上記の通りの目標の達成が期待されるところ，実際はその目標を達成しようとするとジレンマが発生することがわかる．そして，成立要件の採用にあたっては，ジレンマの落とし所を見つけ国民投票の各段階のフィルターの機能を踏まえて，総合的に考察する必要性がある．言い換えると，**成立要件のみに過剰な期待をするのではなく，「熟議の誘導」と「熟議の失敗に備える」という二つの視点から，総合的な制度構築の一部として，成立要件を考察する必要がある．**さらに，その考察には，次のような運用実態を加味する必要がある．

3．2　成立要件から見た憲法改正国民投票の運用実態

3．2．1　低い成立率

欧米の（カナダ・オーストラリアを含む）主要実施国の憲法改正国民投票及び憲法問題国民投票の成立率は高くない．オーストラリアは44回中8回，カナダは3回中0回（住民投票を含む），イギリスは，13回中6回（全国レベルでは3回中1回），イタリアは4回中2回，フランスは13回中11回（1945年以降）である．アイルランドは，36回中25回（1959年以降）である．

この数字は，NOバイアスの存在を裏付けるものであり，コントロール性が強くても国民の説得が難しいことを示している．

3．2．2　加重された成立要件の作用

否決された憲法改正国民投票・憲法問題国民投票は，単純多数を獲得せずに否決されることが多く，加重された成立要件の下で過半数を獲得しながら，否決された例は少ない．デンマークは3回中2回，イギリスは2回中1回である．オーストラリアも，過半数を獲得しながら州の承認を得られなかったのは44回中5回であり，過半数に達しないのは44回中31回である．このように，否決の原因は，投票者の過半数を説得できなかったことにある[8]．

3．3　憲法改正国民投票における成立要件の設定（私見）

以上より，成立要件に係る私見を述べたい．

（1）憲法改正国民投票は，運用実態から見ると成立しにくく，単純多数に達しないで不成立となることが多いために，安定性と可変性のバランスは安定性方向に傾く傾向にある．そうすると，運用実態としてのNOバイアスに加えて，加重された成立要件を課すことは，さらに可変性を減少させることになる．このことは，憲法保障を強化する側面があるが，後述するように（本章4．1．3），憲法改正回避現象を発生させる恐れがある．

（2）憲法改正国民投票の投票結果に対する正統性は，60％対40％といった明

8）Hobolt［2009：9］は，43件の欧州統合に係る国民投票の投票率・賛成率を示していて，その内，賛否の差が5％以内の僅差は，4件であった．

確な票差，あるいは絶対的得票率の36％前後といった目標値の達成のみで獲得できるものではない．それに加えて，政府のコントロールの程度，情報の公平な流通と国民の議論への参加の程度も加味する必要がある．むしろ，**成立要件以外の要因が公平であるにもかかわらず，成立要件だけが，否決誘導的である方が不公平感を醸成するのではないだろうか．この点，熟議が行われれば，成立要件は単純多数決で十分である，というティアニーの見解に賛成する**［Tierney 2012：294］．2007年コードⅢ．7は，最低投票率と絶対得票率の採用は，ともに望ましくない，とする．

（3）このように，賛否に対して中立的な成立要件が望ましいと思われるが，その前提条件は，ティアニーが主張するところの，国民投票の制度全体を，公平･中立にし，コントロールを抑制し，国民の参加を保障し，自由かつ公平で，良質な情報の流通を保障し，熟議に誘導することにある．そして，可変性をある程度回復するために，投票案件の作成の公開，民意反映の機会の設定，投票案件作成段階における熟議を保障する必要がある．

（4）また，可変性の回復は，成立要件だけではなく，発議要件も併せて考察する必要がある．日本の場合，憲法改正国民投票が凍結された原因は，戦後の政党の配置の状況及び発議要件の厳格さが大きい．したがって，この意味でも，国民投票の手続の全体的考察が必要である．しかし，可変性に傾くことへの警戒も十分に理解できることから，一定の事項（国民主権・基本的人権の保障等）については，特別の硬性化の方法として，憲法改正国民投票の除外事項に指定するという方法（本章1．6．6）も検討に値する．

（5）最後に，憲法保障という点では，国民というフィルターが作用することに期待したい．加重された成立要件を設定することよりも，よく理解できない憲法改正案については，棄権または否決票で対応するという国民の投票行動［Bowler and Donovan 2000：48-55］の方が，憲法改正のフィルターになっていることは明らかである．憲法改正によって「新しい世界」に入っていくことに対して，国民は十分な情報と理解がない限り躊躇し，場合によっては拒否する，という事実を直視して，制度を構築する必要がある．

第4節　第四段階　投票後

4．1　投票の効力

4．1．1　成立した場合

（1）憲法改正案の成立

憲法改正国民投票において，改正案が成立要件を充足して成立した場合は，憲法典に編入される．選挙制度・議会・裁判所といった統治機構の改革の場合は，続いてそれを具体化する下位法規が制定される．日本の場合は，公職選挙法・国会法・裁判所法等が改正されることになる．ただし，改正された条文の意味が不明確な場合は，その解釈を巡って，解釈論争が発生する可能性がある．これは，憲法改正案作成段階における，予測可能性の問題でもある．

人権の場合，性的少数者（LGBT）の権利・障がい者の合理的配慮を要求する権利を追加するときは，その具体的な内容は，それを支える法律によって決定される．逆に言うと，これらの権利の実現は，本来的に法律レベルの問題であり，憲法改正国民投票による権利の創出ではない．しかし，国民が国家に対して一定の要求を行う際には，その指針又は行動を支える原理として機能する可能性がある．なお，現行の憲法24条は，婚姻を男女間に限定し，同性婚を想定していないと読み取れる以上，これを改正して，同性婚を可能にする必要性があると思われる．

仮に，高校などの高等教育の無償化を憲法改正によって明文化しても，その執行法の制定と予算の問題が生じるので，それを巡って，調整が必要になる．そういう意味では，政策の実現を求める内容の憲法改正は，直接的な効果が薄いということができる．

（2）憲法問題国民投票の成立

権限移譲・EU離脱等の投票案件が成立した場合は，それに伴う交渉が開始される．しかし，交渉が難航したり，交渉結果が投票者の予想したものとは異なる内容となったりする場合，再度の国民投票の実施が要求される可能性がある．上述の通り（本章1．6．4（2）），タイプBの2回目の国民投票の実施を投票案件に明示したり，制度として必要的に実施したりするという方法もあり得る．

４．１．２　否決された場合

憲法改正案が成立要件を満たさず，否決された場合の直接的な効果は，通常，発生しないが，次のような間接的な効果が生じることがある.[9)]

（１）再度の投票

僅差で否決された場合には，再度の投票が計画されることがある．オーストラリア・アイルランドのように，憲法改正国民投票の多い国では，同一の問題が繰り返し提起されることがある．これは,上述の通り（本章１．６．４（４））の，事実上の二回投票（タイプD）に該当することになる．

オーストラリアは，同一テーマを連続して実施することが少なくない（ただし文言をその度多少修正している）．独占禁止３回，市場改革２回，労使関係２回，上下院の同日選挙３回である．このように，２回目の国民投票が成立しない理由としては,投票者が改革の説明に疲れたこと,政府が改正案の実現よりも「意地」になって提案しているのではないか，という疑念が国民の間に存在することが指摘されている．しかし，２回以上の投票は，成立しないものの，２回目に票を伸ばす作用があるのも事実である．同日選挙に係る国民投票は，1974年が48.3％の賛成，1977年が62.2％の賛成，1984年が50.6％となっている．特に，２回目の1977年は，全体で過半数を超えながら州の反対（３対３）で否決されたことから，成立寸前であった．他の国の再度の投票（特にアイルランド）のように，繰り返されることによって情報と時間が与えられたことから，票を上積みすることができた，という推定も成り立つ［William and Hume 2010：101-103］.

アイルランドでは，中絶についての国民投票を1983年以来，６回実施している．2018年５月には，1983年に成立した「中絶が違法である」とした修正８条が，国民投票によって廃止され，中絶が解禁されることになった．アイルランドは，中絶・離婚のような国内の重要問題について，国民投票を通じて議論を喚起し，政策決定がなされていると，いうことができる．

また，憲法問題国民投票では，スコットランド・ウェールズの権限委譲の問題は，各３回の投票がなされている．特に，1979年スコットランドの国民投票は，賛成多数ながら，40％ルールを満たさなかったことは，1997年国民投票の

9）アメリカでは，否決後，同一テーマを再度住民投票の対象とすることを禁止する州が６つある．例えば，ネブラスカ州は，同一テーマの投票を３年間禁止する（Comparison of Statewide Processes. iandrinstitute.org/state.cfm（Accessed 09/08/2020））.

大きな原因になっている.

（2）政策決定への影響

スイスの陸軍廃止のイニシアティヴは，結果は否決であるが，陸軍の改革の契機となった.当該イニシアティヴは,64.4%の反対という大差で否決された（投票率69%）が,ラディカルな憲法改正案に3割以上の賛成票が投じられたことに,強いインパクトがあったことが推定される．このように，争点に対する直接の民意は，政策決定上，無視できないものとなっている．また，EU加盟問題・通貨統合では，否決がEUとの再交渉を導き，二回目の国民投票による成立へと導く例がある［Hobolt 2009：ch.7］．このような例は，重要問題について，国民の説得に失敗したこと（あるいは国民が関心を示さなかったこと）の原因を，政府が真剣に考察する必要があったことを示している.

4．1．3　憲法改正回避現象

上述の通り，憲法改正国民投票は，一般的に成立しにくいということができる．また，発議要件のハードルが高いために，国民投票が凍結されている場合もある．このため，政府・国会は「国民投票による憲法改正」というルートを回避して，実質的に憲法改正を行う現象が発生することがある．これを本書では,「憲法改正回避現象」という.

オーストラリアでは，これまで実施した憲法改正国民投票の44回中8回しか成立していないことから，必要な憲法改正ができないことに対処するために，裁判所の解釈による「憲法改正」が発生している．オーストラリアでは，二回の世界大戦と国家の経済発展のために，財政に係る中央政府の権限強化が課題となったが,「州の権限を制限し中央政府の権限を強化する」ことを内容とする国民投票は，24回中3回しか成立していない．このため，最高裁判所（High Court）の判例によって，中央政府の権限の拡大が図られてきた．憲法は，州の財政上の独立を明記し，連邦には所得税の課税を認めていなかったが，1942年と1957年に下された二つの判決によって，州の所得税に係る課税権は連邦政府に帰属することになった．このような裁判所の解釈による憲法改正は，憲法改正に要請される安定性と可変性のバランスが安定性に傾いた状態を，ある程度回復するという作用を示している，という評価もあり得る．また，裁判所による法の創造機能が発揮されたと見ることもできる[10].

しかし，国民投票で否決された内容を裁判所が解釈で是認することに対する批判は強い．こうした事態は，国民を統治と法全体の構造から排除するものであり，民主制を弱めると評価されている．ただし，裁判所による憲法改正は，統治構造に係る争点（例えば，1999年の改正案である「共和制への変更」等）を対象とすることはできない，という限界が指摘されている．また，オーストラリアは上からの憲法改正国民投票であり，議会が憲法改正国民投票の議論の「音頭を取る」形になっているところ，裁判所は改憲に係る議論の過程に一切参加しないことも一つの大きな問題である［Williams and Hume 2010：19-23］．フザロは，イタリアにおいては，正式な憲法改正が困難であるので，部分的・追加的・場当たり的な「非正規の」改正が生じるとする．また，憲法改正の困難さは，憲法に対する信頼をなくす要因であるとする［Fusaro 2011：233-234］．

なお，イタリアも裁判所による憲法解釈が，憲法改正の少なさ，困難さを補っている部分があるが，それは，憲法改正の困難さだけではなく，憲法典の実効性が弱く，必ずしも定められた通りに実施されていないこと（脆弱な憲法）にも，原因があるとする指摘がある［田近 2016:332］．また，カナダにおいても，ケベックの「独自の地位」については国民投票・住民投票で否決されているにもかかわらず，多くの政府の政策において，事実上実現されているという指摘がある［Galligan 2001：118］．

4．2　成立した憲法改正に対する異議と司法的救済

4．2．1　投票結果の適法性及び正統性に係る疑義

アメリカでは，住民投票終了後に，成立した投票案件に対して訴訟が提起されることが多い．その理由は，シングルサブジェクトルール違反，除外事項の違反，成立した州憲法・州法の違憲性（平等条項違反等）など，多岐にわたる．イニシアティヴの賛成派と反対派にとっては，投票前の審査（第1ラウンド），住民投票運動（第2ラウンド）に続く第3ラウンドの争いの場[11]となっている［Miller 2009；Zimmerman 2014］．

上からの国民投票の場合，投票後に投票案件等の手続的瑕疵，成立要件の充足などについて，訴訟が提起される例は少ない．しかし，論点としては，以下

10）ルッツは，憲法改正の割合の低さは，正式な改正手続を補完する，代替的な修正手続の利用をもたらすとする［Lutz 2006：178］．

11）なお，法の執行等は第4ラウンドの争いとなっている［Gerber et al. 2001］．

のように，投票後に国民投票の違法性と不当性を争うべき論点が生じる可能性がある．

① 発議の手続に疑義がある場合（強行採決等）
② 憲法改正案に違法性（明確性・関連性・中立性違反）がある場合
③ 憲法改正案が改正の限界を超えている場合
④ 政府による情報開示が不十分である場合
⑤ 賛成陣営の情報だけが流通し公平な議論が行われない場合・国民投票運動期間が著しく短い場合
⑥ 著しく低い投票率で成立した場合

これらの①～⑥の問題点の中で，④⑤については，第Ⅱ部第２章で，⑥については本章第２節と第３節ですでに論じているので，以下，①②③の問題点と是正方法について説明する．

4．2．2　発議手続における違法性・不当性とその是正

（1）① 発議の手続に疑義があるとき

発議の手続への疑義は，議会審議の問題としては，審議時間が不十分である場合，強行採決が行われた場合，議場が混乱して定足数が十分に確認できなかった場合などを指す．議会で十分な議論を行ってから憲法改正の発議を行うことが求められている以上，これらの審議上の問題点は，国民投票「発議」の正統性を損なうものである．また，憲法上，発議要件を満たしていないにもかかわらず，発議がなされる場合も想定される．フランスのド・ゴールが実施した，1962年と1969年の国民投票は，憲法改正を内容とするものであることから，議会の審議と承認が必要な89条によるべきものであったが，ほぼ大統領のフリーハンドで発議できる11条の手続によって実施された．

ただし，上記の問題点の原因は，多数派による数を背景とした「ごり押し」もあるが，少数派の「不当な抵抗」（審議の完全拒否など）の場合もありうる．

（2）② 改正案の違法性・不当性

改正案の違法性・不当性についても同様の問題が発生する恐れがある．複数の争点を含む改正案が成立してしまうと，国民が支持していない争点が「支持された」という評価を受けることになる．また，不明確な改正案は，国に広い権限を与える原因になるし（行政国家現象の助長），条文の解釈を巡って投票後に

争いが起きる可能性がある．このような改正案の違法性・不当性は，上記の通りの手続の問題よりも，一層深刻である．なお，明確性のルールが憲法・国民投票法で明文化された場合は「違法」であるが，そうでない場合でも，民意反映の不正確さをもたらす改正案は「不当」と評価できる．

（3）③「改正の限界を超えた」改正

③については，国民主権・平和主義・基本的人権の尊重のような基本原則に反する改正は想定しにくいが，確定した判例と衝突するレベルの憲法改正がなされる可能性がある．例えば，判例でマイノリティーの人権が少しずつ拡大していたものが否定されたり，日本の参議院の合区のように，一人一票の原則（投票の価値の平等）に明らかに反する憲法改正が行われたりする可能性は否定できない．

（4）司法的救済の可能性

このような発議における問題点（手続及び実体）については，投票前または投票後に司法的救済を求めることができるのであろうか．ド・ゴールが実施した1962年「大統領の直接公選」の国民投票では，投票実施前に，憲法学者による違憲であるとの共同声明及び行政院による違憲判断がなされていた．しかし，成立後（投票率77%，賛成62.2%）に憲法院から示された判決では，国の主権の直接の表現について，自ら判断を下すのは適切ではないとして，違憲性に係る判断が回避された［井口 1993；吉田 2016；南野 2016］．

これは，発議の手続における違法性・不当性が，改正案の成立によって「治癒」されたことを意味するのであろうか．しかしながら，**憲法制定権力を有する国民の意思が，改正案の賛成として示された以上，手続の問題を問う必要がない，というのであれば，国民投票の各段階に課された規制（フィルター）は，無意味になり，国民投票のプレビシット的運用を肯定することになりかねない（手続的違法と国民主権のジレンマ）**．

もちろん，フランスにおいても，このような手続的違法性に対する批判は強く，ド・ゴール以降では，明らかに手続的な違法性が指摘される国民投票はない．しかしながら，国民投票の経験が不十分な国，民主主義が成熟していない国においては，プレビシット的運用の例として，上記①②③の問題点を警戒する必要性がある．仮に，国民投票が成立要件を充足して国民に承認された，という事実には，発議における違法性・不当性を治癒する力があるとすれば，このような手続的違法性･不当性については，どのように対応すべきであろうか．

（5）手続的違法性・不当性への配慮

第一に，「治癒力」を考慮すると，国民投票の実施後ではなく，実施前に，特に国民投票運動が始まる前に，手続的違法性を宣言する必要がある．それを行う機関は，裁判所か，国民投票を監視する機関（国民投票委員会等）が望ましい．議院内閣制の場合，国民投票を提案する側の議会による審査は困難だからである．スイスで議会が内容的・形式的統一性の審査を行うのは，対象がイニシアティヴであり，政府にとって不都合な内容が提案される可能性を含んでいるから，という理由があると思われる．また，第一段階で論じたように，投票案件の作成に民意を反映させることも，①②③の問題点を排除する一つの方法であると思われる．

第二に，こうした①②③の問題点に対して，憲法改正案に反対する陣営が批判し，その内容を国民に知らせる機会を保障する必要がある．上記①②③の問題点は，憲法改正案への批判を誘発する原因となり得るからである．ただし，苫米地事件（最高裁判決昭和35年6月8日民集14巻7号1206頁）で問題となった「憲法7条による解散が違法であるのか」という論点が，国政選挙における政権選択の原因とはならないことと同様に，手続的違法性等が，国民投票の賛否を左右する大きな原因とはならないのではないか，という懸念はある．これも，手続的違法性と国民主権のジレンマである[12]．

第三に，事後に裁判所にその違法性に係る訴えを提起するという制度もあり得るが，憲法裁判所の場合，その審査は，憲法裁判所の構成と政治性に左右される可能性は否定できない[13]．また，英米の私権救済型の裁判所の場合，国民投票をする権利がどのように侵害されたのか，という法的構成が難しい．後述するように（第Ⅲ部第2章2．5．3（4）），国民投票権の侵害という構成も可能であると思われるが，仮にそれが認められたとしても，「統治行為」「政治問題」として退けられる可能性がある．また，憲法改正国民投票が成立した後に，延々とその手続を巡って訴訟が提起されるのも，法的安定性を欠くという問題が生

12）日本の場合，公報に「手続的違法性」を改正案の反対理由として，反対陣営が掲載することはできるのか，という問題が生じるところ，前述の通り（第Ⅱ部第2章2．2．2），各自主張方式を採用するのであれば，それが反対陣営の主張として掲載される可能性は存在する．

13）政府が憲法裁判所の裁判官を任命する制度であれば，手続的瑕疵が裁判所によって治癒される可能性が低い．

じる．

第四に，主権の変更・共和政体の変更のような，改正の限界については，成立要件をリトアニアのように厳重にする，という方式も考えられる．これは，万能である憲法制定権力を憲法で縛ることができるのか，という本質的な問題に関わる．主権には，① 人民の意思を示す最高権力であるという意味と，② 制限された権力という意味の二つがあり，この問題には，その矛盾・相克が表れていると見ることができる［Lutz 2006：129］（主権の二面性ジレンマ）．

以上より，手続的違法性・不当性を匡正することは，理論的には各段階で可能であるが，より実効的には，国民投票の実施前の匡正と，発議段階における国民の参加が必要であると思われる．そして，最後は，国民投票の発議の手続・情報提供・国民投票運動のあり方がプレビシット的である（強い政府のコントロール性が示されている）という点に対して，フィルターとしての国民が強く反応することが期待される．

第III部

日本の憲法改正国民投票

第１章　日本の憲法改正国民投票の基本構造

第１節　96条の意味と国民投票法の制定の必要性

日本の憲法改正国民投票は，第９章改正第96条で次のように規定される．

第96条　この憲法の改正は，各議院の総議員の３分の２以上の賛成で，国会が，これを発議し，国民に提案してその承認を経なければならない．この承認には，特別の国民投票又は国会の定める選挙の際行はれる投票において，その過半数の賛成を必要とする．

２　憲法改正について前項の承認を経たときは，天皇は，国民の名で，この憲法と一体を成すものとして，直ちにこれを公布する．

96条１項は，３項目からなる．まず，① 憲法改正の発議は国会が行うこと，発議要件は衆参両院の総議員の３分の２以上の賛成であることを規定する．これは，議会多数派主導型国民投票で，発議要件が厳格であることを示す．次に，② 憲法改正案が成立するためには，国民投票で単純多数決での承認が必要であるとしているので，成立要件は標準的なものとなっている．そして，③ 国民投票の実施は，国民投票のための特別の投票日を設定するか，他の選挙との同日の実施の両方の方式が可能としている．

２項は，成立後の公布と憲法典への編入を規定する．

このように，96条は，本書で論じてきた憲法改正国民投票の４つの段階については，具体的な手続を規定していないことから，国民投票を実施するに際しては，その執行のための具体的な手続を規定する法律の制定が必要であったところ，憲法施行後60年を経て，2007年に国民投票法（正式名「日本国憲法の改正手続に関する法律」）が制定された．国民投票法は，選挙権と並ぶ参政権としての，国民投票権（国民投票法３条）を保障し，憲法改正案が熟議による争点投票を経て，正統性を獲得するという目標に資するように，制定されなければならない．

第2節　日本の憲法改正国民投票の制度的特徴

2．1　議会主導型の国民投票・上からの国民投票

日本の憲法改正国民投票は，衆参両院の総議員の3分の2以上の賛成によって発議されることから，議会多数派主導型の国民投票と分類することができる．すなわち，両院の3分の2の賛成によって，「任意に」国民投票が実施される．また，日本国憲法は，議院内閣制を採用することから，政府と対立した国会が国民投票を実施することは事実上困難であり，政府と議会が一体化して，「上から」国民投票を実施するという構造となっている．

上からの憲法改正国民投票は，制度改革，人権の憲法典への編入の要請等の憲法改正の必要性を政府・国会が認識し，国民に提案することに大きな意味がある．上からの憲法改正国民投票には，プレビシット的運用に見られるように，恣意的（発議権の濫用的）な側面も確かに存在する．また，行政権の権力拡大の手段としての側面が存在することも事実である［Walker 2003］．しかし，アイルランドの同性婚・オーストラリアの原住民の差別解消などで，政府が国民に憲法改正についての必要性を説き，理解を求めて国民投票を実施する，という国民をリードする側面もある．民主主義が未成熟な場合に限らず，このプレビシット的側面に対する警戒心は必要であると思われるが，上からの国民投票には，「先進性」「リーダーシップ性」があることは認識する必要がある．

2．2　国民投票の「義務的」性質

日本の憲法改正国民投票は，発議要件を満たす議員数を確保している限り必要に応じて政府が「任意に」憲法改正を行うことができる，という性質と同時に，「義務的」国民投票の性質も有する．すなわち，憲法を改正する場合は，必ず国民投票を実施しなければならないことから，不適切な文言の削除，死文化した条文の削除といった，「形式的な内容」の改正または「異論のない」改正であっても，必ず憲法改正国民投票を実施する必要がある．このことは，二つの逆機能を発生させる原因となる．第一は，国民投票の二次的効果として，国民が政権交代をせずに国政批判をする機会を提供することである．これは，熟議による争点投票という目標からは逸脱する．第二は，後述するように，この義務的な性質が憲法典の過剰包摂及び過少包摂の原因となっている点である．

2．3　憲法改正案に対する「国民投票権」の保障

国民の憲法改正案への投票は，選挙権の行使と並ぶ参政権の行使であり，憲法改正案に対する「国民投票権」が国民に保障されていることを意味する．そして，国民投票権の保障には，憲法改正に係る国民の民意が正確に反映されるような制度の構築が要請される．したがって，自由・平等・秘密選挙という選挙権に保障される原則は，国民投票権にも適用され，さらには，憲法改正案に対する自由な意思表明（自由な投票）をするために，憲法改正案の明確性・関連性・中立性が要請される[1)].

2．4　直接民主制の一形態としての性質

日本国憲法は，直接民主制の諸制度（レファレンダム・イニシアティヴ・リコール等）のうち，国政レベルでは，憲法改正国民投票・最高裁判所裁判官の国民審査・地方自治特別法に対する住民投票のみを認めるに過ぎず，法律の改廃・制定を求める国民投票は認めていない．また，日本の憲法改正国民投票は，国会が決定した改正案を，国民が承認または拒否する制度であり，改正案の作成に国民が関与することを義務付けるものではない．言い換えると，日本の国民に保障された，国民投票権は，アメリカ・スイスのイニシアティヴのように，自ら憲法改正案の作成に参加するという意味での，国民投票権ではなく，完成された憲法改正案に対して，議論を行い，承認または拒否するというものである．このように，提案された憲法改正案に対して，議論し，承認するという意味では，直接民主制の制度としては「片面的」であるところ，憲法改正国民投票が，後述の通り，国会と国民の共同作業・共同立法行為であると位置付けると，憲法改正案の作成においても国民の参加が要請される．この点，日本の憲法改正国民投票は，議会を「補完する」直接民主制であって，議会を代替するものではない[2)].

なお，改訂草案３．１は，国民投票は，代議制民主主義の過程の中に組み込

1）2001年ガイドラインⅡ．B，2007年コードⅠは国民投票における，自由，平等，秘密選挙の原則の維持を要請する．

2）ユールは，直接民主制を，議会の審議を通過せずに実施する代替的直接民主制（これはイニシアティヴを指す）と，議会の審議を通過する補完的直接民主制に分類し，前者は公開された討論を行う議会審議の過程を欠くことから，マイノリティーの権利侵害の可能性が高まるとしている［Eule 1990］.

まれるべきであり，首相・大統領によって，議会の意思を無視するために用いられたり，通常の抑制と均衡の仕組みを迂回するために用いられたりしてはならない，とする．

2．5　安定性と可変性のバランス

発議要件は，両院の総議員の３分の２以上の賛成であることから，同じ議会主導型の憲法改正国民投票を制度化している，アイルランド（実質的に下院の過半数），オーストラリア（両院の過半数），イタリア（議会少数派の発議），オーストリア（国民議会または連邦参議院の議員の３分の１の発議）と比較すると厳格なものとなっている[3]．

ただし，発議要件が厳格であっても，発議が実際に行われるかどうかは，政党の配置状況に大きく左右される．アメリカの州のように，二大政党制を採用し，その政党間の見解の隔たりが大きくない場合は，両院の３分の２以上の賛成という発議要件は，必ずしも発議を抑制する要因となっているわけではない．日本において，戦後，憲法改正国民投票が発議されなかった原因は，憲法改正反対を標榜する政党が，各院の３分の１以上存在したことにある．**その意味では，96条が示す発議要件は，３分の１の勢力に憲法改正の拒否権を与えたということができる．**

政党の配置状況が，国民投票の実施に影響を及ぼすという点は，オーストリアでも観察できる．同国の憲法改正国民投票は，議会の少数派（国民議会または連邦参議院の議員の３分の１）主導型であるが，二大政党の大連合（grand coalition）政府の下で，拘束力を有する国民投票が実施されたのは1978年（原発の稼働）と1994年（EU加盟）の２回である．1994年は憲法改正国民投票として実施された［Pelinka 1996］．なお，政策の是非を問う国民意向投票（助言型）は，2013年に２回実施している［東原 2020：３-６］．

一方，成立要件は，投票者の賛成多数（単純多数決）であるから，第Ⅱ部第３章２．２．１で述べたように，改正案の賛成側と反対側に対して中立的であり，厳格な要件とは言えない．発議を厳格にしていることから，成立については，賛否に中立的な要件にして，憲法改正における「安定性と可変性」のバランス

3）オーストラリアは，上下院が対立したときは，一院の賛成だけで発議できる（デッドロック条項）という興味深い制度がある［福井 2015：74-75］．

にある程度配慮したということができる[4].

2．6　国民投票法制定に係る国会の立法裁量

上述の通り，日本の憲法改正国民投票は，国民投票法の制定に細部の決定を委ね，具体的には，改正案の作成方法，国民投票運動の規制などは，国民投票法によって決定される．憲法論としては，立法府の裁量に委ねられていることを意味する．しかし，自由・平等・秘密選挙の原則から，国民投票権行使の細目を決定する立法府の裁量にも一定の限界があると見るべきであろう．国民投票法は本来期待される機能を発揮し，問題点を抑制するように制定されなければならない．

2．7　アメリカの州憲法の影響

両院の３分の２以上の賛成という発議要件と，単純多数決の成立要件の組み合わせは，アメリカの州憲法の改正手続の標準的な形態である[5]．また，地方自治特別法に対する住民投票（95条）は，アメリカの州の義務的レファレンダムと全く同じ制度である．さらに，最高裁判所裁判官の国民審査も，アメリカの多くの州で採用されている継続審査（retention election）と同じ制度である．この三点から，日本の憲法改正手続が，アメリカの州憲法の影響を受けて制度化された可能性を指摘できる．日本の憲法改正が凍結されていることから，占領国が憲法を改正しないように「楔（くさび）」を打ったという論調も見られるところ，２．５でみたように，上からの国民投票による憲法改正は，政党の配置状況に大きな影響を受けることから，二大政党制をとるアメリカがGHQを通じて，憲法改正を完全に困難にするために96条の制定を指示した，といえるかどうかは断定できない．

第３節　日本の憲法改正国民投票の機能

日本の憲法改正国民投票には以下の機能が期待される．

４）憲法改正手続の国際比較を行い，日本の憲法の硬性度は必ずしも高くない，という指摘がある［北村 2016；北村 2017］．

５）アメリカでは，デラウェア州を除く全州で，憲法改正のための上からの（議会提案の）住民投票がある．

3．1　安易な発議の防止

一時的な議論の沸騰や感情論に乗じたり，国民に人気の高い政治家によるプレビシット的な憲法改正国民投票が行われたりすることを，議会内の３分の１の少数派が抑制することが期待される．その意味では，この厳格な発議要件は，安易な憲法改正への安全弁として機能し，慎重な国会審議を要請する．

3．2　議会内のコンセンサス形成の促進

憲法改正の必要性を認識した政府が，少数派の説得に努め，あるいはそれらの見解を吸収して，議会内コンセンサスとしての憲法改正案を作成することが期待される．少数派の拒否権は，議論の促進に寄与すると考えることができる．

3．3　憲法の安定性の強化と基本的価値の固定化

上述の通り，発議の可能性は政党の配置状況に左右され，戦後の政治状況を見る限り，両院の３分の２の勢力を憲法改正案のために結集することは容易ではない．しかも，選挙制度・議会制度のように異論の多い争点について，両院の３分の２を獲得することは，後述するように，選挙の合間を縫って改正するという時間的な制約もあり，かなり困難な作業となっている．また，諸外国の憲法改正国民投票の成立率が高くないことからわかるように，憲法改正について，国民を説得することは容易ではない．こうした事実（国民投票の運用を支える諸要因の状況（第Ⅰ部第３章第４節））は，憲法の安定性を強化し，民主主義・基本的人権（個人の尊重）という憲法の基本的価値を固定化する．

3．4　国民の拒否権・政府と国民の共同決定

憲法改正を国会単独で行うのではなく，国民投票に付す国は多い．その趣旨は，国民に議会提案に対する拒否権を与えることにある．これは，ダイシー的な拒否権としての国民投票［Qvortrup 2005：ch.2］を意味する．つまり，憲法改正案の内容に必要性と合理性が備わっていない場合，国民がそれを拒否することを認めている．したがって，憲法改正が実現するためには，議会内あるいは政治階層におけるコンセンサスが形成されると同時に，国民の間にコンセンサスを形成する必要がある．そうすると，憲法改正に国民投票を必要的に付すという構造自体が，政府と議会の慎重な決定を促すことになり，厳格な発議要件と並んで，安易な憲法改正に対する安全弁になる．

上からの国民投票で憲法改正を行う場合は，アイルランドの憲法改正国民投票のように，議会が必要な憲法改正を時宜に応じて提案し，国民がこれを熟議するという構造が求められる．さらに，通常の選挙以上に，国民が休日にわざわざ出かけて賛成票を投じることは，政府がどれだけ説明責任を果たすかどうかという点に左右されるのであるから，「国民を説得する」という認識が必要である．このように，上からの憲法改正国民投票では，政府と国民の共同決定が要請される．なお，憲法改正に係る共同決定には，政府が国民投票の失敗を反省して，文言を変更したり，撤回すること，及び再度の国民投票を実施したりすることも含まれる．

オーストラリアの憲法改正国民投票においては，憲法改正案を作成し発議したものを議会の判断で実施を見送った例が３つある〔吉川 2005：150-152〕．明文で撤回または中止が規定されているわけではなく，その運用には批判もある．ただし，撤回して新しい憲法改正案を作った例はない．日本で撤回・中止ができるかどうかは，96条の解釈としては一つの問題である．日本の憲法改正国民投票の「任意的」性質を考慮し，また，批判された改正案が再考されて，明確性・関連性を備える可能性があることから，私見では撤回・中止は可能と解する．

３．５　熟議の促進と正統性の付与

３．４に関連して，実際の投票では，憲法改正という重大な問題を国民が十分な時間をかけて議論し，改正案（改正後の状態）と反転ポイント（否決された場合の状態）を比較検討して，賛否を決定することが期待される〔Hobolt 2009〕．このように，十分な議論，すなわち熟議があって初めて，改正案は正統性を確保し最高法規として尊重されるのである．憲法改正に係る国民投票権は，このような改正内容について熟議する環境（明確性等を備えた適正な改正案の作成・良質な情報の十分な流通）が整えられることによって，実質的に保障される．

第４節　日本の憲法改正国民投票の問題点

上述の通りの，憲法改正国民投票に期待される機能が十分に発揮されず，逆に，問題点（逆機能）を発生させることもあり得る．以下，現在発生し，また今後，発生が予想される問題点を説明する．

4．1　憲法改正の凍結

第一の問題は，厳格な発議要件は国民投票を凍結させてしまうという点である．アイルランドの法律レファレンダム，デンマークの憲法改正国民投票[6)]は，発議要件が厳しいために実施されていない．日本も制定以来実施されていないのであるから，現時点（2020年）では凍結された国民投票ということになる．これは，憲法改正手続に求められる，「安定性と可変性のバランスをとる」という要請が，安定性の方向に傾いたということを意味する．安定性に傾くこと自体は，憲法保障に資するという側面もあることから必ずしも，否定すべきことでもない．しかし，必要な憲法レベルの制度改革が困難になる，という側面がある．これは第二の問題点に続く．

4．2　憲法改正回避現象

第二の問題は，必要な憲法改正が行われないために，憲法改正回避現象が発生するという点である．2015年に成立した，一連の安全保障に係る法律は，本来は憲法レベルの議論をすべきであり，順番としては集団的自衛権に係る「憲法改正」を行い，その関連法案として法律を制定すべきものであることから，日本においても，憲法改正回避現象が発生したということができる．また，司法制度改革の一環として登場した，裁判員制度も，憲法の司法の章は裁判官による裁判を前提としているものであり，裁判官以外の一般国民に司法に参加させることは，憲法改正回避現象ではないか，と思われる．

このような憲法改正回避現象は，憲法に対する信頼性と最高法規としての安定性を阻害することにつながりかねない．イタリアのように，憲法改正によって憲法保障を強化する側面があること［田近 2016：320-324, 335-336］を認識することも重要である．

4．3　妥協への誘導作用

両院の３分の２以上の賛成という発議要件を充足するためには，多数派工作が必要である．あるいは，連立政権の場合，政権に参加する政党に憲法改正に賛成してもらう必要がある．そうすると，他党の「顔を立てる」ために，妥協が行われる可能性がある．妥協は，条文レベル・改正案の数レベルで行われる．

6）デンマークは1953年新憲法制定以来，一度も改正されていない．

条文の細部で折り合わない場合は，９条２項の「前項の目的を達するために」という規定のように，抽象的な文言にして，後の解釈に委ねるという方法が想定される．また，他の政党が満足するような政策に結び付く憲法改正が発議される．条文レベルの妥協の場合は，解釈を巡ってのちに紛糾する原因を作り出すことになり，明確性に反する憲法改正案が作成される原因となる．また，抱き合わせ投票の原因となったり，必要性・関連性を欠く憲法改正案の原因となったりする．コンセンサス形成機能が，一転して，妥協促進という逆機能になり，熟議による争点投票を実現することの妨げとなる[7]．

特に注意すべき点は，上からの国民投票の場合は，憲法改正の論点ごとに，３分の２が別々に形成されるという事態は生じにくい，という点である．むしろ，憲法改正案の中に複数の争点を抱き合わせて（後述するように一応の規制はあるが限界が存在する），３分の２の多数が形成される可能性がある[8]．

4．4　コントロールの強さ

両院の３分の２の賛成で発議されるということは，発議要件が充足された段階では，国会内に憲法改正のための強い勢力が形成されることを示す．このため，単純多数決で発議する場合と比較すると，国民投票の各段階でのコントロールが強くなることが予想される．ほとんど議会審議を経ずに強いコントロールの下で実施された，フランスのド・ゴール時代の国民投票のような運用になることが，懸念される．

厳格な発議要件にすることによって，安易な改正を阻むつもりが，発議要件を充足した時には巨大な勢力となって，コントロール性が高まり，賛成側が有利に進めることになりかねない．この点は，広い立法裁量の下で，コントロール性の強い国民投票法が「場当たり的に作られる」という，懸念に連動するものである．このような事態が，憲法の基本的価値の後退につながる可能性は，憲法改正国民投票の運用において常に警戒する必要がある．

4．5　マイノリティーの権利侵害の可能性

発議の難しさは，民主主義・基本的人権の尊重といった基本的価値の固定化

7）Widner and Contiades［2013：66］は，厳格な発議要件は妥協を招くと指摘する．

8）国民投票法の制定時には，国会で論点ごとに賛否の構成が変化する可能性についての議論がなされていた．第165回国会　衆院日本国憲法に関する調査特別９号10頁．

という機能につながるが，マイノリティーの権利侵害を固定化する作用に変化する可能性もある．同性婚の禁止が提案された場合，当該条文を廃止するために，同性愛者が中心となって再度憲法改正を行うのは難しい．ただし，あからさまに，このようなマイノリティーの権利侵害を行う憲法改正を「上から」提案することはほとんどない．こうした権利侵害は，むしろ，「下から」の国民投票の場合である．例えば，スイスの「イスラム寺院の尖塔（ミナレット）新設禁止」のイニシアティヴ（2009年）は，国内で大きな論争を引き起こし，国内外の強い反対にもかかわらず成立している．リンダーは，このイニシアティブが政権を担う国民党によって推進されたことを危惧する．そして反マイノリティー政策が国民投票を用いることで強化される恐れを指摘する［Linder 2010：126］．

4．6　憲法典における過剰包摂と過少包摂

上述の通り，発議が困難であるということは，死文化した条文，時代に適合しない条文を含んでいても，それを廃止できないことを意味する．厳格な発議要件は，憲法典の中に不要な条文を含むことになるという，「過剰包摂（overinclusive）」をもたらす．逆に，必要な憲法改正が行われず，憲法改正回避現象を引き起こすのであるから，「過少包摂（underinclusive）」をもたらすことになる．

4．7　時間的制約──グランドデザイン型改正の障害要因──

厳格な発議要件の下で，憲法の規定により２～３年おきに衆議院と参議院の選挙が行われるということは，常に選挙日程に制約を受けながら改正作業を行うことを意味する．憲法改正に係る争点について，両院の３分の２の賛成を得ることは難しく，仮に争点についてある程度のコンセンサスを形成することができても，これを改正案レベルまで一致させることは難しい．そうすると，厳格な発議要件は，時間的な制約の中で妥協や拙速な改正（十分に議論の経ていない）を誘発する契機となる．また，大規模な制度改革などを，国民的な議論を喚起して行うべき，グランドデザイン型の憲法改正を難しくする[9]．

9）イタリアでも，この点が指摘されている［伊藤 2016：316-317］．

4．8　コンセンサス形成の失敗・熟議の不足

憲法改正国民投票の機能の，本章3．4「政府と国民の共同決定」，及び本章3．5「熟議の促進」が発揮されるためには，いくつかの条件が求められる．中でも，ホボルトが指摘するように，国民投票運動における情報環境の整備（第II部第2章1．6）が必須の条件である．民意を正確に反映し国民が関心を持てるような憲法改正案，政府による十分な情報提供，自由で公平な国民投票運動及び良質な情報の十分な流通が必要となる．個人レベルでは，対話的熟議の要素（第I部第2章2．3．1）である，① 十分な情報の取得と理解，② 平等への配慮，③ 意見交換，④ 理性的な思考，が不足する場合は，国民の熟議が成立せず，争点投票の失敗，投票率の低下，あるいは，「偽りの多数」が発生する可能性がある．憲法改正国民投票においては，憲法の文言が抽象的であり，改正の意図も伝わりにくい，という本質的な問題点が存するところ，政府が憲法改正の必要性と合理性を十分に説明しない場合，このようなコンセンサス形成の失敗・熟議の不足が発生する可能性は高まる．

4．9　発議過程における国民の不在——下からの制度改革——

議会主導型国民投票における国民投票権は，上述の通り，憲法改正案を議論し，それに対して承認と拒否を表明するというものである．これは，国民の側から見ると，憲法改正国民投票の発議の過程に参加できず，必要な憲法改正の意思を表明することができないことを意味する[10]．イタリア・スイス・アメリカ（州レベル）では，下からの国民（住民）投票を通じて，政治改革を実現している．イタリアでは，第二共和制への移行は，国民投票を通じて既存の選挙法を廃止したことから開始された[11]．アメリカでは，議員の多選による弊害を除去するために任期制限（term limit）がイニシアティヴで提案されている［Zimmerman 2014:

10）ニュージーランドのように，選挙改革・政治改革についての国民の強い意思が，助言型国民投票の実施を促した例があるが，ここでも，同国における国民投票の実施経験の多さが作用したと思われる［Vowles 1995；市川 1997］．なお，ニュージーランドには，下からの国民投票としてのイニシアティヴが存在する［Parkinson 2001］．

11）アメリカのイニシアティヴでは，住民が改正案を作成するという住民投票権を行使できるが，イタリアの廃止型国民投票では，制度の問題点・改正の必要性を提示できるのであって，改正の内容までは国会に提起できない．しかし，制度改革の必要性を強く示すことができるという機能がある．

103-105]．このように，憲法レベルの政治改革を国民主導できないことは，「上からと下からのジレンマ」の一つとなっている.[12)]

4．10　小　　括──問題点の抑制と熟議への誘導──

上述の問題点のうち，厳格な発議要件に起因するもの，すなわち，憲法改正の凍結，憲法改正回避現象，過剰包摂及び過少包摂，グランドデザイン型の憲法改正の困難は，国民投票法の制定によって解決することが難しい．むしろ，憲法改正手続に対する制度論，改憲論（全面改正の手続整備も含む）によって対処すべき問題である．しかし，マイノリティーの保護（同性婚の承認・障がい者が合理的な配慮を要求する権利など)，憲法レベルでの制度改革（国民投票制の導入など）は，与野党の枠組みを超えて取り組むべきものであり，また，問題のある規定についての建設的な合意形成がなされれば，厳格な発議要件というハードルは乗り越えることができるはずである．また，発議過程への国民の参加によって，政党の枠組みを超えた国民的議論が喚起されれば，理想論ではあるが，多くの問題が解決する可能性もある．

重要なのは，与野党の合意が成立せずに，両院の３分の１近い勢力が憲法改正に反対している場合に，与党を中心とした改憲勢力の強いコントロール性が，民意を正確に反映する憲法改正案の作成，国民の参加と熟議を経た投票，正統性の獲得を保障するルール作り，すなわち，熟議に誘導する国民投票法の作成を阻む要因になるのではないか，という点である．ティアニーが指摘するように，国民投票法に制定にあたっては，強いコントロール性をどのように抑制するか，という問題点を十分に意識する必要がある．そして，３分の２の勢力による強いコントロールが，憲法の基本的価値の後退を招かないような制度構築が必要となる．

---

12) 選挙制度の改正は，上からの国民投票で提案されることは少ない．1980年以降，州・国レベルの68件の選挙改革の事例で，国民投票・住民投票に付される例は，19件に過ぎない［Qvortrup 2013：108-112］．

第2章　日本の憲法改正国民投票の制度

第1節　総　　論

1．1　成功した憲法改正国民投票とその構成要素

上述の通りの日本の憲法改正国民投票の特徴を踏まえて，安易な改正の防止・熟議の促進・コンセンサス形成といった機能を促進し，妥協への誘導・コントロールの強さといった問題点を抑制するような運用が求められる．そのためには，第Ⅰ部と第Ⅱ部で論じたように，「理想的な国民投票」の実現を目標として，国民投票法が制定されなければならない．

本書の第Ⅰ部第3章2．2では，成功した憲法改正国民投票を，「**投票する国民が，憲法改正案の内容を十分に理解して議論し，投票結果に正確に民意が反映され，その結果に対して国民から不満が出ないものであり，改正された内容が憲法の基本的価値を後退させないもの**」と定義した．このように，Ⅰ「憲法改正案に対する熟議の成立」Ⅱ「争点に対する正確な民意反映」Ⅲ「正統性の確保」Ⅳ「憲法の基本的価値の保障」を，憲法改正国民投票が成功するための4つの構成要素とする．特に，日本の民主主義が未成熟であり，人権保障が不十分であることから，憲法の基本的価値の保障（憲法の基本的価値の後退の抑制）を十分に意識する必要がある．そのために，国民投票法の制定と運用にあたっては，熟議への誘導を意識する必要があると同時に，熟議の失敗に備える必要がある．そして，この二つの要請を満たすように，各段階にフィルターを設置する．

1．2　憲法改正国民投票の運用上の基本原則

1．2．1　国民投票法制定における運用上の基本原則

そして，成功した国民投票とその4つ構成要素を実現するために，次のような6つの運用上の基本原則を示すことができる（第Ⅰ部第3章2．2）．

① 憲法改正案を明確にして民意と関連させること（明確性・関連性の確保）
② 国民投票の過程における自由な情報の発信と流通の保障（情報の発信・流通の自由）
③ 賛否の主張のバランスが取れて，かつ質の高い情報の流通の保障（情報の質的保障）
④ 国民投票運動に誰でも参加し情報を発信できるようにすること（平等な参加）
⑤ 国民投票の過程は公開され透明であること（公開性・透明性）
⑥ 国民投票の過程は賛否両陣営に対して中立・公平であること（中立性・公平性）

本書における，成功した国民投票（理想的な国民投票）を各段階に分けて詳しく説明すると，第一段階は，選挙等を通じて民意が反映されることによって，国民が求めかつ正確に民意が反映され（① 明確性と関連性の確保），賛成＝成立方向に誘導しない（⑥ 中立性）憲法改正案の作成が求められる．そこでは，国民が参加し，熟議すること（発議のレベルにおける参加と熟議）によって，「憲法の基本的価値の後退が発生しない」憲法改正案が作成されることが期待される．審議過程は公開され（⑤ 公開性・透明性），特に国会では，賛否両論に対して，公平な議論の機会を提供する必要がある（⑥ 中立性・公平性）．

第二段階では，多くの国民が平等な立場で参加し（④ 平等な参加），自由で公平な国民投票運動が展開されて（② 情報発信・流通の自由・⑥ 中立性・公平性），憲法改正案に対する熟議（国民投票運動のレベルにおける参加と熟議）が成立する．この際，情報提供は，質の高さと賛否のバランス（③ 情報の質的保障），国民の平等なアクセス（④ 平等な参加），政治資金に係る情報公開（⑤ 公開性・透明性）が保障されなければならない．第三段階においては，熟議の成立を前提として，賛否に対して公平な成立要件を適用（⑥ 中立性・公平性）し，第四段階では，成立した場合には，憲法改正案は最高法規として，正統性を獲得することができるし，不成立の場合でも，投票結果に対して不満が残らないことが望ましい．そして，６つの運用上の基本原則が貫徹され，熟議が実現した場合は，憲法の基本的価値は後退しない．本書は，このようにして，成功した憲法改正国民投票の４つの構成要素が実現されることを期待するものである．これは，自由で平等な国民投票権の保障という側面も有する．

１．２．２　運用上の基本原則の適用上の問題

憲法は，一般に法令や政府の行為に対して，「禁止」「許容」「要請」の３つ

の態度を採用していることから,96条の下で国民投票法を制定するに際しても,各段階のどの部分にこの3つの態度が適用されるのかを検討する必要がある[横大道 2018：26-27]. そうすると, 上述の通りの運用上の基本原則が, これらの3つの態度にどのように影響を与えるかという点を判断することになるが,その判断においては次の点に留意する必要がある.

第一に, 国民投票法の分析に当たっては,「熟議の必要性」が前提とされていることである. 本書はこれまで, 熟議による争点投票の実現を中心に議論してきたが, 憲法制定当時に「熟議」という語が存在しなくても, 国家の最高法規を改正する以上, 国民が十分に議論して投票すべきだという認識が当然, 存在していたと思われる. その意味では, 熟議の必要性という前提から, 各基本原則の適用は一般論としては「要請」されていると見ることができる. ただし,この要請には強弱の程度があることに留意すべきである. 熟議の前提としての明確性・関連性は強く要請されているが, 第一段階及び第二段階における市民議会の設置は「望ましい」というレベルであろう.

第二に, 運用上の基本原則間の対立がある点である. 例えば, 第二段階では,情報の自由な流通と平等な参加は対立する. これは, 次に論じる熟議のジレンマの問題に関連する. したがって, これらの間で調整が求められる.

第三に, 立法者が一定の行為を禁止していると明確に判断されるものについては, それを尊重する必要がある. 例えば, 発議要件を加重すること（両院の5分の4の賛成にすることなど）は, それによって, ほぼ完全に「凍結した」憲法改正国民投票となることから, それは消極と解すべきであると思われる.

第四に, 原則の意味の歴史的展開を意識する必要がある. 例えば, 明確性の原則の意味は, 憲法制定当時は十分には知られていなかったことから, その後の規範的研究及び実証的研究の発展, 諸外国の運用実態を参照して, 禁止・許容・要請を判断することになる.

これらの第一から第四までの留意点は, 国民投票法の制定に係る立法裁量の限界に関わるものである.

以上より, 本書では, 憲法改正には熟議による争点投票が必要であるという立場から, 運用上の基本原則が, 一般論としては「要請」されていると解する.そして, 個別の論点においては, 憲法制定時の立法者の意思, 96条の意味（特に明文で規定されていることの意味）, 各基本原則の規範的な意味, それらに係る実証的研究, 諸外国の運用経験に照らし, かつ, 各原則間のジレンマに留意して,それらがどのように反映されるべきかを決定するものである．

1．3　熟議のジレンマ

運用上の基本原則の適用に当たっては，熟議のジレンマを念頭におく必要がある．つまり，熟議に誘導しつつ，熟議の失敗に備えるという姿勢は，一つのジレンマを抱えることに留意しなければならない．**熟議の成立のために，憲法改正案の形式的かつ実体的な問題点を抑制し，自由で公平で質の高い情報を提供する環境を整えるのであれば，成立要件は賛否に対して中立的なものにする必要がある．しかし，この姿勢は熟議の成立について楽観的過ぎるという評価もあり得る．**プレビシット的運用，及び各段階における手続的な違法性・不当性に対する批判も，民意が直接的に反映されたという事実の前に，消し去られる可能性が高い[1]．ル・デュックが指摘するように，国民投票における熟議の失敗の実例は多い．熟議の成立は，制度的要因だけではなく，争点の性質，情報の流通，フレーミング，エンドースメント等の様々な要因によって規定されていることは，第Ⅰ部第3章第4節及び第Ⅱ部第2章第1節で指摘した通りである．

一方で，熟議の失敗に備えるのであれば，発議要件を厳格にして，コンセンサス形成がなされない限り発議ができないように，加重された成立要件にして，偽りの多数の発生を抑える必要がある．国民投票運動期間中において「民意を歪曲するような情報」を修正する方法を構築し，投票後に，改正案作成の手続的・実体的な違法性・不当性に訴訟を提起できるようにすることも，熟議の失敗に備えることになる．**しかし，熟議の成立への悲観論から派生するこれらの手段は，発議においては，必要な改正を抑制し，国民投票運動においては自由な情報の流通を萎縮させ，第三段階においては，投票のパラドックスを発生させ，第四段階においては，国民投票の結果に対する，党派的な闘争の手段を与える（敗者が納得するまで争う機会を与える）ことになりかねない．**

以上の通り，熟議の失敗に過度に備えることは，憲法の安定性を重視したことになり，必要な改正ができない憲法になる可能性がある．逆に，熟議の成立に楽観的になることは，イギリス2016年「EU離脱」及びイタリア2016年憲法改正の国民投票に見るように，争点投票の理想からは逸脱した運用を示す可能

1）杉田敦教授は，日本における国民投票のプレビシット的運用を警告する［杉田 2018］．

性がある．そして，この「熟議のジレンマ」は，憲法改正における，「安定性と可変性のバランスをとることの困難さ」を，憲法改正国民投票における「国民の熟議の可能性」という視点で置き換えたものとなっている．

このようなジレンマは，どのようにして解決できるのであろうか．あるいは，その対立の均衡点を見つけることができるのであろうか．仮に解決できないとしても，制度として「落としどころ」を見つける必要がある．本書では，第Ⅰ部と第Ⅱ部の議論を受けて，制度論としては，「**熟議への誘導に基軸を置き，熟議を阻害する要因については，できる限り憲法改正国民投票の早期の段階でそれを予防し排除することによって，熟議の失敗に備える**」という姿勢を，そのジレンマの「落としどころ」としたい．また，運用の姿勢としては，盛り上がるような，できれば選択的投票になるような争点を憲法改正案にすること，政府と国民が一体となって憲法改正国民投票を盛り上げること（上と下の融合）も「落としどころ」のポイントとなるであろう．

第２節　日本の憲法改正国民投票の制度（各論）

２．１　憲法改正国民投票の全体像と関連法規

憲法改正の具体的な手続は，第Ⅰ部第１章第３節で示した通り，４つの段階から構成される．

① 第一段階は，憲法改正原案の作成，憲法改正原案の提案，憲法審査会及び本会議における憲法改正原案の審議と発議要件の充足，憲法改正の発議と投票日の告示となる．② 第二段階では，国民投票運動が行われる．③ 第三段階で，投票が実施され，有効投票総数の過半数の賛成があったときに成立する．④ 第四段階では，投票結果に対する訴訟が提起される．現行法では三項目についての訴訟が想定されている．

これらの憲法改正国民投票の制度は，国民投票法・国会法・国民投票法施行令・国民投票法施行規則・衆参の憲法審査会規程から構成される．

２．２　第一段階　発議

第一段階の発議においては，① 憲法改正原案の作成，② 憲法改正原案の提案，③ 憲法改正原案の審議，④ 憲法改正原案の内容（形式と実体）の規制が問題となる．

2．2．1　憲法改正原案の作成

（1）改正の契機

上からの憲法改正国民投票の場合，理想的な形としては，選挙の際に政党が公約等で憲法改正の必要性を訴えて，憲法改正が選挙の争点となり，これに対して民意が反映されることが望ましい．ここでは，選挙での憲法改正の争点化が，「先決投票」となり国民の承認を受けた場合には，具体的な制度化を図るという手順になる[2]．

しかし，現実には憲法改正が選挙の争点として登場しない場合，それが政権選択を決定づける要因とはならない場合がある（選挙において争点の重要性が低い）．このように，選挙による民意反映は望ましいが，必ずしも行われるわけではない（オストロゴルスキーパラドックス）．

一方で，選挙における民意反映がない場合でも，選挙後に緊急に改正の必要性が生じた問題，あるいは選挙の重要な争点にはなりえない問題（マイノリティーの権利保障など）に対して，政府が「先取り」「リード」して，憲法改正を提言することもあり得る（第Ⅰ部第1章4．2．1）．

第Ⅲ部第1章4．9で述べたように，選挙制度などの政治改革の必要性は，国会・政府ではなく，国民が認識する可能性もある（イタリア・ニュージーランド）．

（2）憲法改正原案の作成

日本では改正原案作成を政権与党が行う．2020年時点で想定されるのは，原案作成を自民党が行い，連立政権を担う公明党と憲法改正に賛成している他の政党との交渉によって，最終的な原案を確定し，その確定された原案が，憲法審査会に持ち込まれて審査される，という過程を経ることである[3]．

2．2．2　憲法改正原案の提案

改正原案の提案については，次の条文に見るように，通常の議案よりも「加重された」議員数を求めている．

国会法第68条の2　議員が日本国憲法の改正案（以下「憲法改正案」という．）の

2）制度として国民投票を一定の時間をあけて二回実施する場合（スイスのイニシァティヴなど），最初の国民投票を先決投票という．

3）法的な問題ではなく政治的な問題としては，連立政権のパートナーとしての公明党の動向が，発議・国民投票運動・投票までの過程に大きな影響を与えることが予想される．

原案（以下「憲法改正原案」という.）を発議するには，第56条第1項の規定にかかわらず，衆議院においては議員100人以上，参議院においては議員50人以上の賛成を要する.

国会法第56条1項　議員が議案を発議するには，衆議院においては議員20人以上，参議院においては議員10人以上の賛成を要する．但し，予算を伴う法律案を発議するには，衆議院においては議員50人以上，参議院においては議員20人以上の賛成を要する.

これは,発議要件の3分の2に合わせて加重されたものと見ることができる.また，後述するように，憲法審査会も憲法改正原案を提出することができる.[4)]

2．2．3　憲法審査会による改正案の審議

（1）議会内委員会方式

改正原案は，衆参の憲法審査会で審議される．これは，第Ⅱ部第1章4．1．2で説明した議会内委員会方式である．この方式の長所は，議論をすぐに開始し，短期間で議決に持ち込むことが可能であるという意味で，「話が早い」ということである．ただし，憲法96条は，改正案の作成と審議については規定していないことから，最終的には，国会の発議の手続を経るのであれば，憲法改正案に係る諮問の方式として，オーストラリアの他の3方式（任命委員による憲法会議方式・第三者による憲法委員会方式・選挙選出議員を含む憲法会議方式）や市民議会方式を採用することも可能であると思われる．なお，ここでは，それらの議決を諮問として扱い最終的に国会の議決を経るのであれば,国会単独立法主義・国会中心立法主義（憲法41条）に反しない,という意味で可能であると解される.

（2）委員の構成と議事運営の問題点

憲法審査会は，衆議院50人・参議院45人の委員から構成される．委員は，各会派の所属議員数の比率により，これを各会派に割り当てて選任することになっている.

また，憲法審査会の会長及び幹事は，憲法審査会において委員が互選する.なお，幹事会の申合せに基づき，会長代理を野党第一党の幹事の中から会長が指名する．会長は，憲法審査会の運営に関し協議するため，幹事会を開くこと

4）内閣の改正案の提出権については，内閣は平成29年の第193回国会で憲法上可能という解釈を示している（内閣参質一九三第一〇〇号）.

ができる.

憲法審査会の議事は，出席委員の過半数でこれを決し，可否同数のときは，会長の決するところによる.

委員の数を比較的多く設定して，会派の所属議員に応じて比例配分していること，幹事会の申合せに基づき幹事の割当てのない会派の委員についても，幹事会等における出席及び発言について幹事と同等の扱いとしていることから，選挙で示された多様な民意に配慮しているということができる.

この方式の欠点は，党派的対立を排除することが難しいという点である．国会外での政党間の交渉が成立して，改正原案が憲法審査会に持ち込まれた時には，前述の通りの（第Ⅱ部第１章第３節），憲法改正案作成上の問題点を意識した，多角的な視点での議論が行われ，憲法改正のためのフィルターとして機能することが期待される．**しかし，３分の２という大勢力を前提とした時，単なる多数決的運営では，賛成側の「数の力」対反対側の「徹底抗戦」という構図の下で，十分な議論がなされない可能性がある．ここでは，「中立性」の原則から審議時間の配分等で，「賛否対等」の扱いが要請される.**

さらに，留意すべき点としては，改憲勢力としての両院の３分の２の国会議員数は，「改憲に積極的であること」を選挙の時点で表明している政党の議員数であって，その議員数には，具体的な争点について国民の民意が反映されているわけではない，という点である．これは，個別の法律についても当てはまる議論であるが，憲法改正問題は，国民に賛否を問うのであるから，改正論点と民意という問題を意識する必要がある．この点，国民投票法は，論点ごとに，政党の賛成と反対の構成が入れ替わる場合を想定していないと思われる．**憲法改正を推進する陣営によって調整された数個[5]の改正原案の提案が，暗黙の前提になっていると思われる.**

（３）憲法審査会の機能と問題点

[機能]

各院の審査会規程（衆議院憲法審査会規程・参議院憲法審査会規程）によれば，憲法審査会は，① 憲法問題に係る全体的調査と，② 提案された改正原案，発議

5）例えば，A安全保障，B緊急権，C選挙区の合区，D高等教育無償化に係る争点を一つの改正案にまとめるものではなく（これは国会法68条の３に反する），個別の４件を憲法改正案にして国民投票に付すことになる.

の趣旨等の個別の改正案についての審査，③ 国民投票法及び下位法規の審査，④ 改正原案，発議，国民投票法の改正案の提出，という4つの役割があり，そこから以下の機能を導くことができる．

①については，憲法審査会は，会期中であると閉会中であるとを問わず，いつでも開会することができるという規定があることから，継続的に憲法問題を総合的に考察することが可能である［高見 2017：182-185］．国会法102条の6は，現行憲法に密接に関連する基本法制について広範かつ総合的に調査を行う権限がある旨，規定する．したがって，総合的調査機能と継続審査機能を認めることができる．しかし，憲法レベルの問題点（本章4．7）で指摘したように，2～3年おきに国政選挙が実施され，政党の構成と議員の顔ぶれが変わることから，グランドデザイン型の憲法改正の検討は難しい．

②については，憲法改正案作成上の形式的な問題点及び実体的な問題点を審査する機能がある．これらの作成上の原則に反する場合は，修正・削除や場合によっては撤回を議決できる．

［問題点］

しかし，仮に憲法改正原案作成上の形式的及び実体的な問題点が指摘されても，それが修正・削除・撤回されるかどうかは明らかではない．衆参両院の3分の2の多数を背景とした改憲賛成側が，問題点を指摘されてもそれを無視して修正・削除・撤回に応じない可能性がある．このように，憲法審査会の運営に党派性が強く，審査機能が十分に作用しない恐れがあることから，党派的運営の下で，改正原案に対する真剣な議論（国会レベルの熟議）をどのように保障するかが一つのポイントである．あるいは，イギリスの選挙委員会のように，独立性・中立性のある機関が改正案の審査・勧告を行うという手法も検討に値する．審議時間の不足や採決手続等における手続的違法は，基本的には各議院の自律権の問題であるので裁判的統制になじまず，少なくとも現在の判例理論の下では，司法審査がなされる可能性が低い．

そして，これらの憲法改正案審査における問題点の指摘は，メディアの報道の役割であると思われる．また，「十分に議論しないまま，改正案を提案した」という改正反対側の主張は，国民投票運動における，一つの有力なフレーミングになる可能性があることから，次に見るように公開性が確保されることによって，「明白かつ重大な」違法性が現出することは少ないと見ることもできる．

（4）会議の公開

憲法審査会の会議は，原則として公開とする．審査過程が公開され，国民が傍聴し議論の過程をメディアが報道することは，議論の質の確保及び手続的保障という意味では重要であり，投票者の賛否決定のための重要な情報を提供することになるのは明らかである．

会議の公開は，憲法改正案の審査においてはマイナスの作用を与える可能性もある．与党間で調整のなされた改正原案が審査会提出前に決定されると，公開性は妥協調整を抑制する方向に働く恐れがある．質問と発言が全国に報道されると，護憲を標榜する政党は憲法改正一般に対して妥協的な姿勢をとることが難しくなるからである．憲法審査会での審議のあり方を理想的な「熟議の過程」ととらえた場合，反対派からの改正原案の問題点の洗い出しという側面は期待することができるが，党派的な運営に公開性が加わると，賛否双方の陣営が建設的な議論を行い，提案側が修正・削除・撤回にも応じ，反対陣営も対案を出して調整に参加するということは，日本のこれまでの国会審議のあり方を前提とすると，実現が難しいと思われる[6)]．

（5）公聴会と民意反映

憲法審査会は，議長の承認を得て審査又は調査のために公聴会を開き，または委員を派遣することができる．なお，憲法改正原案については，公聴会を開かなければならない．しかし，公聴会は国民の声を聴く重要な機会であるが，発議レベルの熟議を拡大し，改正案へのフィードバックを行う機会を十分に保障しているものではない．

（6）合同審査会

衆参の憲法審査会は，憲法改正原案に関し他の議院の憲法審査会と協議して合同審査会を開き，憲法改正原案に関し各議院の憲法審査会に勧告することができる．

6）公開性・透明性が熟議を妨げる側面として，選挙民・支持者を意識すると国会議員は憲法問題について妥協できなくなるという指摘がある［Widner and Contiades 2013：67］．

2．2．4　憲法改正案の問題点に対する規制

(1) 明確性・関連性に係る規制

国民投票の対象は民意が正確に反映される必要があることから，第Ⅲ部第1章で論じたように，憲法改正案には明確性と関連性が求められる．しかし，これらの原則のうち，意識的に規制されているのは「抱き合わせ投票の禁止」だけである.[7)]

[抱き合わせ投票の禁止とその限界]

> **国会法第68条の3**　前条の憲法改正原案の発議に当たっては，**内容において関連する事項ごとに区分して行うものとする**.

この条文の意味は次のように解される．まず,「内容において」「関連する」「事項」という文言からは，「憲法改正の争点」と「改正原案」を峻別していることが理解できる．次に，複数の憲法改正の争点を改正する場合は，関連する争点をグループ化してまとめた改正案を作成しなければならない．そうすると，この条文の制度趣旨は次のように理解される．一つは，憲法裁判所の設置のような統治機構の憲法の改正の場合，複数の関連する条文をまとめて改正原案にする必要があるという点である．これは，「争点単位のグループ化の要請」である.[8)] もう一つは，9条改正に係る改正（安全保障問題），人権の追加，緊急事態に係る改正というように，「争点単位ごとのグループ」を合体した改正原案の作成を禁止している．このように，国会法68条の3は,「争点単位のグループ」が合体されて「包括的な改正案」が作成されることを防止している．これは,「争点単位グループ間の抱き合わせの禁止」である．本条には，この二つの要請によって正確な民意反映を保障するという趣旨がある.

しかし, **問題は, 争点単位のグループの内部での正確な民意反映の保障が不十分であるという点である**. 改正案A（人権), 改正案B（安全保障), 改正案C（緊急事態）というように区分（グループ化）された改正原案が発議された場合を考えてみる.

改正案Aに，プライバシーの権利の保障・環境権の保障・同性婚の承認という争点が含まれた場合，同性婚の承認だけに不賛成であるとして，改正案Aに否決票を投じる有権者が少なからず存在する可能性がある．これは，同性婚

7）「個別発議の原則」とする論者もいる［横大道 2018：28-29].

8）ただし，例えば司法の章の改正案の中に，異なる争点が含まれる場合もあり，この場合は，争点の抱き合わせを禁止すべきであることはもちろんである.

という争点についての反対の民意の強さを示す投票者がいることを意味する．また，改正案Bで，現行９条に規定を追加する形で改正する場合，３項「自衛隊の明記」，４項「国際貢献のための海外派兵」，５項「集団的自衛権の行使」という規定が並列されると，３項には賛成であるが，４項と５項の追加には賛成できない，という有権者の民意は，この改正案Bには，正確に反映されない可能性がある．このような改正案A･Bについては，本条を厳格に解釈して，「改正案の内部における争点は相互に関連性がない」として，憲法審査会において違法な改正案と評価すべきであると思われる．

現行の規定は，個別争点レベルでの正確な民意反映を十分に保障するものではなく，同じく，抱き合わせ投票を禁止する，アイルランド，スイス（統一性の原則），アメリカの州（シングルサブジェクト・ルール）とは異なるものとなっている[9]．

[その他の改正案の形式に係る規制]

国民投票権の保障＝正確な民意の反映の保障＝争点投票の実現というラインで考えた場合，明確性と関連性の確保という運用上の基本原則は，出来る限り改正原案の作成に反映されることが望ましい．その意味では，憲法上強く「要請」されていると解される．しかしながら，現行法では，抱き合わせ投票禁止に対する部分的な配慮しかなされていない．制度論としては，国民投票法・国会法の中にこれらの原則を明示するか，国会の決議事項として憲法審査会における審議で厳格に運用される必要があると思われる．仮に，国民投票全体を監視する第三者機関が設置された場合は，イギリスの選挙委員会のようにガイドラインを作成して審査・勧告するという方法も考えられる．

（２）改正案の実体に係る規制

改正案の実体については，① 改正の限界を超えた憲法改正，② 既存の判例理論を覆す内容の憲法改正，③ 全面的な憲法改正または新憲法への移行，④ 主権の委譲（超国家機関への委譲または国の一部への権限委譲）が問題となる．本書では，「憲法の基本的価値の保障」を成功した憲法改正国民投票の構成要素としており，①と②の問題点は，憲法の基本的価値の後退をもたらす可能性が

9）国民投票法を解説する内閣法制局の論考に「憲法全体が矛盾することなく整合性を持った法典となるように論理的・政策的に関連する事項は一体として賛否を問うべき」とある［橘・高森 2007：14］．

ある.

特に，①については，国際法上認められた自衛権の範囲を超える軍事力の行使の可能性，マイノリティーに対する権利侵害，人権保障を後退させる規制原理の挿入，特定の政党に有利な選挙制度の導入などが想定される．これらを抑制するためには，与党内部での審議及び憲法審査会だけではなく，国民的な議論の場を設定して，憲法改正案に対する徹底的な討議が必要であると思われる.

2．2．5　小　　括——第一段階の評価——

憲法改正国民投票の運用上の基本原則に照らして，現行法における第一段階を評価すると，まず，改正原案作成においては，① 明確性と関連性の確保が十分ではない．次に，第一段階においても，国民的議論を喚起するために ② 情報の発信・流通の自由，③ 情報の質的保障をして十分な議論を行い，それを公表する必要があるところ，この点に対する配慮が不十分である．そして，全体的に，政府＝賛成陣営の強いコントロール性が示される可能性があるのに，その抑制という視点が不十分である．その強いコントロール性は，国会審議における④ 平等な参加，⑤ 公開性・透明性，⑥ 中立性・公平性の保障にもマイナスに作用している．仮に，第一段階における熟議の不足，情報提供の不十分さを，第二段階の議論と情報提供で補うとしても，そこには限界があると思われる．また，改正案作成への国民の参加が不足していることは，国民投票運動の盛り上がりを欠く要因となる恐れがある.

2．3　第二段階　国民投票運動

2．3．1　国民投票運動の２つの側面

本書は，国民投票運動を，英語のキャンペーン（campaign）と同義に用いている．すなわち，発議から投票の間に，政府，政党，国民等が憲法改正案（投票案件）に係る情報の発信と流通を行う期間という意味で用いている（第Ｉ部第１章3．2）．一方，国民投票法は，100条の２で，国民投票運動を「憲法改正案の賛否に対する勧誘」という意味で用いている．議論の混乱をさけるため，以下では，後者の定義を，「狭義の国民投票運動」とする.

国民投票運動を改正案に係る情報流通の過程と見ると，① 政府・国会による情報提供，② 国民間の情報の流通とその規制という２つの側面がある.

2．3．2　政府・国会による情報の流通

（1）総務省による啓蒙活動と基本知識の提供

国民投票法19条は「総務大臣，中央選挙管理会，都道府県の選挙管理委員会及び市町村の選挙管理委員会は，国民投票に際し，国民投票の方法，この法律に規定する規制その他国民投票の手続に関し必要と認める事項を投票人に周知させなければならない.」と規定する．国民投票の制度，投票方法等の基礎知識については，総務省が同省のHPにおいて説明を行い啓蒙活動を行っている．

（2）広報協議会による中核情報の提供

発議された後，国会は，衆参両院の各10名からなる国民投票広報協議会（以下「協議会」という.）を設置して，国民投票に係る広報活動を実施する（12条２項）.

1）委員の構成と少数意見への配慮

委員は，各議院における各会派の所属議員数の比率により，各会派に割り当て選任する（12条３項）．ただし，各会派の所属議員数の比率により各会派に割り当て選任した場合には憲法改正の発議に係る議決において反対の表決を行った議員の所属する会派から委員が選任されないことになるときは，各議院において，当該会派にも委員を割り当て選任するようできる限り配慮するものとする（同項但書）．これは，改正反対派が，委員の割り当てがないような絶対的な少数の場合でも，広報活動等の運営に参加し運営に係る見解を述べることができるようにしたものである．

2）協議会の運営

協議会は，憲法改正の発議がされた際，衆議院議員であった委員及び当該発議がされた際参議院議員であった委員がそれぞれ７人以上出席しなければ，議事を開き議決することができない（15条１項）．また，協議会の議事は，出席委員の３分の２以上の多数で決する（同条２項）.

3）協議会の事務

協議会の事務は，次の通りである．

○国民投票公報の作成（14条１項１号）

協議会は，国民投票公報を作成して，中核情報として，① 発議された憲法改正案とその要旨，② 憲法改正案に係る新旧対照表その他参考となるべき事項に関する分かりやすい説明，③ 憲法改正案を発議するに当たって出された賛成意見及び反対意見を，国民に伝える．① と② については，客観的かつ中立的に扱われる（同条２項）．③ については，公正かつ平等に

扱われる．したがって，中立性・公平性という運用上の基本原則への配慮がなされている，ということができる．

○投票所に掲げる改正案要旨の作成（同2号）

市町村の選挙管理委員会が，国民投票の当日，投票所内に掲示する要旨（65条）を作成する．

○放送を利用した広報（同3号）

協議会は，ラジオ放送又はテレビジョン放送の放送設備により，憲法改正案の広報のための放送をする（106条）．その内容は，国民投票公報と同じく，① 発議された憲法改正案とその要旨，② その他参考となるべき事項[10]，③ 憲法改正案を発議するに当たって出された賛成意見及び反対意見，という3つの項目である．①と②については，客観的かつ中立的であることが求められる（情報の質の維持）．③については，憲法改正案に対する賛成の政党等及び反対の政党等の双方に対して同一の時間数及び同等の時間帯を与える等同等の利便を提供しなければならない，とする（量的公平性）．また，政党の録音・録画をそのまま提供する．

○新聞を利用した広報（同3号）

上述の通りの，①②③については，新聞を利用した広報も実施される（107条）．①と②については，客観的かつ中立的であることが求められる（情報の質の維持）．③ については，憲法改正案に対する賛成の政党等及び反対の政党等の双方に対して，同一の寸法及び回数を与える等同等の利便を提供しなければならない（量的公平性）．

○その他の広報事務（同4号）

上記以外の憲法改正案の広報に関する事務を行う．上記と同一の内容をインターネット上のHPで，掲載するなどが考えられる．

（3）中立性・公平性の保障と問題点

上述の通り，公報・放送・新聞という3つの方法によって，協議会は，憲法改正に係る中核情報を提供し，その際に，情報の質の維持及び量的公平性に対する配慮がなされている．しかし，協議会の任務が，国民投票に係る中核情報の提供であるとすれば，次のような問題点が生じる．

第一に，運営における党派性である．運営が3分の2の多数の議決で行われ

10）②では，公報に含まれていた新旧対照表が除かれている．

るのは，憲法審査会と比較すると，加重された要件であるということができるが，発議に必要な議員数が満たされると，改正を推進する勢力がそのまま，運営の力関係に影響を与えるのであれば，党派的運営が行われ，コントロール性が強く現れることは否定できないであろう．

第二の問題は，党派的運営が，中立性・公平性の維持にマイナスに作用するという点である．公報・放送・新聞・投票所の掲示・インターネット上のHPによって，有権者に中核情報を提供することが予定されているところ，作成の方法によっては，中立性･公平性に問題のある情報が提供される可能性がある．例えば，改正案が9条3項として，「陸海空の自衛隊は，国際法で認められた自衛権の行使のために活動することができる.」という文言を追加するものであった場合を想定してみる.「**平和を維持するために**，自衛隊が活動できるように9条3項を追加する」という改正の要旨が作成されたとすると，「平和を維持するために」という文言は賛成側に誘導している，という批判がなされる可能性がある．改正要旨の作成は，事務局が行うという申し合わせができているとのことであるが［南部 2017：91]，作成した内容に対する指示・修正がなされる可能性があり，その結果，最終的に改正賛成に誘導的な文言を含む改正要旨が作成される可能性は否定できない．このように，協議会の活動において，中立性・公平性への疑義が提出されることは，十分にあり得る．

改正要旨は，協議会で協議して作成するという方式もあり得る．基本的には事務局が作成する［南部 2017：91］としても，その承認・修正・削除の過程に党派性を排除するということはできないと思われる．公報は投票日の10日前までに各戸に配られる．

熟議による争点投票の実現という視点からは，この改正要旨において中立性と公平性を維持することは，重要な問題であると思われる．私見では，客観性･中立性・公平性を維持するためには，イギリスの選挙委員会の明瞭性のガイドラインに類似した指針が必要であると思われる．

第三の問題は，改正案に係る，賛成意見と反対意見の提供が投票者にとって有用な情報となり得るか，という点である．賛成意見と反対意見の提供は，公報と，放送・新聞（インターネット上も含む）の二つのパターンがある．運用は，賛成・反対の各陣営が自由に記載する（各自主張型）ことになるが［山岡 2019：82]，国民投票運動を展開する投票者の判断の拠り所となるべき中核情報としては，賛否両者の議論が噛み合ったものである必要がある．それぞれが，一方的に主張することは，投票者の混乱を招く恐れがある（第Ⅱ部第２章２．２．２）．

また，賛成側（政府）が十分な情報提供を行わないと，投票者にとって有用な議論が展開されない恐れが生じる．賛成側（政府）の不十分な情報開示と，それに対する反対側の抽象的ないしは推測的な批判では，建設的な議論がなされず盛り上がりを欠く恐れがある．この情報開示は，発議が予想される９条・安全保障問題については特に要請される．

さらに，反対陣営の意見の中に手続的な批判を掲載することができるのであろうか．例えば，審議が不十分であること，強行採決が行われたこと，一方的な議事運営であったことなどは，国民投票運動の段階でのフレーミングとしては問題がないとしても，中核情報の提供としては不適切であると思われるが，現行の規定では規制することができないと思われる．

（４）政府の活動制限（遮断期間）と消極的情報提供

日本では，イギリスのような，政府の活動を規制する遮断期間は存在しない．しかし，国民投票運動期間に，政府が白書等の刊行物・各省のHP等で，賛成意見に有利な情報を発信する可能性があり，所轄官庁の大臣の発言等と合わせて，何らかの規制が必要ではないかと思われる．問題意識として，政府が公費を使って，「過大に」賛成運動を展開していることは，国民投票運動の公平性の維持にマイナスの影響を与えることを，指摘したい[11]．反対に，情報の開示が不十分であることは，上記（３）に述べたように，議論の盛り上がりを欠く原因となりかねない．ここに「政府の情報提供と中立性のジレンマ」が生じる．

一方，遮断期間の問題意識とは逆に，政府による消極的な情報提供の可能性もある．９条が改正される場合，安全保障問題についての十分な情報提供がなされないと，改正後の安全保障政策と否決された場合の安全保障政策（反転ポイント）を比較できない恐れがある．これも，政府が中立的な立場で情報を提供する義務があると同時に，賛成陣営の立場で成立を目指すために不都合な情報を秘匿する可能性がある，というジレンマが表れている．

11）フランス2005年国民投票では，シラク大統領が欧州条約成立に有利に作用するように，補助金の支出等を実施したことが批判された［Richard and Pabst 2013］．

2．3．3　国民の間の情報流通

（1）総論

国民投票運動の主要な担い手は，一般国民・市民運動グループ・政党・メディアである．その他としては，各種利益集団・宗教団体・大企業・外国などが想定される．日本の国民投票運動の規制（助成も含む）の特徴として，国民投票運動が一般国民・市民運動グループによって自発的，自生的に行われるという点の意識が不十分であると思われる．上からの国民投票であっても，国民の盛り上がりがない限り，熟議を経た争点投票による正統性確保という目標は達成できないという事実を直視して，制度の設計をする必要がある．

（2）国民投票運動の期間

国民投票法2条は，国民投票運動の期間を，発議から「60日以上180日以内に」設定すると定める．これは，発議する国会に，期間設定に係る裁量権を付与したことを意味する．熟議を経た争点投票の実現という目標のためには，一定の長さの国民投票運動の期間を確保する必要があることから，この期間の設定は比較制度論的に見ると，著しく不当なものとは言えない．しかしながら，未知の争点または難解な争点を含む場合及び多数の改正案が提示された場合は，60日という短期間の国民投票運動期間では，国民が十分に情報を獲得し，理解することは難しいと思われる．このような場合は，120日以上の期間設定が望ましい．ただし，短い期間の設定は，発議する側（賛成陣営）にもリスクはある．理解が不十分な憲法改正案に対して，高い投票率や賛成票を確保する可能性は低いからである．国民との間のコンセンサス形成がなされるかどうかが，上からの国民投票の成立に大きな影響を与えるという点を認識して決定する必要がある．また，カナダの1992年国民投票のように，短い期間に理解しにくい憲法改正案を提示することに対する強い反発が生じる，というリスク（NOバイアス）も存在する．

しかし，このような短い国民投票運動期間の問題点にもかかわらず，上述の通りの日本の国民投票の特徴に照らすと，60日という最短の期間が設定される可能性が浮かび上がる．日本は，衆議院と参議院の選挙が2～3年で発生し，この短いサイクルの間に両院の3分の2の賛成勢力を確保し続けることが難しいこと，3月末の予算案成立まではそれを優先的に審議する必要があること，国政選挙の合間に統一地方選挙などがあること，といった諸要因を考察すると，発議のタイミングの裁量はかなり狭くなっており（第Ⅱ部第2章9．3），上記の通りの情報獲得が困難な改正案が発議された場合でも，最短の国民投票運動期間が設定される可能性は否定できない．

さらには，日本の場合，小泉首相の郵政解散に見られるように，プレビシット的な国民投票に近い総選挙を実施した経験があることから，首相の人気を利用して短期間に改正案を成立させようという動きには，警戒する必要がある．

180日という最長期間の場合，比較的多くの情報が流通され，熟議がなされることが期待される．クバールトループは，虚偽情報の規制など，情報の質を規制することは難しいが，比較的長期の国民投票運動期間があると，質の悪い情報は自然に淘汰される可能性を指摘する［Qvortrup 2014：136］．しかし，長期の国民投票運動期間の場合，「中だるみ」が生じて，論点が逸脱する可能性もあることから，後述するようにメディア等によって論点の整理を行う必要がある．

いずれにせよ，国民投票運動期間は，熟議の達成のために，争点の難易度，周知性，発議までの議論の進展などを総合考慮して設定する必要がある．

（3）メディアに対する規制

国民投票に係る情報を発信するメディアは，ⅰ）放送メディア，ⅱ）印刷メディア，ⅲ）ポスター・ビラ，ⅳ）インターネット，と4種類存在するところ，現行法には放送メディアに対する規制しか存在しない．これは公職選挙法の規制に比較すると極めて少ないものとなっている．これは，上からの国民投票の場合は一般に規制が少ない，という傾向に沿っている[12]．

ⅰ）放送メディアに対する規制

放送メディアに係る規制は，報道に係る規制とCMに係る規制がある．

A）報道に係る規制と公平性の意味

国民投票法104条で，国民投票に関する放送については放送事業者は，「**放送法第四条第一項**（引用者注：一　公安及び善良な風俗を害しないこと，二　政治的に公平であること，三　報道は事実をまげないですること，四　意見が対立している問題につい

12）ニュージーランド政府は1992年国民投票で，「小選挙区制（当時の制度）を変更する」という民意が示されると，国民投票運動の規制強化を図る．これは，国民投票運動の展開が政府・与党にとって不利になることが予想されると，規制を強化するという傾向に沿っていることになる［Qvortrup 2005：160-163］．

ては，できるだけ多くの角度から論点を明らかにすること.）の規定の趣旨に留意するものとする.」と規定する.

このように，報道については従来の放送法の規定が国民投票法に適用されることが確認的に規定されている．したがって,国民投票に係る報道については,公平性が要請されるところ，報道の公平さの意味の検討が必要となる．公平性には，第一に，イタリアのように各放送局に対して，両陣営に均等な時間を与えることを求める（「ストップウォッチ的な公平」）という姿勢，すなわち，量的公平の維持という意味がある．第二に，情報の質を維持する，という意味がある（第Ⅱ部第２章５．２)．これは一方の陣営の主張を優遇したり，逆に批判的に取り上げるのではなく，それぞれの主張の長所と短所を指摘し，場合によっては，ファクトチェックを行い，あるいは，ニュージーランドの選挙管理委員会のように制度の運用原則に照らした評価を行うなどして，情報の質の維持を図るという姿勢である.

運用例としては，イギリスBBCは,「ストップウォッチ的」な量的公平性ではなく，内容・論点についての掘り下げた報道をするという姿勢を示している[13]．後述するように（本章２．３．４（２)),情報の流通を,①中核情報について,その正確性を維持しながら提供する層（協議会＋放送メディア・新聞)，②一定程度の規制を受けながら自由な情報流通を行う層（テレビの広告)，③規制を受けずに自由な情報流通を行う層（雑誌等の印刷メディア・インターネット・ビラ及びチラシ等）という三層に分けて，自由な情報の流通によって「情報量の確保」を保障しつつ，情報の質を維持することを目標としたい．また，これは，国民投票運動の運用上の基本原則（②情報の発信・流通の自由，③情報の質的保障，④平等な参加，⑥中立性・公平性）に沿うものである．したがって，第一の層としてのテレビの報道には，賛否を平等に扱い，その主張について掘り下げた報道を行って，情報の質を高める，という意味での「公平性」を求めたい.

B）CMの機能と規制

[CM放送の機能]

CM放送には，次の通りの機能が期待される．なお，これらの機能は，新聞

13）BBCは,この姿勢を「質的な公平性」としている．賛否の特定の立場に立つことなく，双方の主張を平等に扱う姿勢という意味であろう.

広告・インターネット上の広告・ポスター等の広告にも共通するが，現在でも最もインパクトのあるメディアとしてのテレビ（ラジオを含む）のCMにおいて，強く発揮されるものである．

① 国民投票を盛り上げる機能

放送広告は，国民の国民投票に対する関心を高め，SNSにも影響を与える．話題のCMなどは，ツイッター等で取り上げられる．繰り返されるCMは，視聴者に強いインパクトを与える．

② 憲法改正案の内容を「分かりやすく」伝える機能

争点投票の実現のためには，政府や広報協議会が提供する情報だけでは不十分であり，放送広告は，難解な憲法問題を短い時間で効率よく，そのポイントを説明する．一方の主張であるとしても，興味を引く部分を効率よく解説し視聴者の興味を喚起する．

③ 憲法改正案に係る情報量を増大させる機能

ホボルト及びザラーが指摘するように，各種放送広告で憲法問題についての関心が高まることは，国民の情報獲得と賛成・反対の対立点の理解を促進させる．それが十分な議論の契機となることが期待される．

④ 投票の手掛かりを与える機能

憲法改正案が難解であっても，有名人が登場する広告・支持する政党の広告は，多くの実証研究が示すように，投票の手掛かりとなり投票者の情報獲得コストを減らすことができる．

[現行CM規制と制度趣旨]

国民投票法105条は，　広告放送（CM）について，「**国民投票の期日前二週間は，次条**（引用者注：第百六条）**の規定による場合を除くほか，国民投票運動のための広告放送をし，又はさせることができない．**」と規定する．

Ⓐ制度趣旨

この二週間の広告禁止期間設定の趣旨は，当該期間を冷却期間とし，投票者が扇動的な内容のCM等によって混乱せずに熟議の下に投票できるようにすることであると，推定される．**このCM禁止期間は，このような冷却期間の設定＝熟議の保障という趣旨だけではなく，公平性の維持という側面もある．**国民投票運動期間は，政治資金の支出に係る規制がないこと，後述するように，CMの量的規制は現実的に難しく，民間放送連盟（以下「民放連」という.）も量的な自主規制を放棄する姿勢を見せていることから，２週間にわたって全面的にCMを禁止することは，TVCMのインパクトを考慮すると，量的公平性の維持に役立つ側面があることは否定できない（第Ⅱ部第２章5．3．1）.

ただし，量的公平性を保つためには，このCM禁止期間に，後述のグレーゾーンのCMをどのように規制するかという問題を厳密に考察する必要がある.

Ⓑ投票行動へのマイナスの作用

CMは，上述の通り，国民投票運動を盛り上げ，改正案の内容を分かりやすく伝え，賛否の投票に迷った投票者に手掛かりを与える．住民投票に係るCMを規制しないアメリカでは，インターネット登場以前の調査ではあるが，投票直前に，TVCMを参考にして賛否の投票を決定するという投票者が多いと指摘されている［Cronin 1989］．したがって，CMを直前の二週間にわたって禁止することは，国民投票運動を盛り下げ，投票行動に重大な影響を与える恐れがある．この禁止期間の設定のために，期待された機能が十分に発揮できない可能性がある.

Ⓒグレーゾーンの存在

国民投票法100条の２は，「公務員は，……（中略）……，国会が憲法改正を発議した日から国民投票の期日までの間，国民投票運動（憲法改正案に対し賛成又は反対の投票をし又はしないよう勧誘する行為をいう．以下同じ.）及び憲法改正に関する意見の表明をすることができる.」とし，**「憲法改正案の賛否に対する勧誘」（「狭義の国民投票運動」）**と**「憲法改正に関する意見表明」**というように，二種に分けている．そうすると，国民投票法105条の規制は，前者の狭義の国民投票運動のためのCMを禁止し，単なる憲法改正に対する意見表明のCMを禁止していないことになる．しかしながら，この二種の中間的カテゴリーとして，**「憲法改正案に対する意見表明」**，例えば，有名なタレントが，「私は，日本の国を守るために，９条改正案に賛成です.（ただし，投票の勧誘はしない.）」と語りかけるCMが放映される可能性がある.

そうすると，国民投票に係るCMは，次の４種になると思われる.

① 改正案への賛成・反対を表明し，投票を勧誘するCM（狭義の国民投票運動CM）
② 改正案への賛成・反対のみを表明し**投票を勧誘しない**CM（改正案への意見表明CM）
③ 憲法改正の内容に対する意見（例：防衛力強化を訴える）CM（改正内容への意見表明CM）
④ 憲法改正の内容を示唆するが，憲法改正案には直接触れないCM（改正内容についてのイメージCM）

現行法では，CM禁止期間中に，①の放映は明らかに禁止され，③と④は禁止されない．しかし，②がグレーゾーンとして残る．このグレーゾーンの放映可能性については，次のような二種の法解釈があり得る[14)]．

（否定説）

二週間のCM放送禁止期間の立法趣旨は，この間を冷却期間として，大量のCM・扇動的なCMから離れて，投票者に憲法改正案を冷静に考察することを求めるというものである．政党や有力者，タレントなどが改正案に係る意見表明をすることは，この立法趣旨に加えて，実際に上記の①と②のCMを視聴者が区別できないことに鑑み，否定すべきものと解される．

（肯定説）

国民の政治活動の自由・国民投票運動の自由を前提とし，国民投票運動を盛り上げるためには，出来る限り多くの情報が流通すべきであること，投票行動の理論では直前のTVCMの影響力が大きいこと，法は③の情報を許容していることから，最低限①のみを禁止していると解される．

（検討）

おそらく，法制定時にはこの点についての議論がなされていなかったと思われる．放送界として，CMの量的規制（量的公平性の維持）が放棄されたのであれば，後述するように，ある程度，「情報の質の維持」という公平性を示す必要があり，否定説を採用した方が，「公平らしく見える」という要請に応えることができると思われる．**私見では，グレーゾーンの放映は，法の趣旨を超えた，「脱法的な」運用という，批判を招く恐れがある，と思われる**．いずれにせよ，総務省からの有権解釈が示されるか，あるいは，国会において条文の追

14）この問題の存在については，民法連の遠山昭弘氏からご教示いただいた．

加・修正がなされる必要がある．また，放送界としての「公平性」の維持に関わることから，自主規制の問題として放送界全体でも議論を詰める必要があると思われる．[15)]

Ⓓ公平性の維持の問題

（総論――公共性と営利追求の二面性――）

放送メディアは電波を使用することから，放送法４条が規定するように，その活動には公共性が求められるが，一方，私企業としての営利追求という目標がある．CM放映における公平性は，まさしく，この二面性の融和という視点から考察する必要がある．公平性を報道における公平性と同じように量的公平性と情報の質の維持に分けて考えると，次の理由から，「量的公平性の確保」は難しく，その分を補うように「情報の質の維持」への十分な配慮が要請される．

（量的公平性の困難）

量的公平性は次の理由からそれを維持することが困難であると思われる．第一に，放映申し込みは，クライアントの自主性・任意性に委ねられているからである．賛成・反対の各陣営がCMの放映を申し込むかどうかは，各陣営の団体・個人に委ねられているので，放送局の側から「放送枠が空いているから」といってCM放映を求めるわけにはいかない．第二に，放送枠の限界を指摘できる．投票直前期などで，一方の陣営が放送枠を押さえている時に，急に放映を申し込まれても，対応できない可能性がある．第三には，法制度上はイギリスのような中核団体（包括団体）が日本には存在しない．イギリスの場合は自然発生的に賛否の両陣営に運動の中心となる団体が存在し，これを選挙委員会が中核団体として認定するが，日本の場合は賛否の両陣営は法的存在ではなく，事実上の「ゆるやかな」連合体ができることが予想されるので，各陣営がどの時点でどのくらい量のCMを申し込むかは全く予測できない．仮に，政党が中

15）民法連は，「憲法改正国民投票運動の放送対応に関する基本姿勢」（平30.12.20）（以下「基本姿勢」という．）において，「最終的には民放各社が自律的に判断すべきことではあるが，国民投票運動CM以外の「憲法改正に関する意見を表明するCM」などについても，国民投票運動CMと同様，投票期日前14日から投票日までの間は取り扱わないこととするとの対応は，国民投票法の目的を実現するためにも採りうる選択肢である．」と述べる．

心となるとしても，それ以外の団体・個人がCM放映を申し込む可能性がある.[16)]

(情報の質の維持)

しかし，量的公平性の維持を放棄した場合，恐らく，資金力の差及び準備の差があることから，一方の陣営のCMのみが放映されることになり［本間 2017］，TV全体または一つの放送局に対して「特定の陣営を支援している」という批判がなされる可能性がある．この場合に報道番組等で公平な報道を行っていても，終了したとたんに大量の一方の陣営のCMが流れると，TV全体または一つの放送局に対して「特定の陣営を支援している」という批判がなされる恐れがある．そこで，公平性に対する配慮としては，次の方策が考えられる．

第一に，量的公平性の代わりに，情報の質の維持という意味の公平性には，十分に配慮しているという姿勢を示すことである．なお，民放連では，基本姿勢に示されている通り，BBCにならって「質的公平性の維持」という議論がなされているが，用語としてやや正確性を欠くと思われる．**自由な情報の流通を前提とした場合，情報の質を偏らないものにするということよりも，ファクトチェック等を行って情報の質を高めること，あるいは，その姿勢を示すことが公平性を維持することにつながると思われる．**

第二に，極端に一方的な量のCM放送を自粛することである．一方の陣営（特に政党）が，CMの放送を完全に放棄する姿勢を示していることが明らかな場合は，事前にそれを確認し，一方の陣営のCMが短期間に大量に放映されないように放送局側が自粛するという姿勢も，公平性に資すると思われる．しかしながら，国民投票運動では「後出し」が有利であるので，CMを完全に放棄するという表明があるかどうかは不明であり，前述の通り，各陣営が「一枚岩」の国民投票運動を展開するかどうかも不明である.[17)]

第三に，上述の通り，CM禁止期間を活用するという点である．確かに，2週間にわたって憲法改正案に対する投票を勧誘するCMを行わないことは，「量的公平性に配慮している」ように見えるかもしれない．ただし，グレーゾーンの問題について，何らかの対応が必要であろう．

16）結局日本では，法的には中核団体が存在しないために，政党を中心とした事実上の賛否の連合体が存在するという前提で制度を構築していることになる．

17）国民投票において，「後出しが強い」＝「二番目に動くことが有利である」ことは，ル・デュックの指摘するNOバイアスの発生に関連すると思われる．

Ⓔ CMにおける情報の質の問題と規制方法

以上のように，CM放送においては，伝える情報の内容・質が問題となるところ，現実的な問題としては次のようなCMの放映の可否が検討されることになる．なお，第Ⅱ部第2章7．2．1注28の分類も参照されたい．

（質の低い情報）

以下の情報は，熟議のための資料という点から放映内容の質が問われるものである．

① 虚偽情報

数字的な根拠が示されない，または数字自体が誤っている，歴史的事実の誤りがある，などといった，明らかに事実と異なる情報を伝えるCM．

例：9条改正反対派が，現在の防衛費の額や予算における割合についての誤った数字を用いて防衛費の増大を強調するCMを作成したり，あるいは，積算根拠を示さずに防衛費の増大を強調したりするCMを作成する場合．

② 主張・論点からの逸脱または曲解がある情報

対立する陣営が主張していない内容を批判したり，論評したりするもの．あるいは論点をすり替えたりするCM．

例：9条改正賛成派が，「反対派は自衛隊を廃止し，自衛隊を災害救助隊に組み替えて，有事の際には外国軍の侵入に抵抗するなと主張している．」というCMを作成する場合．

③ 誇張情報

対立する陣営の主張を拡大し誇張するCM．

例：9条改正反対派が，「改正が実現すると，自衛隊法が改正されて徴兵制になり，軍法会議が設立され，敵前逃亡は死刑になる．」という内容のCMを作成する場合．

④ 不正確情報

完全な誤りではないが，数字的な不正確さがあったり，積算根拠に疑問が残る情報，あるいは，単なる予測に過ぎない事象を前提とする情報を伝えるCM．

例：9条改正賛成派が，イメージ映像を駆使して朝鮮半島有事，台湾海峡有事が生じる可能性を煽り，「今のままの自衛隊では対応できず，紛争に巻き込まれる．」と主張するCMを作成する場合．

ただし，この①～④の情報は，概念としては重複するものがある．

このような質的に問題のある情報のうち，CMの影響力・放送の公共性を考えると，①については，明らかに事実と異なるものについては放送しないことが望ましい．②③④はフレーミングの問題であるとして，その当否については自由な議論に委ねる，という姿勢もあり得る．しかし，情報の質の維持という観点からは，**「主張に大幅な飛躍が見られたり，過度に扇動的であったり」**する内容のCMは，**「国民投票運動の議論の過程を著しく歪める内容」という基準を設定して**，放送を自粛するという姿勢が望ましいと思われる．

（規制方法）

① 法律による規制

現行法による規制は罰則を伴わず，放送事業者に放送法４条の遵守を求めるに過ぎない．したがって，総務省が放送局による「自主規制」を求めるという形の規制になっている．実際には，放送局単位と放送界全体（民放連）で，問題のあるCMを規制する方向になる．

② 放送局単位による規制

放送局単位で，規制のための原理・原則を明示した上でガイドラインを作成して審査する．

③ 民間の放送団体全体による規制

事前の規制としては，ガイドラインを作成して，個別の事案については，放送局の判断に委ねる．事後の規制としては，第三者機関を設置して国民投票運動期間中にガイドラインに基づいて審査する方法もある．ただし，審査には，ニュージーランドの運用のように即応性と速報性が求められる（第Ⅱ部第２章６．２．２（３））．放送後，相当の時間が経過してからの審査と報告では，CMのインパクトを消すことは難しい．

Ⓕ透明性

政治資金の規制の問題にも関連するが，クライアント・資金提供者が誰か，という問題が存在する．外国企業や外国政府が実質的に資金を提供している団体のCMを放送することを許容するのか，という問題がある．

Ⓖ小括

国民投票の運用例から見ると，国民投票に係るTVCMを放映している国が少なく，CM放映国の典型例としてアメリカの運用が参考になるところ，同国は，公平原則を放棄し，かつ，政治資金の規制も支出については「野放し」になっている状態であることから，日本の法規制から見ると「CM放映なし」と「CM放映の規制なし」の両極端しか，十分に参考になる例がない．小国と地域レベルの例ではあるが，サウスオーストラリア州とニュージーランドの審査の例（第Ⅱ部第２章6．2．2（2）及び（3））を参考にして準備する必要がある．

ⅱ）印刷メディアに対する規制

新聞・雑誌等の印刷メディアが行う報道については，規制が存在しない．新聞・主要雑誌は，テレビと同様に国民投票を盛り上げ，良質で十分な情報提供を行うことが期待される．

印刷メディアが紙面上で行う広告についての規制も存在しない．主要日刊紙の紙面に掲載される内容は，大きな影響力を持つことから，後述する三層構造のうちの第一層を担う存在として，公平性に対する配慮が求められる．ただし，新聞は，公平な存在であることを自称しているとしても，基本的には放送と異なり，自由に自社の主張を展開できる存在であることから，意見広告掲載の自由も当然に保障される．したがって，基本的には，放送メディアと同様に，「**主張に大幅な飛躍が見られたり，過度に扇動的であったり**」する内容の広告は，「**国民投票運動の議論の過程を著しく歪める内容」という基準を設定して**，広告を自粛するという姿勢が望ましいと思われるところ，憲法論としては，その判断も含めて，表現の自由の行使として，法律で規制対象とすることはできない．

ⅲ）ポスター・ビラ

現行法では，公職選挙法とは異なり，ポスター・ビラについての規制はない．主要実施国の運用例では，国民投票運動に係るポスター・ビラについては，内容的な規制をしている国は見当たらない．ポスター・ビラの内容の真偽・当否についての判断が難しく，政府が規制することは表現の自由の制約になるからだと思われる．しかし，イギリス2016年の国民投票及びスイスの国民投票一般に見られるように，（これらの国は放送CMを規制していることもあるが），ビラ・ポスターはインパクトが強く大きな影響を与えることから，内容の規制はできないとしても，掲示責任者を登録するという規制をすることは必要であると思われる．ポスターは象徴的な表現として情報獲得を補助する機能があるが，反面，単純化して誘導または扇動する効果もあることに留意する必要がある．

iv）インターネット

インターネットに対する規制は，現行法では全く存在しない．すでに述べたように，欧米の選挙運動・国民投票運動の中心はインターネットになっている（第Ⅱ部第2章第7節）．政治資金の規制を全く行わない日本において，透明性・公平性に対する強い不満が噴出する可能性は否定できない．政治資金の豊富な陣営がインターネット上で広告やSNSを駆使して活発な運動を展開することは，投票者への「働きかけ」が見えない状態になり，その状態が公開性・透明性及び中立性・公平性という憲法改正国民投票の運用上の基本原則からは，大きく逸脱する可能性があることを指摘したい．何らかの立法上の対策が求められる．

v）政治資金の規制

政治資金の規制は，入り口である寄付の規制も，出口である支出の規制も存在しない．したがって，諸外国の運用上の問題点で指摘されるように（第Ⅱ部第2章第5節），政治資金の規制が全くなされないと，以下の問題が生じ得る．

① 大量の政治資金が，規制のないままに投入されると，一方の陣営（おそらく改正賛成）の情報のみが活発に提供されることになる．
② また，誰が（主体）どういう額を（金額）どういうメディアに（支出先）出して，どういう情報を提供したか（情報の内容），という点（例えば，軍需産業が9条改正に莫大な資金提供をして，戦争が勃発する可能性が高いようなイメージCMを作成したこと）は重要な情報であるのに，投票者はそれを一切知ることができない．
③ 資金の提供者に対する制限もないことから，外国による介入もあり得る[18]．
④ インターネット上の情報提供活動が顕在化せず，資金力の豊富な陣営が，目に見えない形で強いインパクトを与え，情報操作をする可能性がある．
⑤ 資金力に劣る陣営の声が国民に十分に届かない可能性がある．政党交付金などで，憲法改正に反対する政党は，自己の主張に係るTVCMを放映することは可能であるが，市民運動グループは億単位の資金が必要なCM

18）イギリス選挙委員会は，外国からの政治資金の規制の必要性と権限強化を報告している（Report：Digital campaign-increasing transparency for voters　www.electoralcommission.org.uk/ Accessed 09/08/2020）．

を放送することはできない．

実際にこのような問題点が発生し政治資金の規制が全くなされなかったことは，不透明・不公平感を蔓延させる契機となり，国民投票の結果に対する正統性が傷つけられる恐れがある．また，発議から国民投票運動までの制度設計が政党中心にできていて，「国民投票運動が自然発生し活発化しないと，国民投票が盛り上がらない」という点に対する配慮がない．最低限，国民に声が届くという「コアファンディング」的助成を検討する必要があると思われる．

2．3．4　小　括――第二段階の評価――

（1）基本原則からみた現行制度の問題点

国民投票の6つの運用上の基本原則のうち，第二段階に関連する，② 情報の発信・流通の自由，③ 情報の質的保障，④ 平等な参加，⑤ 公開性・透明性，⑥ 中立性・公平性から，現行制度の問題点を検討する．

まず，メディアに係る規制は，放送の公平性の要請と二週間のCM禁止期間しか存在しないこと，印刷メディア，ポスター・ビラ，インターネットについての規制がないこと，虚偽情報に対する規制が存在しないこと，政治資金の規制がないことから，現行制度は② 情報の発信・流通の自由を基調としているということができる．したがって，自由な国民投票権の行使はこの点では実現される可能性が高い．しかし，一方で，憲法改正国民投票の基礎知識（改正の意味，国民投票と選挙の違いなど）及び中核情報の流通については，総務省による広報，広報協議会による情報提供などで一定の配慮はなされているが，③ 情報の質的保障は不十分である．

次に，政治資金の規制とCMについての量的規制がないことは，資金力豊富な陣営による一方的な情報提供がなされる可能性があること，賛成陣営の一翼としての政府に遮断期間がなく，消極的な情報提供があり得ることは，④ 平等な参加・⑥ 中立性・公平性が維持できない可能性を示している．そして，政治資金の量，出所，使途，政治資金によって発信された情報の内容についての規制が全く存在しないことは，⑤ 公開性・透明性が保障されないことを意味する．

最後に，④ の市民の平等な参加については，市民による情報の検討（アイルランド・オレゴン州のような両陣営の主張を検討する市民議会の設置），検討結果へのアクセス，市民による情報発信があるところ，これらに対する配慮はない．言い換えると，現行法の下の国民投票運動は政党中心の運動を前提とし，自発的に発生する市民運動型の国民投票運動を想定して制度設計されたものではない．このような市民の平等な参加を想定しない制度設計は，国民投票運動の盛り上がりを欠く原因となりうることに注意すべきである．

（2）情報流通の三層構造とその構築

こうした予想される問題点を改善するために，また，理想的な国民投票を実現するための条件として，日本の憲法改正国民投票に係る情報流通を三層の構造として把握し，それらによる自由で公平な情報の流通を確保する必要がある．

第一の層としては，広報協議会による情報提供・放送メディアによる報道番組・新聞報道等によって，中核情報を中心とした，分かりやすく質の高い情報を提供する．この層は，インターネット上で流通する，あるいは，印刷メディア等で発信された問題のある情報について，ファクトチェックをして，正確な情報の流通を担う．第二の層としてのCM放送においては，公共性を維持しつつ自由な言論空間としての情報流通がなされる．そして，営利企業としての放送事業者は，商品としての放送枠を自由に提供することができるが，その公共性とインパクトの強さを考慮して，事実と明らかに異なるCM，行き過ぎた内容のCM，あるいは扇動的なCMについては，できる限り自主的に排除する．第三の層としてのインターネット上の広告及びブログ，ソーシャルネットワーク上の議論，ポスター，雑誌，チラシ，看板広告等については規制を行わず，自由な情報の流通を行う．しかし，ここでの行き過ぎた議論や，論点のすり替え，逸脱等については，第一の層がチェックする．

このように，3つの層の間のフィードバックによって，自由でかつ質の高い情報の流通が生じることを期待したい．そして，現状の規制や制度のあり方を，このような三層構造に近づけるためには，次のような方策を提案したい．

第一に，公共放送であるNHKにおいて，論点を掘り下げて分析する報道番組を週単位で集中的に放映する．この番組では「逸脱していく」傾向にある憲法改正に係る論点を整理し，インターネット上に蔓延する虚偽情報等をチェックしその真偽を確認する．

第二に，BBCで実施しているように賛成派と反対派の主要な政治家（その他中立的な立場の論者を含む）による討論会を実施して，議論を深め憲法改正に対する関心を高める．第一と第二の点については，公平性維持の方策として民間放送で実施することも期待したい．

第三に，広報協議会の機能を拡充し，アイルランド・ニュージーランドの国民投票委員会・選挙管理委員会のように，情報の質の向上を図る機関とする．上記の第一と第二の放送は，広報協議会が主催することもできる．なお，その際に，一般国民の参加を求めることは情報の質の向上に資するものである．

第四に，広報協議会の機能の拡充が難しいのであれば，大学付属の研究所・シンクタンクのような専門機関が独立の存在としてファクトチェックを行い，即応性と速報性をもって各陣営の主張の正確性を判断する．また，インターネット上で流布する情報についても，適宜，その真偽を判断する．

第五として，憲法改正国民投票を身近なものにするために，国民が賛否両陣営の主張を検討して，その検討結果を公表する制度（オレゴン州のCIRを参考にして）の構築も検討に値する．国民の目線から憲法改正の趣旨と反対意見を対比させ事実に基づく検討を行うことは，分かりやすく利用しやすい情報の提供に役立つと思われる．これも，第一層の一翼を担う可能性がある．

ただし，このような情報の提供（発信）と実際の利用は異なることに注意する必要がある．憲法改正の内容に対する関心が薄い場合などは，市民による情報の受容がなされない可能性がある．これは，情報の提供と受容のジレンマである．ザラー及びホボルトが指摘するように，政治意識が高くなければ情報の受容の程度が低くなる可能性がある．しかし，国民投票運動の盛り上がりが，国民の関心を高め，このジレンマを解決する可能性があると思われる．

（3）放送局における「公平らしさ」の維持

民間の放送局は，上記の第一層の一翼を担い，報道番組等に公共性が求められると同時に，第二層を担う局面では，営利性と公共性のバランスが求められる．現状では，一方の陣営（おそらく改正賛成側）のCMが大量に流される可能性があり，この場合，国民投票運動の公平性が傷つけられ，国民投票運動の最中に，あるいは投票後に，放送局は「公平らしさ」に対する厳しい批判にさらされる恐れがある．それを回避するためには，CMに係る情報の質の維持を図って，公平性を追求しているという姿勢を示す．具体的には，① 規制の原理・原則を提示してガイドラインを策定し，② ガイドラインに基づいて第三者機関ないしは自局での審査を即応性と速報性に配慮して実施し，③ 国民投票終了後に報告書を作成するという方策も検討に値すると思われる．これによって，放送局としての「公平らしさ」を示すことができると思われる．

（４）コアファンディング

上述の通り，現行法の国民投票運動の枠組みは政党中心であって，国民投票運動が一般国民・市民運動グループによって自然発生するという視点が欠如している．このために，市民運動グループが，CM放送あるいはインターネットを利用した意見広告を展開できるように資金援助をすることも検討に値する．しかし，国民投票の体験がないことから，市民運動グループの中から賛成・反対の各陣営を代表する（特に反対陣営），中核団体が発生することは予想できない．逆に，イギリス2016年の国民投票における離脱派のように，複数存在することもあり得る．９条の改正を想定した時，それに反対する陣営が政党別に分かれ，一枚岩にならないことは十分考えられる．

そうすると，市民運動の展開が予想できない現状では，発議に賛成または反対した政党の連合をそれぞれの陣営の代表とし，同額を配分して，資金力で劣る陣営が最低限自己の主張が国民に届くレベル（イギリスのコアファンディングの趣旨に適うレベル）までCMを放映することができる（インターネット等の広告を掲示できる）ように資金援助することを提案したい．これは量的公平性に適うものであり，憲法改正国民投票の正統性の確保に大きく関わる．

（５）透明性の確保

現行の国民投票運動の規制の問題点の一つとして，透明性の欠如を指摘できる．政治資金規正法と同様に，国民投票運動を行いそれに係る支出をする団体を認定し，登録させることを提案したい．技術的な問題があるとしても，誰が（主体）どういう額を（金額）どういうメディア（支出先）に出して，どういう情報を提供したか（情報の内容），という点を協議会または選挙管理委員会のHPで閲覧できるようにすることも重要である．それらの情報に対して，国民投票終了後ではなく，国民投票運動期間に国民がアクセスできるという，即応性と速報性が求められる．そして，ポスター・ビラ・インターネット上の意見広告には，オーストラリアのように掲示責任者を明記することも，透明性確保に役立つ手段である．

（６）インターネットの規制

インターネット上の言論に対する規制に係る議論は，イギリスなどでも開始されたばかりであり，議論が熟しているわけではない．しかし，Facebook，YouTube，Twitter等の主要なプラットフォームに，レポジトリーを設置することによって発信者を確認し，その内容を国民投票運動中に確認できるようにする方法も検討に値する．

2．4　第三段階　投票と成立要件

2．4．1　総論

現行制度における投票は，改正案ごとに作成された投票用紙上の賛成・反対の欄の一方に○をつける形式である．

国民投票法126条では，有効投票総数の過半数の賛成を成立のための要件としている．すでに述べたように，単純多数決の成立要件には長所と短所がある．長所としては，他の加重された成立要件と異なり，賛否に対して中立であること，数字が明確であることを挙げることができる．一方，短所としては，民意が十分に反映されずに憲法改正国民投票が成立するという「偽りの多数」で成立する可能性があることから，日本にも最低投票率を導入すべきである，という主張が，国民投票法が審議された時期に，野党から提案され国会での議論の対象となった．

最低投票率の導入問題は，憲法の解釈論と制度論に分けて議論する必要がある．最低投票率の是非を論じる前に，現行の規定の単純多数決を上回るハードルを課す成立要件，すなわち，加重された成立要件を国会が設定することができるかどうか（許容説と禁止説の是非），という解釈問題を先行して論じる必要がある[19]．そして，許容説に立ったうえで，続いて，96条の規定は，加重された成立要件としての「最低投票率」の設定を認めるか，という解釈論が行われるべきである[20]．「加重された発議要件」導入の問題も同じ構造である．

2．4．2　成立要件の解釈論

解釈論としては，憲法96条が最低投票率等の加重された成立要件の導入を許容しているという「許容説」と，加重された成立要件を国会が課すことは禁止されているという「禁止説」がある［横大道 2018：34-36］．私見は，96条が単純多数決を採用することを明文で規定していることを重視して，禁止説を採用する．

19）私見は，かつて，許容説を「裁量説」としていたので，この点を修正する［福井 2010］．

20）憲法改正国民投票には高い投票率が必要であると論じつつ，法律で最低投票率を導入できるかどうかは，別論であるとする見解もある［杉田 2018］．

許容説の問題点としては，第一に，成立要件には主要な6つの選択肢があるところ，憲法制定時にその選択肢の中から賛否に対して中立的な単純多数決を選択したという，「憲法を制定した帝国議会の意思」を無視したことになるのではないか，という点がある．すなわち，明文の意味の重さに鑑み，憲法は最低投票率という要件の上乗せを「禁止」していると解すべきであろう．成立要件の明確な規定を，法律で書き換えることはできないと思われる．

そうすると，投票総数の過半数を超える賛成を不成立と判断する国会の行為，すなわち，最低投票率に達しないことをもって「憲法改正案の成立を否認すること」は，憲法違反であり，違法な公権力の行使というべきであろう．これを，立法裁量という点から見ると，加重された成立要件を含む国民投票法の制定は，立法裁量の逸脱・濫用ということができる．

高見勝利博士の「憲法改正とは何だろうか」は，最低投票率について許容説の立場から詳細な議論を展開している〔高見 2017：136-148〕．その中で，最低投票率は，憲法改正の可否の決定を左右するものではなく，会議全体における定足数(quorum)に類似するものであると指摘されている．最低投票率(participation rule）は，単純多数決，特別多数決，絶対得票率（approval rule)，絶対反対票率(rejection rule)[21]と並んで，一つの成立要件であることから，定足数であっても，憲法で明示的に採用が示されるべきものであろう．発議要件をこれ以上加重できないことと同様の理由である．

同書は改憲論者が「心情論」から憲法改正を推進することを危惧し〔高見 2017：205-207〕，憲法改正には熟議が必要であり，ポスト真実主義の時代には，国民投票運動において表現の自由が保障され，憲法改正に関する言説の真偽を淘汰しうる，開かれた言論空間の存在が不可欠であると指摘している〔高見 2017：149-150〕．この点は，私見と同一の立場であり，賛否に対して中立的な単純多数決を採用したという憲法制定時の判断を尊重する点が異なっている．

第二に，厳しいハードルを課す発議要件に加えて，加重された成立要件を課すことは，憲法96条の制度趣旨であるところの，憲法改正における安定性と可変性のバランスをとる，という要請に反し，改正をさらに困難にするという点

21）絶対得票率とは逆に，一定の割合の反対票がある場合は，否決とする成立要件である．例えば，国内のマイノリティーに配慮して，25％の反対票があれば，賛成多数でも否決の扱いをする．

を指摘できる．許容説は発議要件から成立要件までを全体的にとらえるという発想が不十分であり，同性婚の承認などの憲法改正によって「憲法保障を図る」という側面に対する配慮が不十分である，と思われる．

第三に，許容説の下では，成立要件の具体的な選択は国会の裁量で決定できるということになるが，成立要件の設定を国会に委ねると，毎回実施する度に成立要件が変わる可能性がある．日本のように両院の3分の2という厳しい発議要件があると，仮に，賛成陣営の単純な所属議員の数だけで3分の2の多数派を形成できても，与党内部に改正に対する異論や温度差が生じることから，憲法改正を巡る政治力学の中で，成立要件がその都度変更される可能性がある．憲法改正を実施する度に成立要件が異なるといった，政治状況に応じた一貫性のない運用がなされる可能性が高い．そして，その一貫性のなさは次に示すように民意のパラドックスを生じさせる．

成立要件として絶対得票率（40%ルールなど）を採用した場合は，民意のパラドックスの出現に直面することになる．例えば，与党内部に反対勢力がいるために，1979年のイギリスの国民投票のように国民投票法で40%ルールを付加した場合（ケースA），一方，与野党の合意がある憲法改正案の場合は，そのルールを付加しない場合（ケースB）があるとする．許容説を採用すると，このように成立のために必要な割合が，その都度異なることを認めることになる．さらには，ケースAは，十分な議論の末（熟議が成立して），投票率60%で賛成60%と賛成多数ながら，有権者の36%であったので40%ルールを充足せず否決され，ケースBは，国民投票運動に盛り上がりを欠き，投票率30%で60%の賛成で成立した場合，ケースBは，有権者の賛成の割合が18%とかなり低いにもかかわらず成立する．ここに，民意のパラドックスが発生する[22]．しかも，ケースAは，熟議が成立した「成功した国民投票」であるのに否決として扱われたのである．このような一貫性のなさを排除するために，憲法上，明文で示された単純多数決の成立要件を尊重する必要がある．

過重された成立要件を法律で付加し，「固定」すると，9条の改正は慎重に行うことができるかもしれないが，同性婚の承認・国民投票制の導入は進まな

22）民意のパラドックスを回避する方策として，日本の自治体の住民投票のように，50%を切る場合には開票しないという方法もある．しかし，貴重な民意の直接反映の機会を封じるというデメリットがある．

い可能性がある．毎回，国民投票法を改正して，1回ごとに異なる成立要件にすると，民意のパラドックスが発生する．許容説は，このような一貫性のなさから生じる問題点を説明できないと思われる．

第四に，許容説の下で，仮に最低投票率を採用した場合，なぜ，多くの加重された成立要件が存在する中で，最低投票率にするのか，という点の説明が定足数であること以外にない．特別多数決ではなく，絶対得票率でもなく，最低投票率であるための積極的な理由が必要であろう．さらには，96条は投票総数の50％以上の賛成という形で数字を明示しているのに，最低投票率の場合は，50％にするのか，60％にするのか，という点の指示がない．

以上より，解釈論として許容説を採用することは困難である[23]．

2．4．3　制度論の考慮要素と最低投票率の導入の批判的検討

続いて，制度論＝成立要件に係る憲法改正論として，第一に，加重された成立要件を導入すべきか，第二に，加重された成立要件の中でどれを採用すべきか，という問題を検討する必要がある．この問題は成立要件の項（第Ⅱ部第3章3．3）ですでに論じたので，ここでは日本型の憲法改正国民投票を構築するにあたって，考慮すべき要素を挙げる．

その考慮要素は，① 制度全体に対する総合的考察の必要性（安定性と可変性への配慮），② 国民の国民投票ないしは直接民主制の経験，③ 民主主義の成熟度（憲法の基本原則侵害の危険性），④ 国民投票権の行使に対する理解である．

この点から，改めて「最低投票率」導入論を分析すると，この主張は民主主義の成熟度に対する疑問が根底にあり，国民投票の経験もなく戦前のような非民主主義的体制への逆コースの可能性もあることから，可変性よりも安定性を重視する必要があるという点に立脚していると思われる．また，改憲論者の「心情倫理」への強い警戒心があると思われる［高見 2017］．これらの主張は，一種の「パターナリズム」と理解することが可能である[24]［井上 2015：55-58］．これ

23）最低投票率及び絶対得票率の採用について，その数値を高く設定すると法律によって96条の成立要件を加重することになり，低く設定すると，偽りの多数の発生・ボイコット運動の誘発・投票の秘密の侵害があるという点から慎重にすべきである，という見解がある［岩間 2011］．

24）人民主権論を主張しながら，憲法改正国民投票という，人民主権の直接的行使の機会に消極的な見解も同様であろう．

は熟議のジレンマ（本章1．3）で論じたように，憲法改正国民投票の制度設計において，①熟議に誘導すること及び②熟議の失敗に備えることという2つの目標のうち，②を重視する姿勢であると思われる．私見は，最低投票率等の加重された成立要件の導入は，②の熟議の失敗に対して「過度に」対応することになり，逆に，憲法の最高法規性を動揺させることになると，考えるものである．

熟議論の論者が，「憲法改正国民投票の過程において国民が憲法改正・憲法問題を論じることは，政治に関わり理解する絶好の機会である」と論じているように［Ackerman 1991；Levy 2013］，国民主権の発現＝国民投票権の行使という側面を重視し，熟議が発生するように国民投票の全過程を整備するという姿勢は，憲法パターナリズムに劣らない立憲主義的方向であると思われる．そうすると，すでに論じてきたように熟議を誘導するように各段階の制度を構築し，熟議の成立を受けて賛否を公平に扱う単純多数決が，憲法改正国民投票の運用上の基本原則の⑤中立性・公平性の保障に照らして，最も望ましいのではないか，と思われる．

2．4．4　小　　括――第三段階の評価――

日本における第三段階についての議論は，最低投票率の導入が中心となっている．しかし，すでに論じたように，この段階には熟議を維持し確認して投票するという側面があるはずであり，さらに熟議が成立すれば成立要件の問題はそれほど大きな議論にならないはずである．暗黙のうちに，憲法改正国民投票では熟議ができない，あるいは偽りの多数が発生する可能性が高いという認識があるとすれば，議論の出発点から「熟議が必要である」「熟議に誘導すべき」という発想から大きく逸脱しているように思われる．投票の意義と効果，熟議への誘導と確認（ニュージーランドのRITなど）という点を，制度論として議論する必要があると思われる．

2．5　第四段階　投票後

投票後の段階では，第一段階，第二段階及び第三段階において運用上の基本原則が貫徹されれば，投票結果に正統性を付与することができる．しかし，失敗すれば，最終関門として，何らかの救済手段を講じる必要がある．

2．5．1　成立の効力

国民投票で過半数の賛成を得ると，憲法改正が成立し，改正された条文が憲法典に編入される．承認の要件である「その過半数」の算定は，① 有権者総数，② 投票総数（①の有権者総数から棄権者数を除いたもの），③ 有効投票総数（②の投票総数から無効票数を除いたもの）の対立があるが，国民投票法は，③ を採用した［小林 2014：4］．

96条２項の「この憲法と一体を成すものとして」という文言は，アメリカ合衆国憲法の憲法改正規定（５条）中の「この憲法の一部として（as Part of this Constitution）」に由来するものと指摘されている［小林 2014：5］．

法令を一部改正する場合の方式には「増補方式」と「溶け込み方式」があるところ，「この憲法と一体を成すものとして」という文言がアメリカ憲法流の増補方式を予定しているのではないかという指摘がある［江橋 2006］．日本国憲法の改正方式としては，増補方式を義務付ける趣旨ではないという解釈が多数である．

以上は，成立した場合の形式的な効力であるが，憲法典に編入された時には，最高法規としての実質的な効力が発生する．抽象的な文言，人権規定の効力，下位法規との関連性については，第Ⅱ部第３章第２節及び第３節の成立要件の項目で指摘した．

2．5．2　不成立の効力と再度の投票

憲法改正案が国民投票で過半数の賛成を得ることができない場合は，否決されたものとみなされる．日本国憲法及び国民投票法には，不成立の場合の効力についての規定がない．例えば，一定期間同一問題についての再度の投票を禁止する規定はないことから，否決によって生じる直接的な効力は発生しない．

しかし，否決には間接的な効力が生じ，政策に対して何らかのインパクトを与える可能性がある[25]．「自衛隊を９条で明記し合法的な存在であることを認める」憲法改正案が否決された場合，自衛隊についてどのような民意が示されたかは，結果の解釈に係る問題であるが，間接的効果が発生すると思われる．僅差で否決された場合，大差で否決された場合などによって，自衛隊の今後の活

25）例えば，同性婚容認規定が否決された場合，差別を助長するというマイナスのインパクトが発生する可能性がある．

動と，安全保障問題へのインパクトが変化する．憲法改正国民投票が改正案と反転ポイントの二択と考えると，改正案の否決，すなわち反転ポイントが勝利したことは必ずしも，軍縮または自衛隊の廃止を意味するわけではない．否決がどのようなインパクトを与えるかどうかは，国民投票運動における賛否両陣営のフレーミングの問題に大きく関わる．なお，成立しても反対票がどれだけ多いかという点も，逆の意味の間接的な効果が発生すると思われる．したがって，国民投票運動期間中に賛否両陣営の論戦においては，どのようなフレーミングで議論が行われ，どの程度の争点の理解の下で国民が投票しているかどうか，という点を情報流通の三層構造（本章２．３．４（２））の中で取り上げ整理することが重要となる．

２．５．３　投票後の争訟

（１）総論

アメリカの住民投票においては，投票後の争いはイニシアティヴの内容が実現するかどうかという点では重要なステージとなっている［Zimmerman 2014：ch.3］．主要な争いは，第一に，執行法の成立･予算･官僚組織の協力の問題［Gerber et al. 2001］，第二に，署名要件の充足・シングルサブジェクトルール違反などの手続的違法に対する審査の問題，第三に，実体に対する違憲審査の問題である［Miller 2009］．日本の場合は，「上からの」国民投票で，かつ「国レベルの憲法」に対する「国民」投票であるから，州レベルのイニシアティヴにおける投票後の争いとは異なる点を意識しつつ，以下，これらの問題について検討する．

（２）政策決定と執行法の成立における争い

９条が改正され自衛隊が憲法に明記されたという意味での「合法的な存在」となり，活動の大枠が決定されても，具体的な派兵や国連軍への参加等については個別に法を整備する必要があることから，憲法改正案の成立後も個別の事案について国会で議論し関連法を制定する必要がある．その意味で，第二ラウンドの争いが発生する可能性がある．また，高等教育無償化についても財源の問題があることから，政策の具体化についての争いが発生し実現が困難な局面も出てくる．

新しい人権について憲法で明文化されても，それを具体化するために立法化が必要となる場合がある．障がい者の「合理的な配慮」を求める人権が成立しても，それを具体化する立法措置，予算，行政の協力が必要になる．

結局，憲法が制定されても立法府や行政府が裁量で決定する部分が残り，その決定を巡って争いが続く．この決定はもちろん政治的な側面を有すると同時に，前述の通り，賛成票と反対票の割合等の国民投票の間接的な効果，インパクトの影響を受ける．さらには，くり返し述べたように，現行９条２項のように「前項の目的を達するため」という抽象的または多義的な文言が改正によって組み込まれると，その解釈を巡って議論がなされる．

（３）国民投票の結果に対する審査

国民投票の結果に異議のある投票人は，結果が告示されてから30日以内に国民投票無効訴訟を提起できる（国民投票法127条）．国民投票法に規定される無効事由は以下の三種類があり，その無効事由のために憲法改正案に係る国民投票の結果に異動を及ぼす恐れがあるときは，裁判所はその国民投票の全部又は一部の無効を判決しなければならない（128条）．

第一に，国民投票の管理執行に当たる機関が国民投票の管理執行につき遵守すべき手続に関する規定に違反したことである．これは，各レベルの選挙管理委員会（市町村・都道府県・中央）の運用に，手続上の重大な誤りがあった場合を指している．なお，広報協議会は，「国民投票の管理執行に当たる機関に該当しない」と，明文で規定されている（128条２項）．したがって，国民投票の管理執行以外の機関の手続違反（憲法審査会の審査等における手続的違法）は，無効事由にはならない．

第二に，第101条（投票事務関係者の国民投票運動の禁止），第102条（特定公務員の国民投票運動の禁止），第109条（組織的多数人買収罪，利害誘導罪及び買収目的交付罪）及び第111条（職権濫用による国民投票の自由妨害罪）から第113条（投票干渉罪）までの規定について，多数の投票人が一般にその自由な判断による投票を妨げられたといえる重大な違反があったこと，である．これは，国民投票運動において，自由な判断による投票を妨げた場合を指すのであって，改正案が「正確な民意を反映できない」ような内容・形式であっても，そのことは第二の列挙事由に該当しない．

第三に，憲法改正案に対する賛成の投票の数又は反対の投票の数の確定に関する判断に誤りがあったことである．

国民投票法129条は，国民投票無効訴訟においては，裁判所は，他の訴訟の順序にかかわらず速やかにその裁判をしなければならないとし（１項），さらに，当事者，代理人その他の第127条の規定による訴訟に関与する者は，前項の趣旨を踏まえ，充実した審理を特に迅速に行うことができるよう，裁判所に協力しなければならない（2項）と規定する．

また，無効訴訟が提起されても，国民投票の効力は停止しない（130条）．ただし，憲法改正が無効とされることにより生ずる重大な支障を避けるため緊急の必要があるときは，裁判所は申立てにより決定をもって憲法改正の効果の発生の全部又は一部の停止をするものとする（133条）．

（4）手続的違法・憲法改正案の違法に対する審査

以上の通り，発議段階における手続的違法及び憲法改正案の違法（抱き合わせ投票の違反等）を理由として，国民投票が無効になることは想定されていない．軽微な手続的違法は国民主権が行使された以上は治癒されるという見解も首肯できないわけではない．しかし，その意味では逆に，重大な手続的違法については国民投票が無効になるという法的判断も，法の一般理論からは異質なものではないと思われるが，警察法改正無効事件最高裁判決（昭和37年3月7日民集16巻3号445頁）に見られるように，議院の自律権の問題として司法判断が下されない可能性は高い．

一方，憲法改正案の違法については，理論的には訴訟の提起が可能であると思われる．法的構成としては，憲法改正案が国会法68条の3の規定に違反する場合，明確性・関連性・中立性を欠く場合は，国民投票権の侵害と構成して，実質的当事者訴訟を提起する方法が考えられる．これは，在外国民選挙権訴訟最高裁判決（平成17年9月14日民集59巻7号2087頁）において「選挙権を行使する権利の確認を求める」訴えと同じ法的構成である．このような実質的当事者訴訟が提起可能であるということの前提として，明確性・関連性・中立性が憲法上強く「要請」されていると認定する必要がある．具体的には，明確性・関連性・中立性を欠く憲法改正案が発議された場合に，憲法改正に対する自由な意思表明をする権利（国民投票権）の確認を求める訴訟を提起することになる．この場合，訴訟要件として通常考えられる3つの確認の利益，即時確定の現実的可能性（紛争の成熟性）・確認対象選択の適切性・訴訟類型選択の補充性は充足されると思われる［櫻井・橋本 2019：350］．国民投票法127条で訴訟の途が閉ざされていることから補充性は充足されると思われる．しかし，発議から投票までの短い期間でこのような訴訟に対する判決が下されるかどうか，投票後は民意の直接的反映という事実を前にして裁判所が消極的な審査を行うのではないか，という点が懸念される．

（5）実体に対する審査

憲法96条も国民投票法も改正の限界についての規定はない．上記(3)の通り，国民投票法は投票が無効となる場合を3つ列挙しているが，これは改正の限界を超えることを想定しているものではない．前述（本章2．4．3）の通りの，憲法改正国民投票に係るパターナリズムの視点からすると，発議から成立後までの各段階において付されるフィルターを強化して，この問題に対処する必要があると思われる．主権という概念はもともと「制限された権力」という側面があることに鑑み［Lutz 2006：129］，改正の限界を超える憲法改正は困難，という不文のルールを国会の改正案審議において貫徹する必要がある[26]．

2．5．4　小　括——第四段階の評価——

第三段階までに6つの運用上の基本原則が貫徹され熟議が成立していれば，本来，第四段階における紛争を想定する必要がない．しかし，**日本の国民投票法の構造上の問題は，熟議に誘導する部分**（フィルターの設置）**が不十分であるのに，熟議が成立するという前提で，第四段階の制度設計を行っている点にある**．逆に，6つの運用上の基本原則が貫徹されていないことを理由にして，第四段階で紛争を提起させることは，「敗者が納得するまで」投票後も訴訟で争うことになり，国民投票の結果に正統性を与えないことにつながる．したがって，投票後の訴訟も理論上は可能であるが，上記（4）の改正案の違法の場合等の例外的な場合にのみ提起できるように設定すべきであろう．現行の規定のままであるとすれば，6つの運用上の基本原則の徹底を図り，投票の段階に入る前に問題点の修正を行うべきであると思われる．

2．6　国民投票法の問題点

以下，日本の国民投票のまとめとして，現行制度の問題点を指摘したい．

①各段階を相互に関連させて，4つの「成功した国民投票」の構成要素Ⅰ「憲法改正案に対する熟議の成立」Ⅱ「争点に対する正確な民意反映」Ⅲ「正統性確保」Ⅳ「憲法の基本的価値の保障」の達成という視点から制度構築がなされ

26）木村草太教授は，憲法改正の限界を超える発議が128条1項1号の訴訟の対象となる可能性について言及する［木村 2018：22-24］．

ていない．特に，熟議への誘導を中心に据えて国民の内部からの議論を喚起し国民に十分な情報を与えて説得するという姿勢を見出すことができない．
② 政党中心の運用及び党派的運営の要素が強い．力を背景とした強引な発議（強いコントロール性）の可能性があるにもかかわらず，発議における手続的違法に対する監視・是正の手段が全くない．
③ 国民による改正案作成への参加，意見聴取という側面がほとんどない．また，選挙で憲法改正に係る民意吸収と改正案への変換という側面も意識されていない．国民からの憲法改正案についての意見聴取の機会がないことは，改正案作成に対する規制が不十分である点にも表れている．さらには，国民投票運動が市民運動グループ中心に自然発生的に生じるという点を意識していない．
④ 国民投票運動に係る運用上の基本原則のうち，情報の発信・流通の自由は保障されているが，その自由が濫用される可能性についての対策は不十分である．質的な意味では，主張のすり替え，虚偽情報の流通等に対する配慮がない．これは，国民の自由な意思表示すなわち，自由な国民投票権の行使を阻害する恐れがある．また，量的な意味では，一方の陣営の声が「消失する」可能性に対する配慮がなく，政治資金の規制もなく，政治資金の寄付と支出の公開などの透明性維持に対する配慮が全くない．インターネットが国民投票運動の中心になる可能性に対する配慮が欠け，透明性と公開性に対する重大な疑問が生じ，結果の正当性付与の障害になる恐れがある．
⑤ 第一段階と第二段階で，熟議が成立していることを前提とすれば，第三段階の成立要件が単純多数決であることは，公平性・中立性という原則に適う．また，正統性と安定性を確保するために，第四段階の投票後の訴訟を限定的なものとして，事後の紛争を回避しようとしていることも首肯できる．しかし，全体として熟議成立のための配慮が不十分であるために，第三段階と第四段階が憲法の基本的価値の後退を防止するという点から見ると不十分なものとなっている．これも①で述べたように，制度の全体的考察，段階間の相互関連性という思考方法が欠けていることの表れである．

2．7　憲法改正国民投票の制度構築への提言（法律レベル）

以上の問題点を踏まえて日本においては，以下の全体的な注意点を考慮して法律レベル・憲法レベルにおける国民投票制度を構築する必要がある．以下は，法律レベルの提言である．

2．7．1　国民と議会の共同作業

第Ⅱ部第2章第1節の国民投票運動総論で指摘したように，上からの国民投票は，単に政府が憲法改正案を提案すれば成立するというものではない．アイルランドのように，成功した国民投票を実施している国は，「議会と国民の共同作業」に十分に配慮して運用している．この点はまさにスクシの指摘する通り，「国民を参加させる（bring in the people）」ことの重要性を認識して制度を構築する必要がある［Suksi 1993］．具体的には，第一段階における憲法改正案に係る意見公募，一般国民を含む憲法会議・市民議会の実施である．そして，憲法会議は，オーストラリア1999年の失敗に学び，決定よりも論点の検討などの議論を中心に行う必要がある．第二段階においては，オレゴン州のCIRのように，憲法改正案に対する一般市民の評価を提供することも有用であると思われる．このように，国民の参加によって関心を高め熟議に誘導する．これは，不必要な憲法改正を排除し憲法の基本的価値の維持にもつながる．

2．7．2　情報の質の維持

国民の参加は熟議のための必要条件ではあるが，それだけでは十分ではない．十分な議論を成立させるためには，情報の質を維持する必要がある．すでに，現行規定の下での三層構造による自由で公平な情報流通の保障の意義を説明したが，それに加えて選挙管理委員会または広報協議会の権限を拡大するか，あるいは第三者機関を設立して中核情報の提供のみならず，各陣営の主張に対する評価，ファクトチェック，争点からの逸脱等を指摘する必要がある．これによって自由に拡散した情報の中で，「国民の自由な意思表明を侵害し，国民投票運動の議論の過程を著しく歪める程度」の虚偽情報と論点からの逸脱を修正することができる．これは，自由な国民投票権の行使のためには必要な措置であると思われる．また，憲法改正案の理解度についても，発議前に調査し理解しやすい情報の発信に努める必要がある．憲法改正案の分かりやすさの保障も，熟議のためには必要である．ニュージーランドのRIT型の情報提供も有用である．そして，情報の発信量に大きな格差が発生しないように，イギリスのコアファンディング的な公的助成も必要であると思われる．

2．7．3　憲法改正案及び審議手続における瑕疵の早期是正

上からの国民投票において，政府のコントロール性を排除することは難しく，

十分な議論を行わないままに，手続及び実体において問題のある憲法改正案が作成される可能性は否定できない．憲法改正案には① 審議不十分，② 明確性・関連性・中立性違反，③ 憲法の基本的価値の侵害の可能性があることから，第三者機関への諮問，修正への勧告を制度化する必要がある．①②③の問題については，投票後の裁判的統制になじまない（②については理論的には訴訟を提起が可能であっても是正の可能性が低い）ことから，投票前に是正される必要がある．

2．8　憲法改正国民投票の制度構築への提言（憲法レベル）

2．8．1　制度論としての憲法改正国民投票とその考慮要素

日本の憲法改正国民投票が，安定性と可変性のバランスのうち，「安定性に傾いている」ということは憲法保障という点からは評価することができる．しかしながら,時宜に応じた改正ができず制定後の時間の経過とともに過少包摂・過剰包摂・憲法回避現象を積み上げていくことは，憲法に対する信頼を低下させる可能性がある．これらの問題点は，法律レベルではなく，憲法レベル（立憲論・制度論）として対応する必要がある．

制度を論じるにあたって考慮すべき要素は，第一に，日本が国民投票の初心者であり憲法改正を経験したことがない，という点である．第二に，憲法改正国民投票は成立しにくいという点である．つまり，国民を説得することが難しく，結果として安定性に傾く傾向にある．この原因は，オーストラリア・アイルランド・イタリアの運用状況を見ると，党派的対立から提案された憲法改正案は国民の支持を得にくいことにあると思われる．また，カナダ1992年国民投票に見るように，政治階層のみで包括的憲法改正案が決定され事前に国民に対する説明がなされない場合も否決される可能性が高い．オーストラリアとアイルランドが，成立に誘導するために国民の参加を求めるようになったということは，政党主導あるいは政治階層への根回しだけでは，必ずしも国民の理解を得られないことを意味する．第三に，憲法改正案の理解には時間がかかり，国民は全く新しい争点，難解な争点を理解することは難しいという点に留意する必要がある．長期的な議論が必要なのである．第四に，プレビシット的運用の発生を抑制するためには，国民の間に国民投票の経験が求められる．その他としては，第Ⅰ部第３章第４節で指摘した，憲法改正国民投票の運用を支える諸要因を考慮にいれて制度論を展開する必要がある．

2．8．2　憲法改正国民投票の7つのモデル

これらの考慮要素を踏まえて，憲法改正回避現象等の問題点の解決が期待される憲法改正国民投票として，以下の7つのモデルを検討する．

A 可変性重視型

A①　発議要件を両院の過半数の賛成とし，成立要件を単純多数決とする．

A②　二段階構造で憲法改正を行う．両院の5分の4以上の賛成が得られた場合は，国民投票なしで憲法改正が成立する．それ以外は，A①と同じ条件で，国民投票を実施する．

B 中間型

B①　発議要件を両院の過半数の賛成とし，成立要件は，最低投票率50%と過半数の賛成とする．

B②　発議要件を両院の過半数の賛成とし，成立要件は絶対得票率として有権者の40%の賛成とする．

B③　A①の方式で先決投票と本投票に分けて二回実施する．あるいは，ニュージーランドのように，一回目は改正の是非，二回目は改正の細目の決定とする．

C 安定性重視型

C①　発議要件を現行制度と同じ両院の3分の2以上の賛成とし，成立要件を最低投票率50%と過半数の賛成とする．

C②　発議要件を現行制度と同じ両院の3分の2以上の賛成とし，成立要件を有権者の40%の賛成とする．

2．8．3　日本型憲法改正国民投票の検討

A 可変性重視型のA①とA②は，時宜に応じた改正が可能になり，安定性重視に伴う問題点（過少包摂・過剰包摂・憲法回避現象）の解決が期待される．また，熟議が成立するという前提の下では成立要件が中立的であるという利点がある．特に，A②は，過少包摂と過剰包摂の問題の解決が期待される．このタイプの導入には，熟議のための条件整備（フィルターの設置）が必要になる．第一

段階における国民の参加，憲法改正作成手続のルール化と第三者による改正案の審査・諮問等が必要になる．第二段階においては，自由，公平かつ透明な情報の流通が保障される必要がある．また，国民の経験も必要である．したがって，日本の制度としては国民投票の経験を積んでから実施することが望ましい．

C安定性重視型のC①とC②は，可変性重視に伴う問題点（熟議の不成立・偽りの多数・強いコントロール・マイノリティーの権利侵害・憲法の基本的価値の後退）に対する強い警戒を示すものである．しかし，それは，現行制度の硬性度をさらに強化するのであるから，憲法改正国民投票が成立しにくいという運用実態を踏まえると，改正の可能性をかなり低くするものである．また，熟議が成立した場合でも，否決に誘導する効果を示すことが問題となる．

B中間型のうち，B①とB②は発議要件で可変性を強化して成立要件で安定性とのバランスをとるタイプである．B①には，民意のパラドックス・ボイコット運動の発生という問題点があるが，B②は否決誘導的であることを除けば問題点が少ない[27]．B③は，一回目が助言型，二回目は拘束型と位置付けると，二回目は義務的レファレンダム化して盛り上がりを欠く可能性がある．しかし，慎重な投票という点では，評価できる[28]．

以上まとめると，安定性と可変性のバランスをとりつつ，制度固有の問題点の少ないタイプとしては，B②とB③が望ましいと思われる．A①とA②の採用のためには，国民投票の経験と熟議のための環境整備が求められる．言い換えると，民主主義の成熟度と政治的民度の高さが求められるのである[29]．

2．9　付論──憲法改正国民投票に関連する制度の提案──

制度論として，憲法改正国民投票の問題点の解決のために，以下3つの制度，① 憲法会議の設置，② 憲法改正案に対する国民発案，③ 間接イニシアティヴの導入を検討したい．

① 憲法会議の設置によって，長期的でかつグランドデザイン型の議論と国

27）近時の研究では，ボイコット運動の誘因となることから最低投票率よりも絶対得票率を支持する文献が多い［Aguiar-Conraria et al. 2019；上田 2014：42］．

28）ニュージーランドの運用を見ると，二回目が必ずしも盛り上がらないわけではない［市川 1997；Vowls 1995］．

29）なお，制度論として，憲法改正国民投票以外の国民投票を日本に導入できるか，という問題については，前著で検討している［福井 2007：第3部第3章］．

民の参加が期待される．議員の選出方法としては，選挙ではなく無作為抽出型が望ましい．選挙は党派性を排除することが難しいことを理由とする．しかし，無作為抽出型では2～3年という期間の長期的議論が難しい恐れがあるので，②③の国民からの提案に対する，3か月程度の集中審理型，あるいは，アイルランドまたはオレゴンのCIRのような議論中心型も検討に値する．

②は，国民が憲法改正案を作成し，一定の署名を集めた場合は，国会に提案できるという制度である．③は，②が採択されない場合は，国民投票が義務的に実施されるという制度である．③の運用の課題は，党派性の排除である．これらの制度を議席数の少ない政党が政府に対する抵抗手段として用いることが想定され，「下からの民意の汲み上げ」という，制度趣旨を超えて国政に混乱をもたらす可能性も否定できない．

以上より，①憲法会議を設置し，3か月から半年程度の期間で会議を開催し（数回に分けることも可），その構成員は無作為抽出して専門家から情報提供を受けて，国民からの憲法レベルの提案（②憲法改正案に対する国民発案）を検討し議論する方式を提案したい．これは，あくまでも国民からの議会に対する諮問とするものである．

む す び

第1節　憲法改正国民投票のジレンマ

以上のように，憲法改正国民投票において，熟議による争点投票が成立するための条件を検討してきた．しかし，そこには第Ⅱ部と第Ⅲ部の各段階の項で説明したように，制度を運用する理念の間の対立，ジレンマが発生することを観察できる．本書の「むすび」として憲法改正国民投票におけるジレンマを取り上げて，熟議を成立させることの難しさを示したい[1)]．

1．1　第一段階　発議と意見集約のジレンマ
――多数派と少数派の調整のジレンマ――

1．1．1　同意と決定のジレンマ

熟議による争点投票を実現し憲法改正国民投票を成功させるためには，平等な参加の理念の下，できるだけ多くの国民を議論に参加させる必要がある．また，憲法改正の議論を盛り上げるためには，第一段階から多数の国民の参加が求められる．しかし，そこには意見集約の困難さが待ち受ける．意見集約において「決定」を前面に出すと，ボイコット運動に見られるように，少数意見型・地域型・社会集団型の各マイノリティーはそもそも議論に参加しなくなる可能性がある．最終的に多数決で負けるとわかっている集団には，議論に参加するインセンティヴが稀薄なのである．それでは，決定ではなく，あくまでも「議論」を中心に憲法改正の手続を進め，できる限り多くの国民を含んで改正案作成段階における熟議を行うと，意見集約が困難になる．その場で何らかの形で出された最終案は妥協的な内容になり明確性と関連性を欠いたものになりかねない．

1）国民投票一般のジレンマについては福井［2007：272-275］を参照されたい．

チャンバースが指摘するように，国民投票において決定に力点を置くと熟議が妨げられる可能性がある．一方で，同意に力点を置くと決定が妨げられる側面があることも否定できない［Chambers 2001：245］．

1．1．2　ゼロサムゲームと熟議のジレンマ

憲法改正国民投票及び独立･分離等の主権の移譲に係る憲法問題国民投票は，その重要性から熟議が求められるところ，それらの憲法改正案・投票案件の多くは，「後戻りできない」決定であるか，再度の改正・国民投票の実施が難しいものであり，憲法改正を真剣に考えれば考えるほど憲法改正国民投票がゼロサムゲームになるというロジックが顔を出し，熟議が妨げられる．憲法改正国民投票の結果，「勝者が総取り」するとすれば，憲法改正国民投票と熟議は融和しないのではないか，という悲観的な主張もなされうる．憲法改正国民投票で勝者になるためには，熟議よりも戦略的で競争的かつ敵対的な議論が支配するのではないか，という疑問が生じる［Chambers 2001：246］．

1．1．3　慎重な発議とコントロールのジレンマ

日本の憲法改正国民投票のように，発議要件が厳格であるために議会内部の広いコンセンサスが形成されない限り発議しないという制度には，安易な発議を抑制し憲法保障に資するという側面があることは否定できない．しかし，両院の3分の2などの特別多数決による発議の場合，発議要件を満たした途端に賛成陣営が巨大な勢力として強いコントロール性を有することになり，国民投票法の制定をはじめとして，国民投票の各段階において賛成側に有利な運用を行うことになってしまい，慎重な審議を行うことがなく，自由・平等・公平・透明性等の運用上の基本原則の保障が不十分な国民投票運動が展開される恐れがある．これは，憲法保障を後退させる契機になりかねない．

また，3分の2の多数を形成することは妥協を促す作用があり，そのために不必要で国民が望まない憲法改正が発議される可能性がある（関連性の欠如）．これも，慎重な発議の要請が一転して強いコントロールをもたらす局面である．

1．2　第二段階　情報流通のジレンマ・規模と参加のジレンマ

1．2．1　情報流通における自由と平等のジレンマ

国民投票運動においては，自由で平等な情報の流通が望ましい．しかし，自

由対平等という原理の対立は，ここでも生じる．国民投票運動を盛り上げるためには政治資金の規制を行わず，テレビ・新聞・インターネットを活用した自由なキャンペーンの展開が望ましい．しかし，大量の資金を背景として各種メディアで展開されるキャンペーンは資金力に恵まれない陣営の声を「消失させる」可能性があり，「圧倒的に不利な条件で国民投票運動を展開した」という不公平感の蔓延は，結果の正統性を傷つける．逆に，平等の側面を重視し支出の制限を行い，「土俵の平準化」を企図することは流通する情報量を低減させる恐れが大きい．このように，熟議による争点投票の実現のためには，自由と平等のどちらかの一方に偏ることを回避する必要があるが，その均衡点を見つけることは難しいと思われる．

1．2．2　政府の二面性のジレンマ

政府は「中立的に」憲法改正国民投票の基礎知識及び中核情報を提供する立場にあると同時に，「賛成陣営の中心的な立場」として憲法改正案成立のための情報を積極的に提供する役割がある．しかも，公務員の動員・白書等の公的文書の発行・情報提供の裁量権があることから，政府が国民投票運動の期間中に有利な立場で賛成のキャンペーンを行う．あるいは不利な情報の公開に消極的になる．このため上からの憲法改正国民投票は，政府優位の国民投票が展開される可能性が高い．このように政府が二つの立場を使い分けることは難しいのである．

1．2．3　正確な情報提供と公平性のジレンマ

しかし，1．2．2で指摘した事情から，上からの国民投票において賛成側＝政府側が常に有利かというと，NOバイアスの発生が指摘されているように，実際の投票結果は必ずしもそうではない．自由な情報の流通はフェイクニュース・論点のすり替え等を生じさせ，ネガティヴキャンペーンが強い影響力を及ぼす．このため，選挙管理委員会等の中立的な機関によって，虚偽情報・誇張情報等を点検し，論点のすり替えの軌道修正を行うことが望ましい．しかし，当該機関が積極的に活動し一方の陣営のキャンペーンの主張・情報提供を否定的に扱うことは，他方の陣営の主張の当否に「お墨付き」を与えることになりかねない．これも公平性への疑問を生じさせる原因となりうる．

1．2．4 熟議と参加のジレンマ――規模のジレンマ――

諸外国の国民投票運動で展開されている「Don't Know, Vote No」のキャンペーンを回避し国民投票を盛り上げるためにも，第二段階で国民が憲法改正案の賛否に係る議論に参加する仕組み（アイルランドの市民会議・オレゴン州のCIR等）を設置することが考えられる．これは，国民の目線からの情報を提供するが故に非常に有意義であり，かつ有用な情報を提供してくれる．ここでの議論と情報提供は国民投票運動と投票結果に正統性を与える要因になり，熟議による情報提供の理想的な形態であると位置付けられる．**しかし，そこには憲法改正国民投票における，「最大のジレンマ」が発生する．こうしたミクロレベルの熟議で提供された情報が，国民全体（マクロのレベル）に広がり国民投票運動が活性化する，という保証がない．むしろ，議論の参加者が増えれば増えるほど，熟議のレベルは低下していくことになる．これは，規模のジレンマでもあり，集団の能力のジレンマでもある．**

1．3 第三段階と第四段階 「熟議への誘導」と「失敗への警戒」のジレンマ

1．3．1 熟議の確認と必要性のジレンマ――情報の提供と受容のジレンマ――

国民投票における熟議には，「① 十分な情報・② 広い視野・③ 長期的視野・④ 平等・⑤ トレードオフ・⑥ 目的合理性」という6つの構成要素（熟議の評価ポイント）があるところ，投票者はそれが不十分であると認識すれば，ニュージーランドのRITのようなテストを利用することで，その不足を補うことができる．このような「投票時における熟議」は憲法改正国民投票における熟議論に欠けている視点であった［Levy 2013：567-568］．しかし，そもそも熟議の必要性を意識していない投票者は果たして「自己の熟議のレベルを確認するのか」，という根本的な問題がある．これは，言い換えると，RITなどで情報を利用しやすくしても，それを利用しようとする意欲がなければ投票者に受容されない，ということである．ザラーが指摘するように，情報の受容と理解は，政治意識に左右されるのである．そうすると，**情報が提供され，それを受容し理解しなければ，政治意識は向上しないが，政治意識が高くなければ情報に進んで接しそれを受容し，理解することはない．これは，個人の能力のジレンマでもある．**

1．3．2 熟議への誘導（楽観論）と失敗への警戒（悲観論）のジレンマ

次に，各段階で熟議に誘導し，熟議が成立したことを想定すると（熟議成立

楽観論)，成立要件は賛成陣営と反対陣営の両方にとって中立的な，投票者の単純多数決を採用することが望ましい．しかし，熟議が不成立の場合のリスクを考慮すると（熟議成立悲観論)，加重された成立要件の方が安全弁として機能し憲法保障に資することになる．極論ではあるがNOバイアスも結果的には憲法保障に役立っているのである．

楽観論に立つと，必要な憲法レベルの改革は進むことが期待されるが，悲観論に立つと，憲法の基本的価値の後退は抑制できるかもしれない．この二つの立場のどちらかで制度を設計することはできるが，両立することはできない．

楽観論に立つと，投票後の訴訟等で投票結果に対する異議を申し立てる制度は作る必要がない．むしろ，政党による争いを発生させ正統性の獲得の障害になる．熟議の結果は重い意味を有するからである．逆に，悲観論に立つと，コントロール性の強さに起因する各段階の瑕疵と熟議の失敗を投票後に争う方法を作るべきである，という主張になる．楽観論では熟議の失敗に対応できず，悲観論では負けた陣営からの訴訟が正統性を傷つける可能性が生じる．

このように，**熟議への誘導と熟議の失敗への警戒は，全く異なる制度設計の姿勢であり，この二つを融和することは難しい．**

1．4　制度全体——安定性と可変性のジレンマ——

この熟議に係る「誘導と警戒のジレンマ」は，憲法の安定性と可変性のバランスという問題に関係する．国民投票によって憲法レベルの改革を行うためには，本書が繰り返し述べるように，熟議のための環境を整備する必要がある．必要な憲法改正を行うことは憲法に対する信頼を高めることから，憲法の可変性への配慮は結果的には憲法保障に結びつく．一方，憲法の基本的価値が定着せず民主主義が未成熟な場合は，憲法改正が「逆コース」の原因となりかねない以上，安易な改正をブロックする制度を構築することも憲法保障に直結することは明らかである．国民投票で憲法改正をするのであれば，熟議に誘導しなければならない．しかし，熟議は失敗するかもしれない．逆に，熟議の失敗を過度に警戒すると，NOバイアスも存在することから憲法改正は進まず，憲法への信頼が低下する．ここに「安定性と可変性」のジレンマが生じる．

第2節　憲法改正国民投票における熟議の可能性

2．1　熟議成立のための6つのチェックポイント

第1節で述べたジレンマは，結局のところ，「国民は憲法改正国民投票において熟議ができるのか」という根本的な問題に帰着する．そこで，憲法改正国民投票の制度全体における熟議の可能性を分析するためには，以下の6つのチェックポイントを設定して考察する必要がある．

① 憲法改正の議論のテーブルに当事者・賛否両陣営が着席するのか（議論の開始）

② 憲法改正の議論を開始しても意見を集約できるのか（意見の集約）

③ 意見を集約して憲法改正案を作成しても国民が関心を持ってくれるのか（国民の関心）

④ 熟議に必要な情報が質的かつ量的にみて十分に流通しているのか（情報の流通）

⑤ 国民が憲法改正案に係る情報を受容・理解して賛否を決定できるのか（情報の受容と理解）

⑥ 自分の熟議のレベルを確認し補足または維持して投票できるのか（熟議による投票）

2．2　熟議の成功例と限界

熟議の成功例としてのアイルランド2015年「同性婚」についての憲法改正国民投票を見ると，上記のチェックポイントの実現に市民議会（憲法会議）と国民投票委員会（国民投票の選挙管理委員会）の役割が大きいことを指摘できる．時間をかけて議論をして中立的で分かりやすい情報を提供し，熟議と投票を接続させるという，この方式は，憲法改正国民投票の一つのモデルとして高く評価することができる．

しかし，このモデルがすべての憲法改正国民投票に適用できるわけではない．反対派がルール設定及び審議に全く応じず，ボイコット運動を展開する例も存在する．憲法改正案のテーマが，国民にとって関心のないもの，理解が難しいものには，このモデルが通用しない例もあると思われる．個人のレベルでは，

情報の提供を多くして理解を促す工夫をしても，その提供が受容と理解につながらないことが少なくない．ザラーの受容公理の通り，政治意識の高低が情報の受容と理解につながるからである．仮に，市民議会・ミニパブリクス等において，専門家が分かりやすく説明し十分に時間をかけた議論をすれば，このレベルでの熟議は可能かもしれない．しかし，この熟議の結果が比較的人口の小さなレベルの地域または国（州レベルまたは1000万以下の人口の国）ではなく，人口の大きなレベルの国において，国民全体に伝達され熟議の契機となるのか，という「熟議の規模のジレンマ」は，現状では解決されない．

市民議会に見るように，党派を超えて一般市民が議論すれば，憲法改正案に係る議論の開始と集約は可能かもしれない．しかし，「個人の受容と理解」（個人の能力のジレンマ）及び「熟議の規模」（集団の能力のジレンマ）という，大きなジレンマの落としどころは見つけることは難しい．

2．3　ジレンマを解く二つの「鍵」

しかし，制度を論じる以上，ジレンマの落としどころを見つける必要がある．本書では「個人の受容と理解」「熟議の規模」という大きなジレンマを解く鍵を二つ示した．一つは，「選択的投票」である．所得税の減税（カリフォルニア提案13号），陸軍の廃止（スイス），ケベックの独立（カナダ）など，国民が強い関心をもつ争点については，投票率が高いという現象である［Qvortrup 2005：29-32］．発議の段階で，「国民が強い関心をもつ争点」を国民投票の対象とすることによって，自生的に議論が発生し国民の「関心の限界」「能力の限界」を突破し，熟議を成功させることが可能となる．憲法改正国民投票における熟議の重要性を説くティアニーも，イギリス2016年の国民投票を分析する論考で，国民投票は重要な憲法問題について，ごくまれに実施すべきであり，それが市民の参加を促進させ，それによって原則としての代議制民主主義と例外としての直接民主制のバランスをとることが可能になる，と指摘する［Tierney 2016］．

もう一つは，「国民投票」を官民一体となって盛り上げることである．ホボルトが指摘するように，政府が憲法改正国民投票の基礎知識及び中核情報の提供をしっかりと行い，また，賛否両陣営が噛み合った議論を提供し，放送メディア，印刷メディア，インターネットなど多層的なメディアによる議論の盛り上がりは，政治意識を高め投票者の情報の受容と理解を促すことが期待される［Hobolt 2009：239-242］．ここでは，国民投票運動の学習効果が発揮されるということができる.

このように政府・議会・エリートが「上から盛り上げ」，国民がそれに反応して「下からの盛り上がる」という,「上からと下からの融合による盛り上がり」が,熟議実現に係るジレンマの「落としどころ」であると本書では指摘したい.さらに，本書では仮に熟議への誘導の障害になる要因が発生した場合は，投票前のできる限り早い段階でそれを修正または除去することを提案してきた.

2．4　制度構築における「究極の選択」

しかしながら，そうした「ジレンマの落としどころ」の可能性にもかかわらず，なお注意すべき点は，イギリスの2016年「EU離脱」の国民投票及びカナダの3回の国民投票・住民投票に見るように，選択的投票またはそれに近いレベルの国民の参加があっても，投票者の間では情報の流通と取得に不満が生じていた，ということである．また，2016年のイタリアの憲法改正国民投票では，政府が盛り上げSNSも含め各種メディアでの議論も活発で，情報環境としてはかなり整備された状況で実施されたにもかかわらず，憲法改正の内容よりも政府批判と移民政策への不満が反対票の大きな原因となっていて，熟議による争点投票とは程遠い運用であった.

このように，NOバイアスがあることから国民は国民投票で熟議ができないのではないか，というル・デュックの懸念は，憲法改正国民投票では重い意味を有する．この立場を突き詰めると，憲法改正国民投票の発議から成立要件，投票後に至るまでの過程で憲法改正案を成立しにくい方向で制度設計するという姿勢を貫く必要がある．その意味で，「熟議の失敗を警戒して憲法を守る」というパターナリズムにも十分な理由があると思われる．しかし，そうした立場で制度設計をすると，必要な憲法改正は進まず，憲法改正の回避現象が発生することになり，それこそが憲法を無視したことになりかねない．オーストラリアでは，44回実施して8回しか憲法改正国民投票が成立しないことから，本来は憲法改正で対応すべきことを判例や立法で補うようになるのである.

憲法レベルにおける人民主権の発現の困難さをここに見出すことができる．憲法を守るために国民の熟議する能力を疑問視して制度を設計するのか，あるいは，国民の熟議する能力に期待して憲法改正国民投票に挑むのか．憲法改正国民投票においては，ある意味では「究極の選択」を迫られることになる.

参 考 文 献

外国語文献

Ackerman, B.［1991］*We the people, Volume. 1 : Foundations,* Cambridge, Massachusetts London England: Harvard University Press.

Ackerman, B.［1998］*We the people, Volume. 2 : Transformations,* Cambridge, Massachusetts London England: Harvard University Press.

Ackerman, B. and James S. Fishkin［2004］*Deliberation Day,* New Haven and London : Yale University Press（川岸令和他訳［2014］『熟議の日』早稲田大学出版部）.

Aguiar-Conraria, L., P. C. Magalhaes and C. A. Vanberg［2019］"What are the best quorum rule? A Laboratory Investigation," National Funds of the FCT—Portuguse Foundation for Science and Technology. Available at: <https://eeg.uminho.pt/pt/investigar/nipe>（Accessed 08/09/2020）.

Altman, D.［2011］*Direct Democracy Worldwide,* Cambridge: Cambridge University Press.

Baker, L.［1991］"Direct Democracy and Discrimination: A Public Choice Perspective," *67 Chicago-Kent Law Review* 55：1043.

Becker, O S.,T. Fetzer and D. Novy［2017］"Who voted for Brexit? A comprehensive district-level analysis," Available at: <https://academic.oup.com/economicpolicy/article-abstract/32/92/601/44591>（Accessed 2 / 5 /2020）.

Bevern, S.［2009］*Frankreich und der EU-Verfassungsvertrag: Die Rolle von Medien und Offentlicher Meinung im Referendum,* Berin: Verlag Dr.Muller.

Bogdanor, V.［2009a］*The New British Constitution,* Oxford and Portland Oregon: Hart Publishing.

Bogdanor, V.［2009b］*The Coalition and the Constituiton,* Oxford and Portland Oregon: Hart Publishing.

Bowler, S., T. Donovan, and C. Tolbert［1998］*Citizens as Legislators,* Columbus : Ohio University Press.

Bowler, S. and T. Donovan［2000］*Demanding Choices: Opinion, voting and Direct Democracy,* Ann Arbor : University of Michigan Press.

Boyer, P.［1992］*Direct Democracy in Canada: The History and Future of Referendums,* Toront: Dun Durn.

Boyer, P.［2017］*Forcing Choice: the Risky Reward of Referendums,*Toront: Dun Durn.

Briquet, J. L. and A. Mastropaolo（eds）［2007］*Italian Politics. The Center-Left's Poisoned Victory,* Oxford: Berghahn.

Budge, I.［1993］*The New Challenge of Direct Democracy,* Cambridge: Polity Press（杉田敦他訳［2000］『直接民主政の挑戦』新曜社）.

Bull, M. J.［2007］"The Constitutional Referendum of June 2006: End of the "Great Reform" But Not of Reform Itself," in Briquet, J. L and A. Mastropaolo（eds）［2007］.

Bull, M. J.［2017］"Renzi Removed: The 2016 Italian Constitutional Referendum and Its

Outcome," *Italian Politics: The Great Reform that Never Was 32,* Oxford: Berghahn.

Bussjager, P., A. Balthasar, and N. Sonntag (eds) [2014] *Direkte Demokratie im Diskurs,* Wien: New Academic Press.

Butler, D. and U. Kitzinger [1996] *The 1975 Referendum* (*2 ed*), Basingstoke: Macmillan.

Butler, D. and R. Austin (eds) [1994] *Referendum Around the World,* Basingstoke: Mcmillan.

Campbell, D. and J. Crittenden [2018] *Direct Deliberative Democracy: How Citizens Can Rule,* Montreal, Chicago , London : Black Rose Books.

Ceccarini, L. and F. Bordignon [2017] "Referendum on Renzi: The 2016 Vote on the Italian Constitutional Revision," *South European Society and Politics,* Vol.22 Issue 3 .

Chambers, S. [2001] "Constitutional Referendums and Democratic Deliberation," in Mendelsohn and Parkin (eds) [2001].

Christmann, A. [2012] *Die Grenzen direkter Demokratie: Volksentscheide in Spannungsverhaltnis von Demokratie und Rechtsstaat,* Baden-Baden: Nomos.

Clarke, H. D., D. Sanders, C. S. Marianne, and P. Whitely [2012] "Leader Heuristics, Political Knowledge and Voting in Britain's AV Referendum," Available at <http://repository.essex.ac.uk/12088/ 1 /leaderheuristicsavreferendum.pdf> (Accessed 08/09/2020).

Clarke, H. D., M. Goodwin and P. Whiteley [2017a] "Why Britain Voted for Brexit: An individual level analysis of the 2016 referendum Vote," *Parliament Affairs* Vol.70.

Clarke, H. D., M. Goodwin and P. Whiteley [2017b] *Why Britain Voted to Leave the European Union.* Cambridge: Cambridge University Press.

Collins, J. [2018] "The Facts don't Work: the EU Referendum Campaign and the Journalistics Construction of 'Post-truth' Politics," Disclosure Context Media. Available at <https://doi.org/10/1016/jdcm> (Accessed 08/09/2020).

Committee on Standards in Public Life [1998] *The Funding of Political Parties in United Kingdom.*

Corsgrave, R. [1980] *The Rule of Law: Albert Dicey, Victorian Jurist,* Chapell Hill, University of North Carolina Press.

Cotta, M. and L. Verzichelli [2007] *Political Institutions in Italy,* Oxford, NewYork: Oxford University Press.

Crilley, R. [2018] "Book Review Essay: International Relations in the Age of 'Post-truth' Politics," *International Affairs,* Vol.94 Issue 2 .

Cronin, T. E. [1989] *Direct Democracy:Politics of Initiatives,Referendums and Recall,* Cambridge: Harvard University Press.

d'Ancona, M. [2017] *Post-truth: the New War on Truth and How to Fight Back,* London: Ebury Press.

Deacon, R. [2012] *Devolution in the United Kingdom* (*2 ed*), Edinburgh: Edinburgh University Press.

deVreese, C. (ed) [2007] *The Dynamics of Referendum Campaigns: An International Perspective,* London: Palgrave Macmillan.

Dicey, AV [1890] "Ought the Referendums to Be Introduced into England?," *Contemporary*

Review, Vol. 57.

Dicey, AV［1894］"The Referendum," *National Review*, Vol.21.

Dicey, AV［1900］"Representative Government," The Comparative Study of Constitutions, unpublished manuscript, Codrington Library, All Souls' College, Oxford, 1900.

Dicey, AV［1910］"The Referendum and Its Critics," *Quarterly Review*, Vol.212.

Di Mauro, D. and V. Memoli［2017］"Targetting the Government in the Referendum: the Aborted 2016 Italian Constitutional Reform," *Italian Political Science Review*, Vol.48 Issue 2.

Donovan, T. and S. Bowler［1998a］"Direct Democracy and Minority Rights: An Extension," *American Journal of Political Science*, Vol.42 Issue 3.

Donovan, T. and S. Bowler［1998b］"An Overview of Direct Democracy in the American States," in Bowler et al.［1998］.

Druckman, J.［2001］"The Implication of Framing Effects for Citizen Competence," *Political Behavior*, Vol.22 Issue 3.

Druckman, J. and K. R. Nelson［2003］"Framing and Deliberation: How Citizens' Conversations Limit Elite Influence," *American Journal of Political Science*, Vol. 47.

Dryzek, J. S.［2000］*Deliberative Democracy and Beyond : Liberals, Critics and Contestations*, Oxford, New York : Oxford University Press.

Elkink, A. D. Farell, T. Reidy and J. Suiter［2017］"Understanding the 2015 Marriage Referendum in Ireland," *Irish Political Studies*, Vol.32 Issue 3.

Ellis, R.［2002］*Democratic Dellusions: the Initiative Process in America*, Kansas; University Press of Kansas.

Eisenberg, A.［2001］"The Medium is the Message: How Referendums Lead us to Understand Equality," in Medelsohn and Parkin（eds）［2001］.

Eule, J.［1990］"Judicial Review of Direct Democracy," *Yale Law Journal*, Vol.99.

European Commission for Democracy throughout Law: Venice Commission［2001］*The Guideline for Constitutional Referendums at National Level*.［2001年ガイドライン］

European Commission for Democracy throughout Law: Venice Commission［2007］*The Code of Good Practice on Referendum*.［2007年コード］

European Commission for Democracy throughout Law: Venice Commission［2019］Updating Guidelines to Ensure Fair Referendums in Coucil of Europe Member State.［改訂草案］

Farrel, D. and R. Schmitt-Beck（eds）［2001］*Do Political Campaigns Matter? : Campaign Effects in Elections and Referendums*, London and New York: Routledge.

Fifth Report of the Committee on Standards in Public Life: The Funding of Political Parties in the United Kingdom［1998］.［SPL］

Font, J. and E. Rodriguez［2009］"Intense but Useless? Public Debating and Voting Factors in Two Referendums in Spain," in Setala and Schiller［2009］.

Freitag, M. and U. Wagschal［2007］*Direkte Demokratie : Bestandsaufnahmen und Wirkungen im internationalen Vergleich*, Munster: LIT Verlag.

Fusaro, C.［2011］"*10 Italy*," in Oliver and Fusaro（eds）［2013］.

Gallagher, M. [1996] "*Ireland : The referendum as a conservative device,*" in Gallagher and Uleri [1996].

Gallagher, M. and P. V. Uleri [1996] *The Referendum Experience in Europe*, London: Macmillan.

Galligan, B. [2001] "Amending Constitutions through the Referendum Device," in Medelsohn and Parkins [2001].

Gamble, B. [1997] " Putting Civil Right to a Popular Vote," *American Journal of Political Science Review,* Vol.40.

Gastil, J., K. R. Knobloch and R. Richards [2014] *Empowering Voters through Better Information: Analysis of the Citizens' Initiative Review, 2010-2014*. Report prepared for the Democracy Fund. Pennsylvania State University. Available at <http://sites.psu.edu/citizensinitiativereview> (Accessed 01/09/2020).

Gelencross, A. (ed) [2016] *Why The UK Voted for Brexit*, Birmingham London: Palgrave Macmillan.

Gerber, E. R. [1996] "Legeislative Response to the Threat of Initiatives," *American Journal of Political Science* 40.

Gerber, E. R. [1999] *Populist Paradox,* Princeton: Princeton University Press.

Gerber, E. R. [2001] "The Logic of Reform: Assesing Initiative Reform Strategies," in Sabato, Ernst and Larson [2001].

Gerber, E. R., A. Lupia, M. D. McCubbis, D. R. Kiewiet and M. D. McCubbins [2001] *Stealing the Initiative: How State Government Responds to Direct Democracy,* NewJersey: Prentice-Hall.

Ghaleigh, N. S. [2010] "Sledgehammers and Nuts? Regulating Referendums, in the UK," in Lutz and Hug (eds) [2010].

Glencross, A. [2016] " The EU Referendum Campaign," in Glencross (ed) [2016].

Goodman, E., S. Labo, M. Moore, and D. Tambini [2017] "The New Political Campaigning," *Media Policy Brief* 19. London: Media Policy Project, London School of Economics and Political Science.

Grcar, M., D. Cherenpnalkoski, I. Mozentic and P. K. Novak [2017] " Stance and influence of twitter users regarding the Brexit referendum," *Computer Social Networks,* Vol. 4 Issue 6.

Gutmann A. and D. Thompson [1996] *Democracy and Disagreement,* Cambridge Massachusetts, London England: Harvard University Press.

Gutmann A. and D. Thompson [2004] *Why Deliberative Democracy?* Princeton: Princeton University Press.

Hammon, F. [2010] "The Financing Referendums Campaigns in France," in Luz and Hug (eds) [2010].

Hänska, M. and S. Bauchowitz [2017] Tweeting for Brexit: How Social Media Influenced the Referendum. Available at <http://eprints.lse.ac.uk/8461> (Accessed 02/09/2020).

Haskel, J. [2001] *Direct Democracy Or Representative Democracy?: Dispelling the Populist Myth*, Boulder, Oxford: Westview Press.

Heussner, K. and Jung, O. (Hg.) [2011a] *Mehr Direkte Demokratie Wagen: Volksentscheid und Burgerentscheid* (*3 auflag*), Muenchen: Ozlog.

Heussner, K. and Jung, O. [2011b] "Die Demokratie in der Schweiz," in Heussner and Jung (Hg.) [2011a].

Hobolt, S. [2007] "Campaign Information and Voting Behavior," in de Vreese (ed) [2007].

Hobolt, S. [2009] *Europe In Question: Referendums on European Integration*, Oxford: Oxford University Press.

Hobolt, S. [2016] "The Brexit vote: a divided nation, a divided content," *Journal of European Public Policy*, Vol.23 Issue 9.

Hollander, S. [2019] *The Politics of Referendum Use in European Democracies*, London: Palgrave Macmillan.

International Institute for Democracy and Electoral Assistance [2008] *Direct Democracy: The International IDEA Handbook.* [IDEA]

Johansson, J. and S. Levine [2012] *Kicking the Tires:The New Zealand General Election and Electoral Referenudum of 2011,* wellingston: Victoria University Press.

Johnston, R. [2010] "Regulating Campaign Finance in Canadian Referendums and Initiatives," in Lutz and Hug (eds) [2010].

Johnston R., A. Blais, E. Gidendil and N. Nevitte [1996] *The Challenge of Direct Democracy: The 1992 Canadian Referendum, Montreal*: McGil-Queen's University Press.

Jones R. and R. Scully [2012] *Wales Says Yes: Devolution and the 2011 Welsh Referendum,* Cardiff : University of Wales.

Kang Michael [2003] "Democratizing Direct Democracy: Restoring Voter Competence Through Heuristic Cues and Disclosure Plus," 50 *UCLA L. Rev.* 1141.

Kissina, B. [2009] " From People's Veto to Instrument of Elite Consensus: the Referendum Experience in Ireland," in Setälä and Theo Schiller [2009].

Kaufmann, B. and M. D. Waters [2004] *Direct Democracy in Europe,* Durham North Carolina : Carolina Academic Press.

Ker-Lindsay, J. [2017] "Turkey's EU accession as a factor in the 2016 Brexit referendum," Available at <http://reserch.stmarys.ac.uk/id/eprint1821/> (accessed 2/5/2020).

Kost, A. [2013] *Direct Demokratie* (2 Auflage), Wiesbaden: Springer Fachmedien.

Kost, A. and S. Marcel (eds)[2018] *Lexikon Direkte Demorkatie in Deutschland,* Wiesbaden: Springer Fachmedien.

Köppl, S. [2007] *Das Politische System Italiens*: Eine Einführung, Wiesbaden: VS Verlag.

Kriesi, H. [2008] *Direct Democratic Choice: the Swiss Experince,* Lanham, MD: Lexington Books.

Lamond, I. R. and C. Reid [2017] *The 2015 UK General Election and the 2016 EU Referendum, Towards a Democracy of the Spectacle*, London: Palgrave Macmillan.

LeDuc, L. [2002] "Referendums and Elections: How do Campaigns Differ?," in Farrell and Schmitt-Beck (eds) [2001].

LeDuc, L. [2003] *The Politics of Direct Democracy: Referendums in Global Perspective,* Canada : Broad View Press.

LeDuc, L. [2007a] "Opinion Formation and Change in Referendum Campaigns," in de Vreese (ed) [2007].

LeDuc, L. [2007b] "Voting NO: the Negative Bias in Referendum Campaigns," paper presented to the European Consortium for Political Research Joint Sessions Workshops, Helsinki.

LeDuc, L. [2009] "Campaign Tactics and Outcomes in Referendums: A comparative analysis," in Setälä and Theo Schiller (eds) [2009].

LeDuc, L. [2011] "Electoral Reform and Direct Democracy in Canada: When Citizens Become Involved," *West European Politics* 551.

LeDuc, L. [2015] "Referendums and Deliberative Democracy," *Electoral Studies,* Vol.38.

Leininger, A. [2019] "Economic Voting in Direct Democracy: A Case Study of the 2016 Italian Constitutional Referendum," *Politics and Governance,* Vol 7, Issue 2.

Levy, R. [2013] "Deliberative Voting" : Realising Constitutional Referendum Democracy," *Public Law* 555.

Lewis, D. [2013] *Direct Democracy and Miniority Rights: A Critical Assesment of Tyranny of the Majority in the American States,* NewYork: Routledge.

Lijphart, A. [1984] *Democracies: Patterns of Majoritarian and Consensus Government in Twenty-One Countries,* NewHaven, London: Yale Univeisity Press.

Linder, W. [2005] *Schweizerische Demokratie: Intstitutionen Prozesse Perspketiven* (*2 Auflage*), Bern: Haupt Veralag.

Linder, W. [2010] *Swiss Democracy. Possible Solutions to Conflict in Multicultural Societies,* London: Palgrave Macmillan.

Lowenstein, D. [1982] " Campaign Spending and Ballot Propositions," *UCLA Law Review,* Vol.88.

Lupia, A. and M. Mccubins [1998] *The Democratic Dilemma: Can Citizens Learn What They Need to Know?,* New York: Cambridge University Press.

Lutz, D. [2006] *Principle Constitutional Design,* Cambridge: Cambridge University Press.

Lutz, K.G. and S. Hug (eds) [2010] *Finacing Referendum Campaigns,* London: Palgrave Macmillan.

Madroñal, J. C. [2005] *Spanish Referendum on the EU Constitution,* Monitoring Report, Mas Democracia and democracy international.

Magleby, D. [1984] *Direct Legislation: Voting on Ballot Propositions in the United States,* Baltimore and London: Johns Hopkins University Press.

Marshall, H. and A. Drieschova [2018] " Post-Truth Politics in the UK's Brexit Referendum," *News Perspectives,* Vol.26, No 3.

Massimiliano, B., D. Claudio, H. Enkelejda, M. Gianluca and E. Meroni [2017] Working Paper. *What Are You Voting For? Proximity to Refugee Reception Centres and Voting in the 2016 Italian Constitutional Referendum,* IZA Discussion Papers, No. 11060.

McHarg, A., T. Mullen, A. Page and N. Walker [2016] *The Scottish Independence Referendum: Constituion and Political Implications,* Oxford : Oxford University Press.

McLean, I., J. Gallagher and G. Lodge [2013] *Scotland's Choices : the Referendum and*

What happens Afterwards, Edinburgh : Edinburgh University Press.

Mendelsohn, M. and A. Parkin, (eds) [2001] *Referendum Democracy: Citizens, Elite and Deliberation in Referendum Campaigns,* London: Palgrave Macmillan.

Mendez, F., M. Mendez and V. Triga [2014] *Referendums and the European Union,* Cambridge: Cambridge University Press.

Miller, K. P. [2009] *Direct Democracy and the Courts,* Cambridge: Cambridge University Camridge.

Moeckli, S. [2012] *Kompaktwissen: Direkte Demokratie,* Zurich: Ruegger Veralag.

Montero, C. and F. Bellolio [2010] "Financing Referendum Campaigns in Spain," in Lutz and Hug (eds) [2010].

Moore, M. and G. Ramsay [2017] *UK media coverage of the 2016 EU Referendum campaign,* Centre for the Study of Media, Communication and Power.

Mueller, H. [2009] *Taking Stock of the Austrian Accession to the EU : With Regard to the Arguments of its Referendum Campaign in 1994.* archive ouverte Unige. Available at <http:archive-ouverte-unige.ch/unige:20335> (Accessed 09/09/2020).

Musson, J., J. Peter and A. Tickell [2009] "Campaigning and the Media: the Northern-East Referendum of November 2004," in Sanford (ed) [2009].

Negretto, G. [2017] "Constitutional Making in Democratic Constitutional Orders : The Challenge of Citizen Participaiton," in Ruth et al. (eds) [2017].

Negri, F. and E. Rebessi [2018] "Was Mattarella Worth the Trouble? Explaining the Failure of the 2016. Italian Constitutional Referendum," *Italian Political Science Review,* Vol. 48 Issue 2.

Notbauer, R. [2014] "Direkte Demokratie in der Weimar Verfassung," in Bussjager et al. [2014].

Oliver, D. and C. Fusaro (eds) [2013] *How Constitutions Change: A Compartive Study,* Oxford and Portland : Hart Publishing.

Ostrogorsky, M. [1902] *Democracy and the Organisation of Political Parties,* London: Palgrave Macmillan.

Parkinson, J. [2001] "Who Knows Best? The Creation of the Citizeninitiated Referendum in New Zealand," *Government and Opposition* , Vol.36 Issue 3.

Parkinson, J. [2009] *Beyond "Technique": Role of Referendums in the Deliberative System* (Referendums and Deliberative workshop, University of Edinburgh 8 May 2009).

Pelinka, A. [1994] "Der Aufsteig des Plebiszitäre," in Pelinka (Hg.) [1994].

Pelinka, A. [1996] "Austria: the Referendum as an Instrument of Internationalization," in Gallagher and Uleri [1996].

Pelinka, A. (Hg.) [1994] *Eu-Referendum: Zur Praxis Direkter Demokratie in Osterreich,* Wien: Signum Verlag.

Peterlini, O. [2016] *Constitutional Reform in Italy Farewell to Consensus Democracy?* in Academia.edu: < https://unibz.academia.edu/OskarPeterlini/Papers> (Accessed 01/09/2020).

Putschli, B. [2007] *The Referendum in British Politics: Experience and Controversies since*

the 1970, Saarbrucken: VDM Verlag Dr.Mueller.
Qvortrup, M. [2000] "Are Referendum Controlled and Pro-hegemonic?," *Political Studies,* Vol.48.
Qvortrup, M.[2005]*A Comparative Study of Referendums: Government by the People* (2 nd ed), Manchester: Manchester University Press.
Qvortrup, M. [2013] *Direct Democracy: A Comaprative Study of the Theory and Practice of Government by the People,* Manchester: Manchester University Press.
Qvortrup, M. [2014] *Referendums and Ethnic Conflict,* Philadelphia: PENN.
Qvortrup, M. [2018] *The Referendum and Other Essays On Constitutional Politics,* Oxford London New York: Hart Publishing.
Qvortrup, M. (ed) [2014] *Nationalism, Referendums and Democracy,* London and New York: Routlege.
Qvortrup, M. (ed) [2018] *Referendums Around the World,* London: Palgrave Macmillan.
Renwick, A. and R. Hazell [2017] *Blue Print for a UK Constitutional Convention,* Constitutional Unit, University College London.
Renwick, A. and M. Palese [2019] *Doing Democracy Better: How Can Information and Discourse in Election and Referendum Campaigns in the UK Be Improved?,* Constitution Unit, University College London.
Report of the Commission on the Conduct of Referendum [1996].
Report of the Independent Commission on Referendums [2018]. [**独立委員会レポート**]
Report on the Regulation of Campaigners at the Referendum on the UK's Membership of the European Union Held on 23 June 2016. [**EU referendum Report**]
Robinson,G. [1998] *Constructing the Quebec Referendum,* Toronto: University of Toronto Press.
Rommelfanger, U. [1988] *Das Konsultative Referendum: eine verfassungstheoretische, -rechtliche und -vergleichende Untersuchung,* Berilin: Duncker & Humblot.
Richard, A. and P. Ronald [2013] *Evaluation of the French Referendum on the EU Constitution, May 2005.* democracy international, Available at <https://www.democracy-international.org/sites/default/files/PDF/Publications/2013-01-_franceeureferendum.pdf> (Accessed 01/09/2020).
Routledge *Handbook to Referendum and Direct Democracy* [2018] London and New York : Routlege. [**Handbook R**]
Routledge *Handbook of Constitutional Law* [2013] London and New York : Routlege. [**Handbook C**]
Ruth S., W. Yanina and L. Whitehead [2017] *Let the People Rule? Direct Democracy In the Twenty-First Century, Colchester* : ECPR Press.
Sabato, L. J., H. Ernst and B. A. Larson (eds) [2001] *Dangerous Democracy? : the Battle over Initiatives in America,* Oxford: Rowman & Little Field Publishers.
Sandford, M. (ed) [2009] *The Northern Veto,* Manchester University Press.
Schiller, T. and V. Mittendorf (eds) [2002] *Direkte Demokratie Forschung und Perspekteiven,* Wiesbaden : Westdeutcher Verlag.

Sciarini, P. [2018] "Voting Behavior In Direct Democratic Votes," in [Handbook R].
Sciarini, P., F. Cappelletti , A. C. Goldberg and S. Lanz [2015] "The Underexplored Spieces: Selective Participaiton in Direct Democratic Votes," *Swiss Political Science Review,* Vol. 22 Issue 1 .
Setälä, M. and T. Schiller [2009] *Referendums and Representative Democracy: Resoponsiveness, Accoutablitiy and deliberation,* New York: Routledge.
Serduelt, U. [2010] "Referendum Campaign Regulations in Switzerland," in Lutz and Hug [2010].
Slootmaeckers, K. and I. Sircar [2018] "Marrying European and Domestic Politics?," European Asia Studies, Vol. 70 Issue 3 .
Smith, G. [1976] "The Functional Properties of Referendum," *European Journal of Political Research,* Vol. 4 .
Snow, A. D., E. B. Rochford Jr., S. K. Worden and R. D. Benford [1986] "Frame Alignment Processes, Micromobilization, and Movement Participation," *American Sociological Review,* Vol. 51, Issue 4 .
Suiter, J. [2016] "Post-truth Politics", *Political Insight,* Vol. 7 Issue 3 .
Suksi, M. [1993] *Bringing In the People: A Comparison of Constitutional Forms and Practices of the Referendums,* Dordrecht: Martinus Nijhoff.
Sully, M. [1995] " The Austrian Referendum 1994," *Electoral Studies,* Vol. 14 Issue 1 , March.
Sunstein, C. [2000] "Deliberative Trouble? Why Group Go to Extremes," 10 *Yale Law Journal,* 71（那須耕介編・監訳［2012］『熟議が壊れるとき――民主政と憲法解釈の統治理論』勁草書房）.
Swales, K. [2016] *Understanding the Leave vote,* NatCen Social Research, London.
Sygkelos, Y. [2015] "A Critical Analysis of the Greek Referendum of July 2015," *Contemporary Southeastern Europe* 2015, Vol. 2 Issue 2 .
Szczerbiak, A. and P. Taggart（eds）[2005] *EU Enlargement and Referendums,* New York : Routledge.
Tarr, A. and R. Williams（eds）[2006] *The Politics of State Constitutional Reform,* New York: State University of New York Press.
Tickell, A., J. Peter and S. Musson [2004] "The North East Region Referendum Campaign of 2004: Issues and Turning Points," *The Political Quarterly,* Vol. 76 Issue 4 .
The Public Administration and Constitutional Affairs : Lesson Learned from the EU Referendum Content 3 The regulatory framework for referendums. [PACAC]
Tierney, S. [2012] *Constitutional Referendums: Theory and Practice of Republican Deliberation,* Oxford: Oxford University Press.
Tierney, S. [2015] "Direct Democracy in the United Kingdom: Reflection from the Scottish Independence Referendum," *Public Law,* Vol. 4 .
Tierney, S. [2016a] "Scottish Independence Referendum: A Model of Good Practice in Direct Democracy?," in McHarg et al. [2016].
Tierney, S. [2016b] "Was the Brexit Referendum Democratic?," UK Constitutional Law

Associaton. Available at: <https://ukconstitutionallaw.org/2016/07/25/stephen-tierney-was-the-brexit-referendum-democratic/> (Accessed 01/09/2020).

Tierney, S. and S. Suteu [2013] *Towards a Democratic and Deliberative Referendum?: Analyzing the Scottish Independence Referendum Bill and the Scottish Independence Referendum (Franchise)*, Scottish Independence: A Democratic Audit Project.

Torreblanca, J. I. [2005] *Spain's Referendum on the European Constitution: a Double Disappointment,* Elcano Royal Institute.

Torreblanca, J. I. and A. Sorroza [2005] *Spanish Ratification Monitor*, Elcano Royal Institute Working Paper (WP) 8 /2005.

Trechsel, A. and H. Kriesi [2006] "Switzerland: the Referendum and Initiative as a Centerpiece of the Political System," in Gallagher and Uleri [1996].

Uleri, P. V. [2002] "On Referendum Voting in Italy: YES, NO or Non-Vote? How Italian parties learned to control referendums," *Europena Journal of Political Research,* Vol.41 Issue 6 .

Vasilopoulou, S. [2016] "UK Euroscepticism and the Brexit Referendum." Available at<https://doi.org/10.1111/1467-923X.12258> (Accessed 01/09 /2020).

Vowles, J. [1995] "The Politics of Electoral Reform in New Zealand," *International Political Science Review* , Vol.16, no 1 .

Walter S., I. Jurado, E. Dinas, and N. Konstantinidis [2018] "Non-cooperation by Popular Vote: Expectations, Foreign Intervention, and the Vote in the 2015 Greek bailout referendum," *International Organizaition.* Vol. 22 Issue 4 .

Walker, M. C. [2003] *The Strategy Use of Referendums:Power and Legitimacy and Democracy,* London: Palgrave Macmillan.

Weiser, P. [1993] "Ackerman's Proposal for Popular Constitutionla Lawmaking: Can it Realize His Aspiration for Dualist Democracy," *NewYork University Law Rev*, Vol.68.

Whatukthinks [2016a] "Is It True or False That Britiain Sends £350 Million a Week to the European Union?," Available at <https://whatukthinks.org/eu/questions/is-it-true-or-false-that-britain-sends-350-million-a-week-to-the-european-union/> (Accessed 05/06 /2020).

Whatukthinks [2016b] "*How Likely or Unlikely Do You Think It Is That Turkey Will Join the EU in the Next 10 Years?,*" Available at <https://whatukthinks.org/eu/questions/how-likely-or-unlikely-do-you-think-it-isthat-turkey-will-join-the-eu-in-the-next-10 -years/> (Accessed 05/05/2020).

Whatukthinks [2016c] "Are Politicians from Both the Leave and Remain Campaign Mostly Telling Truth or Lies?," Available at <https://whatukthinks.org/eu/questions/8070/> (Accessed 05/05/2020).

Whysall, A. [2019] *A Northern Ireland Border Poll,* The Constitution Unit University College London.

Widner, J. and X. Contiades [2013] "*Constitution-writing processes,*" in [Handbook C].

Williams, G. and D. Hume [2010] *People Power: The History and Future of the Referendum in Autralia,* Sydney: UNSW Press.

Yan, S.［2016］Social Media & Brexit: role of social media in the outcome of the UK's EU referendum. Available at <http://networkconference.netstudies.org/2019Curtin/wp-content/uploads/2019/05/Yan_18842588_A 1 _FINAL.pdf>（Accessed 01/09/2020）.

Zaller, J.［1992］*The Nature and Origins of Mass Opinion,* Cambridge: Cambridge University Press.

Zimmerman, J.［2014］*The Initiative: Citizen Lawmaking*（*2 ed*）, New York: Sunny Press.

Zisk, B. H.［1987］*Money, Media and the Grassroots: State Ballot Issue and the Electoral Process,* Newbury Park, California: Sage.

日本語文献

浅川晃広［2004］「オーストラリアにおける憲法改正問題――その政治的理念をめぐって――」オーストラリア研究16巻.

芦部信喜［1983］『憲法制定権力』東京大学出版会.

芦部信喜［1992］『憲法学Ⅰ憲法総論』有斐閣.

荒井一博［2000］『文化の経済学　日本的システムは悪くない』文藝春秋社.

飯島滋明［2016］「ヒトラー・ナチス政権下における「非常事態権限法」（ヴァイマール憲法48条）と「国民投票」」名古屋学院大学編集社会科学篇第53巻２号.

井口秀作［1993］「フランス第五共和制憲法第11条による憲法改正について：1962年10月28日の人民投票の合憲論争を素材として」一橋研究18巻２号.

井口秀作［2005］「憲法改正国民投票制をめぐる立憲主義と民主主義」大東ロージャーナル１号.

井口秀作［2018］「「立憲主義的改憲論」という思考法に関する覚え書き――憲法改正手続の視点から――」松山大学総合研究所所報105号.

市川太一［1997］「ニュージーランドの選挙制度改革」法學研究：法律・政治・社会，70巻２号.

池辺容一郎［2016］「EUレファレンダムの一考察――保守主義とイングランド性の見地から――」選挙研究32巻２号.

伊藤武［2016］「イタリアにおける憲法改正の政治力学」駒村・待鳥［2016］所収.

井上武史・山尾志桜里［2018］「その改憲に理念はあるのか」山尾編［2018］所収.

井上達夫［2015］『リベラルのことは嫌いでも，リベラリズムは嫌いにならないでください　井上達夫の法哲学入門』毎日新聞出版.

井上達夫［2016］『憲法の涙　リベラルのことは嫌いでも，リベラリズムは嫌いにならないでください２』毎日新聞出版.

井上達夫・山尾志桜里［2018］「国民を信じ，憲法の力を信じる」山尾編［2018］所収.

井上達夫［2019］『立憲主義という企て』東京大学出版会.

岩波祐子［2006］「イタリア2006年憲法改正国民投票――改正案の概要と国民投票までの道程」立法と調査259号.

岩間昭道［2011］「公法　憲法改正をめぐる動き」（特集　21世紀日本法の変革と針路）ジュリスト1414号.

上田道明［2014］「住民投票研究の立場から見る国民投票法」佛教大学社会学部論集58号.

内野正幸［2013］「日本の憲法改正問題に向けて」比較憲法学研究25号.

江橋崇［2006］『官の憲法と民の憲法』信山社.
尾上修悟［2018］『BREXIT「民集の反逆」から見る英国のEU離脱』明石書店.
川人貞史他［2011］『現代政党と選挙』（新版）有斐閣.
北村貴［2016］「国民投票は政策過程にどのように位置付けられているか」法政治研究２号.
北村貴［2017］「日本における憲法硬性度はどの程度の高さか――改正手続に基づく定量指標の形成と国際比較――」法政治研究３号.
木下和朗［2013］「イギリスにおける憲法改革――ウエストミンスター・モデルと政治的憲法をめぐって――」比較憲法学研究25号.
木村草太［2018］『自衛隊と憲法』晶文社.
木村草太・青井未帆他［2018］『改憲の論点』集英社.
倉持孝司編著［2018］『「スコットランド問題」の考察　憲法と政治から』法律文化社.
小島健［2010］「ベルギー連邦制の背景と課題」東京経大学会誌265号.
小林公夫［2014］「主要国の憲法改正手続」基本情報シリーズ⑯　国立国会図書館調査 及び立法考査局.
駒村圭吾・山尾志桜里［2018］「真の立憲主義と憲法改正の確信」山尾編［2018］所収.
駒村圭吾・待鳥聡史［2016］『「憲法改正」の比較政治学 』弘文堂.
阪口正二郎・愛敬浩二・青井未帆編［2018］『憲法改正をよく考える』日本評論社.
櫻井敬子・橋本博之［2019］『行政法』（第６版）弘文堂.
篠原一［2012］『市民の政治学』岩波書店.
篠原一編［2012］『討議デモクラシーの挑戦』岩波書店.
杉田敦［2018］「憲法改正国民投票の問題点」木村・青井他［2018］所収.
鈴木秀美［2018］「ドイツのSNS対策法と表現の自由」メディア・コミュニケーション：慶応義塾大学メディア・コミュニケーション研究所紀要 68号.
関根照彦［1993］「オーストラリア憲法と憲法の改正」東洋法学33巻２号.
曽我部真裕・山尾志桜里［2018］「求められる統治構造改革2.0」山尾編［2018］所収.
高橋利安［2017］「レンツィ内閣による憲法改正の結末」法学新報124巻１・２号.
高橋利安［2018］「イタリアにおける新選挙法の成立――２つの憲法裁判決と憲法改正国民投票の否決を受けて――」修道法学40巻２号.
高橋正俊［2002・2003］「日本国憲法改正規定の背景――マッカーサー草案における形成過程とそのBackground――」香川法学21巻３・４号.
高見勝利［2017］『憲法改正とは何だろう』岩波書店.
田近肇［2013］「イタリア憲法裁判所の制度と運用」岡山大学法学会雑誌62巻４号.
田近肇［2016］「憲法保障としての憲法改正――イタリアの憲法「改正」観――」駒村・待鳥［2016］所収.
橘幸信・高森雅樹［2007］「日本国憲法の改正手続に関する法律（平成19年法律第51号）」時の法令1799号.
田中孝宜［2016］「BBCの「国民投票報道」――公平な報道のためのガイドラインと職員研修――」放送研究と調査2016年10月号.
田中孝宜［2017］「BBCと「報道の公平性」――BBC元政治番組統括に聞く――」放送研究と調査2017年６月号.
田村哲［2012］『熟議の理由　民主主義の政治理論』勁草書房.

土倉莞爾［2015］「「大阪都構想」問題の政治学的考察」関西大学法学論集65巻４号.
富崎隆［2013］「英国における2011年国民投票と選挙制度」選挙研究29巻１号.
南部義典［2017］『図解　超早わかり国民投票法入門』C＆R研究所.
西谷修［2018］「「ポスト真実主義」と改憲」山尾編［2018］所収.
西土彰一郎［2007］「国民投票運動」法学セミナー634号.
野口健格［2016］「スペイン憲法学における憲法改正手続条項の立憲的視座」中央学院法学論叢29巻１号.
野口健格［2017］「スペインにおけるレファンダムに関する制度の諸相」中央学院法学論叢31巻１号.
長谷部恭男［2004］『憲法と平和を問い直す』筑摩書房.
長谷部恭男［2018］『憲法の良識「国のかたち」を壊さない仕組み』朝日新聞出版社.
東原正明［2020］「1978年国民投票と脱原発――オーストリアの選択――」福岡大学論叢64巻４号.
広塚洋子［2017］「イタリア 2016年国民投票報道――「メディア・アクセス平等法」ストップウォッチによる報道バランス」NHK 文研フォーラム2017.
福井康佐［1995］「国民投票の研究――主要実施国の運用実態の比較と日本型国民投票の提案――」学習院大学大学院法学研究科法学論集３号.
福井康佐［2007］『国民投票制』信山社.
福井康佐［2010］「国民投票における憲法改正の諸問題」大宮ローレビュー７号.
福井康佐［2015］「オーストラリアの国民投票」桐蔭法科大学院紀要４号.
福井康佐［2018］「インタビュー　憲法改正　国民投票の課題」読売クォータリー45号.
本間龍［2017］『メディアに操作される憲法改正国民投票』岩波書店.
本間龍・南部義典［2018］『広告が憲法を殺す日　国民投票とプロパガンダ』集英社.
間柴泰治［2006］「イギリスにおける国民投票法制――国民投票運動資金を中心に――」レファレンス659号.
松井茂記［2012］『カナダの憲法――多文化主義の国のかたち――』岩波書店.
水島治郎［2017］『ポピュリズムとは何か』中央公論社.
南彰［2015］「大阪市住民投票 「都構想」に翻弄された五年間と今後の課題」世界871号.
南野森［2016］「憲法変動と学説――フランス第五共和政の一例から――」駒村・待鳥［2016］所収.
宮下茂［2011］「憲法改正国民投票における最低投票率――検討するに当たっての視点――」立法と調査No. 322.
棟居快行［2013］「憲法改正要件論の周辺――近時のドイツ学説を踏まえて――」レファレンスNo. 752.
村上信一郎［2017］「イタリアの救世主にはなれなかった史上最年少の首相マッテオ・レンツィ――否決された憲法改正国民投票――」世界891号.
毛利透［2002］『民主制の規範論――憲法パトリオティズムは可能か――』勁草書房.
毛利透［2014］『統治構造の憲法論』岩波書店.
八十田博人［2017］「イタリアの憲法改正国民投票論争――制度改革とポピュリスト的機運――」共立国際研究：共立女子大学国際学部紀要34巻.
柳原克行［2013］「マルチナショナリズムとカナダ連邦制」大同大学紀要 49巻.

山尾志桜里編［2018］『立憲的改憲――憲法をリベラルに考える７つの対論――』筑摩書房．
山岡規雄［2019］「日本及びスイスにおける国民投票公報」レファレンス826号．
山岡規雄［2017］「2016年12月のイタリアの国民投票――憲法学者が批判した問題点――」イタリア図書56号．
弥久保宏［2017］「2016年英国 EU 国民投票における諸相――連合王国の亀裂――」駒沢女子大学研究紀要24号．
横尾日出夫［2009］「フランス第五共和制憲法における国民投票制度と2008年７月23日憲法改正」中京ロイヤー11号．
横尾日出夫［2010］「2008年７月23日憲法改正とフランス第五共和制憲法における統治制度の改革」中京大学社会科学研究30巻１－２号．
横尾日出夫［2015］「フランス第五共和制憲法第11条の改正規定の施行と合同発案による国民投票の制度化」中京ロイヤー22号．
横大道聡［2018］「憲法改正と国民参加」阪口・愛敬・青井編［2018］所収．
吉川和宏［2005］「オーストラリアの憲法改正手続」東海法学34号．
吉田徹［2016］「「大統領化」の中のフランス憲法改正」駒村・待鳥［2016］所収．
吉武信彦［2007a］「欧州条約批准過程と国民投票（１）」地域政策研究９巻２号．
吉武信彦［2007b］「欧州条約批准過程と国民投票（２）」地域政策研究９巻３号．
力久昌幸［2018］「スコットランドと連合王国」倉持編［2018］所収．

索　　引

〈サ　行〉

〈ハ　行〉

〈マ　行〉

〈ヤ　行〉

〈ラ　行〉

《著者紹介》

福 井 康 佐（ふくい　こうすけ）

1985年　中央大学法学部法律学科卒業
1994年　学習院大学大学院法学研究科博士後期課程修了
2000年　東京国税不服審判所副審判官（至2003年）
2009年　大宮法科大学院大学准教授
現　在　桐蔭横浜大学法学部教授

主要業績
『国民投票制』（信山社, 2007年）
『論点体系　判例憲法第1巻・第3巻』（共著，第一法規，2013年）

憲法改正国民投票

2021年4月10日　初版第1刷発行
2023年4月15日　初版第2刷発行

＊定価はカバーに表示してあります

著　者　福　井　康　佐 ©
発行者　萩　原　淳　平
印刷者　河　野　俊一郎

発行所　株式会社　晃　洋　書　房
〒615-0026　京都市右京区西院北矢掛町7番地
電話　075(312)0788番(代)
振替口座　01040－6－32280

装丁　クリエイティブ・コンセプト　　印刷・製本　西濃印刷㈱

ISBN 978-4-7710-3398-6